CUNEI
F●RM
铸刻文化

單 One-way
讀 Street

看不见的中东

深入日常生活的中东之旅

姚璐 ——— 著

民主与建设出版社
·北京·

© 民主与建设出版社，2024

图书在版编目（CIP）数据

看不见的中东：深入日常生活的中东之旅/姚璐著.

北京：民主与建设出版社，2024.10.--ISBN 978-7
-5139-4693-3

Ⅰ. K937.09

中国国家版本馆CIP数据核字第2024T39W15号

看不见的中东：深入日常生活的中东之旅

KANBUJIAN DE ZHONGDONG SHENRU RICHANG SHENGHUO DE ZHONGDONG ZHILÜ

著　者	姚　璐
责任编辑	顾客强
特约编辑	王家胜
封面设计	左　旋
出版发行	民主与建设出版社有限责任公司
电　话	（010）59417749　59419778
社　址	北京市朝阳区宏泰东街远洋万和南区伍号公馆4层
邮　编	100102
印　刷	山东临沂新华印刷物流集团有限责任公司
版　次	2024年10月第1版
印　次	2024年11月第1次印刷
开　本	889毫米×1194毫米　1/32
印　张	13.25
插　页	32
字　数	280千字
书　号	ISBN 978-7-5139-4693-3
定　价	79.00元

注：如有印、装质量问题，请与出版社联系。

目录

◁大不里士巴扎里，一位伊朗女士痴痴地望着琳琅满目的化妆品。

01... 缘起

1

2015年，29岁的女摄影师尼吕费·德米尔拍下了叙利亚3岁男孩伏尸海滩的照片。这个男孩随同家人离开战火纷飞的叙利亚，试图偷渡到希腊，但不幸遭遇沉船，全家只有爸爸幸存。男孩身穿红色T恤、蓝色裤子、黑色鞋子，面部朝下，趴在海浪与沙滩的交界处。他的人生刚刚开始，就被时代的巨浪匆匆了结了生命。

类似的人道主义灾难在近代中东频频发生。自2001年"9·11事件"以来，危机如同倒塌的多米诺骨牌，一发不可收拾。2003年，美国发动伊拉克战争；自2010年年末起，革命浪潮席卷中东，埃及爆发大规模示威游行，叙利亚、伊拉克相继爆发内战，一些恐怖组织借机发展壮大，危及全球。

中东位于欧亚非三大洲交界处，历来是各方争夺的焦点。发现石油后，中东一跃成为全球最重要的石油和天然气产地。

本地复杂的部落、派系斗争以及背后的大国博弈，使得这片土地少有安宁。哪怕站在2001年回望过去，发生在中东的冲突和战争也屡见不鲜。以色列建国后的短短30余年间，便与邻国爆发了五次中东战争；1975年，黎巴嫩开启了一场长达15年的内战；1979年，伊斯兰革命席卷伊朗；1980年，萨达姆发动两伊战争；1990年，伊拉克入侵科威特，美国领导的多国部队向伊拉克宣战。

接连不断的动荡、爆炸、袭击、战争勾勒出了国际新闻中的中东形象。面对山呼海啸般的历史进程，我时常好奇，在抽象的伤亡数字背后，一个个具体的人究竟如何在夹缝中维系日常生活？他们的人生如何被时代所左右？他们如何看待那些改写历史和命运的重大事件？

2

我是一名风光摄影师，曾专注拍摄中国风光，足迹遍布西北、东北、西南等地区。那时的我25岁左右，正是对世界充满好奇又刚刚具备独自旅行能力的年纪，我坐着硬座火车穿行于华夏大地，徒步、扎营，寻找不为人知的盛景。那四年间，我最常遇到的对话是："你怎么一个人出来旅游呢？还没结婚？""女人还是早点结婚生孩子比较好。""女人还是找个稳定的工作比较好。"

性别竟然成了左右生活方式的因素，着实令我费解。

与陌生男性摄影爱好者们一起等待日出、日落、星空时，我常常被劈头盖脸地批评或指导，从手持相机的姿势，到拍摄时机、拍摄技术、构图方式，不一而足。虽然他们对我的作品和水准一无所知，但并不影响他们好为人师。在他们看来，"风光摄影""徒步"等与体能、技术、吃苦能力密切相关的职业独属于男性，作为女性，我仿佛天然低人一等，理应向他们请教和学习。

性别竟然成了评判能力的标准，也着实令我费解。

当我渐渐对性别偏见和性别不平等的现状产生兴趣时，中东再次吸引了我的注意。在世界经济论坛发布的《2015年全球性别差距报告》中，我想去的国家——土耳其、沙特阿拉伯、埃及、黎巴嫩、约旦、伊朗、叙利亚，都位列145个国家中的倒数。种种问题开始在我的脑海中盘旋：在性别极度不平等的国度，女人过的是怎样一种生活？她们的人生多大程度上受制于性别？她们如何看待自己的生存现状？

3

中东是人类文明的摇篮，底格里斯河、幼发拉底河、尼罗河分别孕育了两河文明和古埃及文明，世界上第一批城市、第一部成文法典、最古老的文字都诞生于此。大马士革是世界上最古老的持续有人居住的城市之一，巴比伦曾是世界上最繁荣的城市，巴格达曾是世界的文化和知识中心，伊斯坦布尔曾是世界上最大的城市。犹太教、基督教、伊斯兰教都诞生于此。

国内的风光拍摄计划告一段落后，中东的旅行计划渐渐在我心中生根发芽。不同于记者，我所关注的并非突发的、夺人眼球的、骇人听闻的重大事件，而是新闻之外一个个活生生的人和他们的生活。

当我打开中东地图，正式评估这个计划的可行性时，困难接踵而至。叙利亚和伊拉克因连年战乱而难以抵达，沙特阿拉伯因从未对外开放而无法前往，土耳其、伊朗、埃及、以色列、巴勒斯坦、黎巴嫩局势相对稳定，但偶有爆炸、冲突发生。这么一盘算，真正能确保安全的，除了阿联酋等海湾国家外，大约只剩约旦了吧。过于强烈的不确定性使得这趟旅行可以进行到哪一步、持续多久，完全未知，这使我焦虑，也令我兴奋。

为了深度参与当地生活，与当地人深入交流，我决定主要采取"沙发客"的旅行方式。"沙发客"指的是基于故事分享、文化交流的一种免费住宿方式。旅行期间，"沙发客"通过网站申请入住"沙发主"的家庭，在当地人的帮助下参与异国他乡的日常生活。虽然我对住进陌生人的家感到忐忑，但好奇心最终战胜了胆怯，我战战兢兢地打开网站，发出一封封私信。

2016年7月14日，我坐上了飞往伊朗首都德黑兰的班机，在那里叩响第一位沙发主的家门。四年间，我住进了31位陌生人的家，他们之中，有思想开明的中产阶级，有深受性别偏见困扰却永不服输的女性，有虽然贫困却对世界充满好奇的年轻人，也有被叙利亚内战打乱生活节奏的家庭。在与他们的密切交往和相处中，深植于我脑海的刻板印象慢慢被打破，中东的形象逐渐丰富和鲜活了起来。

四年间，受制于糟糕的邻国关系和签证互斥政策，受制于战争，我不得不根据局势频繁调整计划。在这场漫长而焦灼的"拉锯战"中，我五度造访中东，并三度以为自己结束了旅程。

I 伊

◁ 伊朗首都德黑兰是世界上著名的高密度人口城市。

02... 叩响新世界的大门

1

在以霍梅尼的名字命名的机场里，已故最高领袖霍梅尼的大幅照片随处可见，他戴着黑色的帽子，蓄着长长的白色胡须，面色深沉。正是他缔造了眼下这个女性必须戴头巾、穿长款上衣的伊朗，外国游客也不能幸免。飞机降落前，机舱里的女性齐刷刷扎起头发，戴上头巾。我照葫芦画瓢，小心翼翼地把每一缕头发都塞进了头巾。

阳光透过落地玻璃窗，洒在灰扑扑的地砖上。机场不大，抵达的乘客稀稀拉拉地在入关窗口前排队，蓄着络腮胡的工作人员抬头看了我一眼，百无聊赖地在护照上盖了入境章。十几位黑车司机簇拥在出口，一见到外国人就一拥而上，七嘴八舌地报价。我换了点货币，穿过司机组成的人墙，径直走出机场。

白花花的太阳炙烤着7月的德黑兰，几缕沉闷的微风轻轻拂过。我身前挂着摄影包，身后背着登山包，四根背带与头巾纠缠在一起，乱作一团。一到风口，头巾如同轻盈的纸片，迅速飘离头顶，滑落到肩上。我手忙脚乱地把头巾拉回头顶，用背带死死压住。坐上出租车，头巾随着卸下的背包一起再次滑落。我摸不清让头巾乖乖听话的门道，只好在脖子上系了一个紧紧的结。

出租车很快停在了机场附近的地铁站边，我循着指示牌，步行到女性车厢所在的站台。一上车，车厢里的伊朗女人齐刷刷转过头来，瞪着圆润剔透的眼睛从上到下打量我，身旁的姑娘捂着嘴笑了笑，告诉我不必把头发遮得这么严实。经她提醒，我才注意到，车厢里的年轻女子全然没把着装规范放在心上。在遮住臀部的长款上衣下，她们穿了修身的牛仔裤或纤细的铅笔裤，搭配平底碎花皮鞋或坡跟皮鞋，五颜六色的头巾敷衍地搭在后脑勺上，刘海儿和前额的头发堂而皇之地暴露在外。与她们流于形式的头巾相比，我裹得异常严实的脑袋简直像是缠满胶带的绷带怪人。

身旁的姑娘一把抓下我的头巾，把它横向对折，搭在我的头顶，再把两侧向里折一下，交叉搭到身后。我像是被松绑的犯人，终于自在了一些。一位戴着碎花头巾的阿姨笑了笑，从包里找出小镜子，给我确认造型。女性车厢的尽头横着几道栏杆，栏杆的另一边是男性车厢，没有女人往那里多看一眼，仿佛它根本不存在。

出地铁后，我穿过几个街区，步行到一栋外墙崭新的公寓楼下。公寓楼所在的小道绿树成荫，别墅林立，街边整齐地停了两排中高档私家车。

我故作镇定地上楼，按响门铃。门很快开了，一只通体雪白、脑袋上挂着一簇褐色刘海儿的挪威森林猫一个箭步穿过门缝，蹿到了走廊上，紧接着，一位矮小的红发姑娘从门缝里冲了出来，她一把抱起猫，拉着我进屋，迅速关上房门，惊魂未定道："我怕另一只猫也溜出去！"正说着，另一只挪威森林猫迈着高贵的步伐走了过来，气定神闲地左右巡视。

红发姑娘放下猫，与我握手问好。她叫阿明，是一位刚刚大学毕业的物理系学生。她有一张古铜色的圆脸，双眼皮如刀刻般分明，嵌在一双橄榄形的眼睛上方，一头卷曲的鲜红色长发张扬地挂在脑袋上。一个月前，她不顾我是没有评价的沙发客网站新用户，爽快地答应了我的入住请求。

我惊讶于阿明居然可以把头发染得如此鲜艳，她挠了挠一头红发，说道："我们可以把头发染成任何颜色，绿色、蓝色、紫色、粉色……自己喜欢就好。你是不是对伊朗有什么误解？"

我告诉她，我印象中的近代伊朗是一个黑白灰的保守国度，对女性来说尤其如此。

1979年初，巴列维家族长达半个世纪的统治被一场由宗教学者霍梅尼领导的民众革命推翻。1979年3月，伊朗举行全民公投，98.2%[1]的伊朗人投票赞成建立一个伊斯兰共和国，自那以后，这个石油资源丰富的区域强国从世俗化急剧转向宗教化。国家法律以伊斯兰教义为依据，宗教领袖兼任政治领袖。法律规定女性的证词权重相当于男性的一半；女性的法定结婚年龄降至9岁；两性被严格隔离，女性不得与直系亲属或丈夫之外的男性共同出现在公共场合；没有丈夫或父亲的允许，女性不得旅行；没有丈夫的同意，妻子几乎无法离婚。

"许多外国人对伊朗人的印象是宗教狂热、思想保守、行为古板，我也不能说那是一派胡言，不过，在这些条条框框之外，我们有自己的'秘密生活'。相信我，你会喜欢伊朗的！"阿明眨了眨左眼，嘴角微微上扬。

我刚想追问是什么样的"秘密生活"，阿明就打断了谈话，她正在申请一所德国大学的留学项目，马上要参加一个视频面试。她嘱咐我照看好两只猫，就回房间准备面试去了。

阿明的家位于德黑兰北部的富人区，公寓楼自带配套的健身房和游泳池。客厅非常宽敞，除了一架钢琴、一张可供十人就餐的长方形餐桌、一个休闲吊椅外，还摆了一组布艺转角沙发和一组皮质沙发，皮质沙发边有个金色的小推车，推车上摆着三个大小不一的金色茶壶。两张雍容华贵的波斯地毯铺在沙发前，顶上配了三盏金色的吊灯。开放式厨房连接着客厅，双开门冰箱自带全自动制冰一体机功能，内置净水系统，只需按下冷藏室上的按键，冰水便自动流出。这种冰箱在伊朗家庭很流行。两只猫扫荡完猫粮，在厨房的吧台上悠闲地来回踱步，一点儿也没把我这个外人放在眼里。

阿明为我准备的住处是紧挨着厨房的一间客房。房间里有一张小床、一个书桌和一些杂物，小床边竖立着五卷波斯地毯，地毯边叠放着两台与人同高的马歇尔音箱。

我放下登山包回到客厅时，一位中年女士正睡眼惺忪地坐在沙发上，她穿着宽大的花色睡裙，一头金色的过肩卷发还没来得及打理。一见到我，她连忙起身，用波斯语向我问好，自我介绍道："阿明，妈妈。"虽然语言不通，但妈妈倒是非常自在，她指了指自己的房间，双手合十摆在耳畔，告诉我她刚睡完午觉。

我起身回房间，找出从中国捎来的一罐茶叶递给妈妈，比画着喝茶的姿势。妈妈领会了我的意思，她走进厨房，打开罐子，闻了闻绿茶的清香，对我竖起大拇指。她抓起一些茶叶放进玻璃杯，随后又抓起一些，把手悬停在玻璃杯上方，耸耸肩，示意我是否还要继续添加。我不清楚偏爱喝红茶的伊朗人能否习惯绿茶的味道，便摇了摇头，示意她别再加了，以免太苦。

妈妈往茶杯里添加开水，饶有兴致地看着茶色渐渐泛青。她从橱柜里拿出一盒方糖，问道："Suger？"我连忙摇头，表示不要加糖。

妈妈眯起眼睛，将信将疑地拿起茶杯，看看茶水，又看看我。我向她点点头，她深吸了一口气，小心翼翼地呷了口茶。她的眉头迅速向中间聚拢，嘴唇紧紧地抿在了一起。我还没来得及反应，她就往茶杯里扔了两块方糖，仿佛那是唯一能救她于水火的灵丹妙药。她又喝了一口，紧皱的眉头舒展开来，僵硬的面部肌肉也松软了下来。她给我也泡了一杯加了方糖的绿茶。绿茶的清香被糖冲淡了，糖的甜腻被绿茶冲淡了。见我连喝了几口，妈妈昂起头，竖起大拇指，一脸骄傲，仿佛在说："看，还是我的喝法好吧！"

妈妈把绿茶放到一边，哼着小曲，开始准备晚餐。她把茄子去皮、蒸熟、捣碎，做成茄子泥。两只猫闻到食物的味道，赶紧到厨房视察一番，看看能捞到点什么吃的。

直到我和妈妈吃上晚饭，一脸疲惫的阿明才从房间出来。面试时，教授问了她许多专业问题，她耸耸肩说，她不确定自己有没有把专业名词说对。

吃上美味的茄子泥和加了藏红花的米饭，阿明很快就把面试抛到了脑后，她指指桌上一盆绿色的菜叶告诉我，这是伊朗人最喜欢的薄荷。薄荷没有经过任何烹饪加工，朴实得仿佛刚从地里摘下来的。我毫无防备地拿起一片塞进嘴里，诡异的香气像是瓦斯炸弹，在口腔中爆裂，直冲脑门，引得我一阵反胃。阿明和妈妈放下叉子，一脸期待地等待我的反馈。我不想扫她们的兴，只好强忍住呕吐的冲动，挤出一个礼貌的微笑。

每吃几口饭菜，阿明和妈妈就会嚼上一片薄荷，为了不让她们看出破绽，我只好以相同的频率往嘴里塞薄荷。一顿好好的晚餐，突然变成了我和薄荷的一场拉锯战，每拿起一片薄荷，我都要做一番心理准备，吃完后，还要做一下心理疏导。原本美味的米饭和茄子泥，全都沦为了薄荷不起眼的注脚。

2

吃饱喝足，阿明提议一起去抽水烟。水烟是一种用水过滤后吸食的烟草制品，在中东非常流行。在伊朗这个禁止酒精、严控娱乐的国家，抽水烟是为数不多的夜生活之一。

阿明回房间换上长款上衣，随手拿了条头巾搭在头顶，她没有刘海儿，索性放任长及肩膀的一大簇红发在头巾外呼吸新鲜空气。她带我来到地下车库，娴熟地把车开到地面。在灯光微弱的街巷转了一会儿，她就径直开上了高架路。高架路两旁黑漆漆的，群山和建筑隐匿在夜色之中，只有路灯拨开黑暗，发出孱弱的微光。阿明打开车窗，晚风如同一股激流，呼呼地往车里灌。我本能地按住快要飞起来的头巾，阿明倒是一点儿也不在意，她把摇滚乐的音量调到最大，跟着音乐放声高歌。她的头巾很快滑落至肩头，一头红发随风飘扬，仿佛夜色里的燎原之火。

阿明盘山而上，把车停到山顶。水烟店的门面没有任何装饰，窄得只够一人通行。顺着狭窄的通道拐个弯，眼前是一个开阔的庭院，庭院中央绿树成荫、鲜花盛开，潺潺的小溪穿堂而过，木质的小桥横跨其上。庭院四周摆着各式各样的桌椅，有普通四人座，有沙发位，有席地铺设的地毯。桌与桌之间相隔甚远，彼此互不打扰。

我们穿过庭院，找了个户外的位置，脱下鞋，盘腿坐在地毯上。阿明点了一个柠檬味的水烟，不一会儿，服务员把高约60厘米的水烟壶摆到地毯上，用铁夹把烧热的炭块放到烟草上。准备就绪后，他把长长的软烟管和两个一次性烟嘴递给阿明。阿明把烟嘴插到烟管上，猛吸几口，烟壶底部的水迅速翻滚，咕噜咕噜冒着小泡。她满意地点点头，取下烟嘴，把烟管递给我。我插上烟嘴，谨慎地吸了一口，淡淡的柠檬味飘进口腔，泛着阵阵微甜。阿明摇摇头，批评我吸得太轻。她抢过烟管再次示范，嘱咐我应该用深呼吸的劲道用力猛吸。

根据世界卫生组织2015年发布的研究报告[2]，水烟不仅危害健康，也容易令人上瘾，但盛情难却，我只好拿出测试肺活量的架势。看到气泡滚滚而上，阿明赞赏地点了点头。我不敢怠慢，又猛吸了几口，直到一阵淡淡的晕眩感袭来，我才取下烟嘴，把烟管交还阿明。

伊朗街头几乎看不到男女同行，但水烟馆里，男人女人同坐一桌，轮流抽水烟，说说笑笑，旁若无人。阿明告诉我，德黑兰是伊朗最世俗、最开放的城市，明面上，人们不得不遵守着装和行为规范，但私下里，许多人过着"秘密生活"。即使检查穿着和行为的宗教警察遍地，人们还是会偷偷谈恋爱。国家限制女性的穿着，大家就在家里开派对，派对上，女人身穿短裙，浓妆艳抹，互相拍照、拍视频，分享到社交媒体。饮酒被禁止，有的人就在家自行酿酒，或通过地下渠道购买酒水。

我问起阿明出国后是否考虑回国，她提高嗓音道："为什么要回来？当然不啦！"

3

网上的信息称，女性游客在伊朗容易遭遇性骚扰，为了避免不愉快，阿明建议我去周五巴扎[1]买一件不显眼的衣服。

阿明家附近的BRT[2]车站没有售卡亭。一辆崭新的公交车缓缓进站，我在车门口向司机比画"交通卡"的手势，耸耸肩，司机点了点头，招手让我上车。我递上零钱，他摆摆手，径直开出了车站。此后的几天，我一直没找到营业中的售卡亭，但每位BRT司机都欢迎我免费乘车。与地铁一样，BRT的车厢中间竖了几根栏杆，把男女分隔两旁，女性可以上男性车厢，男性不能来女性车厢。

街上的私家车一律黑白灰，与德黑兰灰扑扑的天空一样沉闷、单调。伊朗人并非不喜欢五颜六色，但黑白灰的汽车最容易买到耗材，最容易维修保养。

一位鼻子上贴着厚厚纱布的年轻女子走上车，她的前额挂着几缕香槟色的刘海儿，一根麻花辫的末端露在头巾外，如钟摆般

1　Bazaar，意为集市、农贸市场。
2　Bus Rapid Transit，快速公交系统，是一种介于轨道交通与常规公交之间的公共客运系统，这种系统通过开辟公交专用道和新式公交车站，实现轨道交通式的运营服务。它的速度接近轨道交通，但投资和运营成本较低。

轻轻晃动。她微微昂起头，嘴角上扬，一双大眼睛盛气凌人。她并非磕破了鼻子，而是刚做完削鼻整形手术。

过高的鼻梁是伊朗人的噩梦，他们热衷于通过手术将鼻梁削矮，德黑兰也因此被戏称为"世界鼻手术之都"。阿明告诉我，贴着纱布的鼻子甚至成了伊朗人炫耀的资本，因为这代表他或他的家庭负担得起高昂的手术费用。有的人没钱做手术，却用纱布包裹住鼻子，借此享受路人艳羡的目光；有的人明明已经从手术中恢复，却迟迟不愿摘下纱布，只为多显摆一阵。

BRT到站后，我找到一家货币兑换店，把500美元递给窗口里的工作人员。囿于美国的制裁，伊朗的银行系统与外界几乎完全断开，国际通用的信用卡、借记卡无法使用，我只能准备现金。

工作人员把厚厚一沓纸钞和一张小票递给我，小票显示，这里有1745万里亚尔。我皱着眉头在窗口旁数着钞票上一连串"0"，花了好一会儿才把钱分成几沓，装进包里。一走出兑换店，我就后悔了，背着1000多万去逛巴扎，怎么想都不是个好主意。

我正想向路人打听巴扎怎么走，就看到人们一窝蜂地赶往同一个方向，本能告诉我，那一定是周五巴扎。伊朗实行单休制，周五是唯一的休息日，这天，大部分商店、博物馆都关门歇业，唯独每周开放一次的周五巴扎最是热闹。

周五巴扎位于一栋简陋的建筑内，地面是深灰色的水泥，顶上的白色横梁污迹斑斑，明晃晃的白炽灯一字排开，售卖地毯、衣物、首饰、背包、镜子等的小商贩早早来到这里抢占摊位，摆好商品。我遵循阿明的建议，挑了件材质轻薄、外观朴素、价值人民币70元的长款衬衫。

一位身穿黑袍的老妇人把刚买的一张毯子顶在头顶，两位同样穿着黑袍的年轻女子跟在她的身旁。阿明说，伊朗女人的穿着基本取决于家庭，开明家庭不会干涉衣着，但保守家庭会要求女性严格遵循穿衣规范。

巴扎外，玉米堆成小山，小贩在路边摆了一个炭火炉，售卖烤玉米。卖冰激凌和果汁的小店门口挤满了人，人们端着加了巧克力酱和坚果的大碗冰激凌，坐在路边享用。

换上新买的衬衫后，我步行前往德黑兰大学。德黑兰大学建于20世纪30年代，是伊朗历史上第一所现代大学。周五的大学大门紧闭，禁止外人入内。我与门卫沟通了好一会儿，他才同意让我进去参观半个小时，但不能携带相机。

校园的主干道种了两排高大的树木，停了一排轿车。我跟随两位正在讨论问题的教授和学生走进一栋教学楼。教学楼设施陈旧，自习室里，一块块半透明隔板把姜黄色的桌椅隔开，门口有一整面墙的储物柜。周五，这里空无一人，仅有的几位学生坐在楼道边的座椅上，正开着笔记本电脑讨论问题。

从德黑兰大学向东步行两公里，就是轰轰烈烈的人质危机[1]发生地——原美国驻德黑兰大使馆。人质危机期间，伊朗人总是对出租车司机说"请载我们去间谍窝"；如今，这栋建筑在地图上的名字仍然是"美国间谍窝"。"间谍窝"大门紧闭，外墙

---

1 1979 年革命后，美国政府允许被废黜的巴列维国王前往美国治病。1979 年 11 月 4 日，一群学生顺着外墙攀爬进美国驻德黑兰大使馆，劫持 66 名使馆工作人员作为人质。他们在使馆外焚烧美国国旗，要求美国将国王遣返伊朗，接受审判和处决。两国关系迅速恶化，美国时任总统吉米·卡特下令冻结伊朗在美国银行的资产，并试图通过军事救援行动解救人质。救援行动最终宣告失败，52 名人质被囚禁 444 天。1980 年，两国正式断交。

上布满反美涂鸦和标语，自由女神的面部被改画成了骷髅头。

4

在德黑兰过马路像是在玩命。

伊朗人开起车来如入无人之境，他们的字典里似乎没有"减速"和"礼让行人"这样的字眼，尽管车流和人流纵横交织，司机也能一边加速，一边杀出一条血路，哪怕是快要散架的面包车，司机也能不停地轰油门，开出方程式赛车的气势。行人不甘示弱，他们总是走着走着就毫无征兆地冲进车流，全然不把斑马线和红绿灯放在眼里。在这场你死我活的战斗中，双方都不愿率先投降，他们各自保持匀速或加速前进，直到几乎撞成一团，才猛地停在原地。正因如此，伊朗的交通事故率一直居高不下，位居世界前列。[1]

初来乍到，我在一个没有红绿灯的路口踌躇不前。没一辆车有减速的意思，哪怕距离路口只有几米，司机也会猛踩一脚油门，在我迈出步伐前呼啸而过。见我犹豫不决，两位伊朗小伙子招了招手，示意我跟上他们。他们不顾正在全力冲刺的汽车，目不斜视地笔直向前。汽车司机棋逢对手，只好紧急刹车，在撞上他们前猛然停住。

傍晚，晚高峰如期而至，主干道被挤得水泄不通，亡命之徒般的司机们终于低头认输，夹着尾巴蜷缩在车流之中。车上的拥

1　根据世界卫生组织（WHO）2018 年公布的数据，伊朗的交通事故死亡率位居世界第 42 位。数据来源：https://www.worldlifeexpectancy.com/iran-road-traffic-accidents。

挤程度一点儿也不亚于路面。我的左膀右臂被伊朗女人紧紧贴住，空调奄奄一息，汗臭味迅速攻陷车厢。我顾不上流入眼中的汗水，死死抱住背包，保护我的"千万资产"。

好不容易回到家时，阿明和妈妈已经吃过晚饭了。妈妈一边热饭菜，一边用榨汁机为我打了一杯漂浮着绿色粉末的酸奶饮料。我毫不设防地喝下一大口，诡异的香气穿过喉咙，惹得食道一阵抽搐。原来，杯子里的绿色粉末不是别的，正是伊朗人最喜爱的薄荷。薄荷被榨汁机打成了碎渣，均匀地漂浮在酸奶里。在伊朗人看来，这种叫"杜格"（doogh）的饮料清爽解腻，是炎炎夏日的绝佳伴侣。一杯"杜格"下肚，我的食欲荡然无存，但很快，薄荷叶子连同饭菜再次出现在了眼前。

5

伊朗的基础建设还算不错，每步行一段路，就能找到冰镇直饮水，但这依然抵不过盛夏的酷热。午后最热的几个小时，所有博物馆、宫殿都关门歇业，于是，找个午后避暑之地成了我的燃眉之急。

一天，我偶然在午休时间进入清真寺参观。清真寺用隔板分隔出了男女祷告区域，女性祷告区不大，铺满了图案繁复的巨大地毯。几位女性正在前排低头祷告，其他十来位女性横七竖八地躺在后排的地毯上，有的正在玩手机，有的低声聊天，有的用头巾蒙住眼睛，睡得正香。

见她们如此怡然自得，我也把背包当作枕头，原地躺平。四周全是女人，全然不用担心被异性骚扰。空调吹出徐徐凉风，地毯软硬适中，墙角还有饮水机和插座，简直是再合适不过的午休场所。伊朗的清真寺遍地开花，午休问题终于迎刃而解。[1] 我问阿明伊朗的清真寺为何如此随意。她说，清真寺既是宗教场所，也是为人民提供便利的地方。

"夏天这么热，我们进去吹一会儿空调，休息一下，合情合理啊！"

在德黑兰的最后一个晚上，阿明推荐我前往一处可以俯瞰整个城市的山顶。傍晚，我沿着公路步行上山。德黑兰空气污染严重，城市时常被雾霾紧紧锁住，让人恨不得给口鼻装上一张滤网。但这天的天空一碧如洗，从山顶望去，崇山峻岭般的楼群密密麻麻地排列在山下，如同这里的交通一样单调、无序、混乱。

13世纪前，对德黑兰的记载寥寥无几。1220年，蒙古人横扫波斯，附近村庄的人们逃亡到德黑兰，把这座小村庄发展成了繁华的贸易中心。1795年，阿迦·穆罕默德·汗[2] 成为沙阿[3]，定都德黑兰，此后，德黑兰不断扩张，1900年，这里已经有25万居民。如今，德黑兰是世界上著名的高密度人口城市。

夜幕降临，来山顶散步的人越来越多。黑暗中，男人与女人的距离慢慢拉近，有的年轻男女找了个长凳坐下，谨慎地依偎在一起，低声聊天。我第一次在伊朗卷起袖口，让手臂接受晚风的吹拂。

---

1 在笔者去到的所有中东国家中，只有伊朗的清真寺允许人们随意午睡。请勿在其他国家模仿该行为。
2 伊朗恺加王朝的缔造者。
3 波斯语中古代君主头衔。

03... "半个世界"

1

我遵照阿明的建议，买了开往伊斯法罕的豪华大巴车票。大巴的座椅是宽敞的灰色皮质沙发，配有黑色的颈枕，椅背和踏脚板能够自由调节角度，前后座椅的间距宽到足以半躺。大巴才刚出发，一位男性服务人员就递上了一听凤梨汁和一个装有糕点、饼干、小零食的纸盒。

与这头等舱般的体验形成鲜明对比的，是窗外无边的荒漠。大巴一路向南，笔直的道路腾起烟尘，地表的热浪越来越清晰可见。伊斯法罕沙发主妮露法发来信息说她会来汽车站接我。虽然已经在私信里强调过多次，但她再次向我重申歉意——她英语不好，家里很穷，希望我不要介意。

我费了一番工夫，才在汽车站外的小型停车场找到了与男朋友一起来接我的妮露法，她戴着鲜黄色的头巾，化了淡妆，深邃的眼窝自带烟熏妆效果。

妮露法从上到下来回打量我，厚厚的嘴唇藏不住笑意。得到男朋友肯定的眼神后，她艰难地拼凑出几个单词："我家，穷，房子，差，你，不，介意。"说完，她高兴地看着男朋友，像是个期待被父母表扬的小孩。男朋友向她点点头，笑着告诉我，妮露法第一次和外国人说话，难免紧张，但她非常高兴可以接待我。

把我们送上出租车后，男朋友就离开了。出租车绕了好一会儿，才在市郊一处空无一人的街道边停下。下车前，妮露法嘱咐我："男朋友，不提，爸妈，不知道。"我点点头。

妮露法一家租住在一栋两层楼的老房子里，一楼是父母的房间和卫生间、厨房，二楼是她自己的房间。厨房和卫生间没有采光，只有电线外露的灯泡忽闪忽闪，提供微弱的照明。妮露法的房间不小，但除了一张小床、两个快要掉漆的褐色柜子外，就没有任何称得上是家具的东西了。她把护肤品和化妆品堆在窗台上，电脑显示器和主机摆在地毯上，十几条五颜六色的头巾搭在衣帽钩上。墙上贴着埃菲尔铁塔的剪纸，一盏接触不良的白炽灯忽明忽暗。

"太乱了，太乱了。"妮露法吐了吐舌头。

房间中央铺了一块花纹细密的巨大红色地毯，看上去雍容华贵，与简陋的房间不太相称。波斯地毯以质地优良、图案精美、工艺精湛而享誉世界，伊斯法罕出产的地毯被认为是世界上最好的波斯地毯。在伊朗人看来，地毯象征着主人的富裕程度。妮露法骄傲地说，她家一旦存下钱，就会囤积地毯，说着，她把我带到房门后方的角落，角落里堆着五六卷比人还高的地毯，毫无疑问，这是家里最值钱的东西。

妮露法把散落在床上的几本书收起来，拍了拍床上的灰尘，说道："你，睡床，我，地上。"我连连推托，但妮露法执意要求我睡在床上。一番你来我往后，我们决定，既然地毯很大，我们不如一起睡在地上。

说话间，妈妈从楼下端来了晚餐——加了藏红花汁的米饭、鸡肉煮黄豆、番茄黄瓜沙拉、一小碗酸奶和一盘薄荷叶子。她在地毯上铺了张餐垫，我和妮露法面对面，席地而坐。

妮露法的家位于市郊，晚饭后，她拿出纸笔，写下换乘四辆车进城的详细路线。她刚放下笔，妈妈就进屋收拾餐盘了。妈妈个子很矮，头发半白，脸上爬满皱纹。看到妮露法写的几行波斯语地名，妈妈皱着眉头咕哝了几句，妮露法翻译道："你，不认路，妈妈，不放心。明天，她和你进城，你自己逛，晚上，她和你回家。"

我连忙摇头说不能麻烦妈妈。妈妈叹了口气，眼角垂了下来，一个劲儿地自责家里太远。我指指登山包，让妮露法转述——我都一个人背包出国了，进城这点小事不在话下。

伊斯法罕的夏天热得如同火炉，即使是晚上也凉快不到哪里去。妮露法的房间有一台嵌在墙上的窗机空调，她按下遥控键，"轰——轰——轰——"的巨响从风口传来，像是一架即将起飞的战斗机。冷风和燥热中和成一股温暖的狂风，扫荡着整个房间。妮露法的一头黑色长发被吹得乱成了鸡窝，她捂着耳朵抱怨："这个，太响，我，睡前，开，睡下，关。"

然而，事情并未如她描述的那般轻松。刚躺下时，我还能借助窗机空调的余凉眯一会儿眼睛，但热气很快占了上风，地毯仿佛熊熊燃烧的火炕，很快就把全身的汗水都逼了出来。妮露法翻了个身，冲我叹了口气。她按下遥控键，窗机空调再次咆哮起来，仿佛要把屋顶掀翻。没过多久，我们的脑袋被震得胀胀的，只好再次按下关闭键。一整个晚上，我们都在燥热和巨响间反复切换，只有窗机空调刚刚关闭、温度还没上升的间隙，我可以短暂地眯上一会儿。

2

虽然睡眠质量不好，但早上5点多，妮露法的闹钟准时响起。她悄无声息地起床，拿上背包就出门了。

7点多，妈妈听到楼上有动静，立马端来了早餐——馕、奶酪、蓝莓酱和几块小蛋糕。她坐在我的对面嚼着馕，不停地摇头叹气。我快吃完时，她再次用手势示意——她可以带我进城。我连连推辞，独自踏上了进城之路。

我从狭窄的小巷步行到主路，跳上一辆快要散架的公交车。公交车的椅背伤痕累累，黄色的泡沫顺着裂口破壳而出。几分钟后，司机把车停到路口，乘客们一溜烟下车，冲向BRT始发站。BRT一进站，赶着早高峰上班的人群便一窝蜂拥进了车厢。好不容易撑到市区，我早早挪到车厢门口，以免到站时下不了车。

按照妮露法画的地图，我转了个弯，在路口坐上一辆共乘出租车。伊朗的公共交通体系不太发达，在没有公交车的路段，共乘出租车成了替代品，这种车通常只跑固定线路，坐满出发，价格透明。

辗转了一小时，我终于坐上了最后一辆公交车，前往仅次于天安门广场的世界第二大广场——伊玛目广场。

16世纪著名的半韵诗用"半个世界"[1]形容伊斯法罕这座城市。1579年,萨非王朝[2]最伟大的统治者阿巴斯迁都至此,他热衷于城市建设和艺术资助,在他的打造下,伊斯法罕成了当时世界上最美丽的城市。登上阿巴斯大帝的住所——阿里·卡普宫,伊玛目广场尽收眼底。广场被连绵成片的蜜色双层拱廊围绕,拱廊里满是售卖波斯地毯、手工艺品和纪念品的店铺。广场中央有一个长方形的喷泉,喷泉关闭时,水面如同镜面,拱廊倒映其中。

顺着喷泉向上望去,小巧的谢科洛夫拉清真寺挺立在排山倒海的拱廊之间,如同绵延无尽的沙漠里一汪清澈的泉水。点缀着白色藤蔓和祖母绿花朵图案的蜜色穹顶像是一顶巨大的帽子,戴在了图案繁复的蓝色大门之上。这座清真寺没有庭院,没有宣礼塔,曾仅供宫殿中的女眷使用。

沿着台阶拾级而上,蓝色、青绿色、黄色的小瓷砖拼贴出藤蔓和花朵的图案,布满走廊和拱顶,步入其中,宛若误入一片青草遍地、野花盛开的夏日森林。走廊尽头是用于祈祷的中央圣殿。向上望去,穹顶上的几何图案极富规律地向上收缩,如同开屏的孔雀,阳光透过16扇高高的花窗洒进来,把穹顶照得金光熠熠。

谢科洛夫拉清真寺的南面是大量采用蓝色镶嵌工艺图案的沙阿清真寺。两座高耸的青色宣礼塔如同灯塔,指引着古时穿越沙漠至此的商队。入口处的蓝色壁龛借鉴钟乳石的线条,把图案各

---

1 诗句"Esfahan nesf-e jahan",英文译为 Isfahan is half the world,中文译为"伊斯法罕半天下"。
2 又称萨法维王朝、波斯第三帝国(1501—1736)。

　　　　　　　　　　　　　　　　看不见的中东

异的小镶板拼贴在一起，组成蜂窝状的立体穹顶。

走进清真寺，四座蓝色的"伊万"（Iwan）坐落在庭院四周。"伊万"是一种面向庭院的高大凹龛，配有拱形的尖顶。茎、叶、芽被抽象成图案，极富规律地排列在"伊万"上，像是一面簇满鲜花的高墙。步入"伊万"，朴素的廊柱支撑起一个个蓝色的小穹顶，仿佛一层层裹着宝石的海浪在头顶翻滚。再向里走，是一个八角形的主殿，抬头望去，以蓝色为背景的同心圆图案围绕着高达53米的金色穹顶向外发散，五光十色，绚丽夺目。

建筑被认为是波斯文化对世界最伟大的贡献之一，穹顶则是波斯建筑的点睛之笔。

伊斯兰教禁止偶像崇拜，清真寺无法使用人物绘画和造像进行装饰，但波斯人的创造力没有因此而枯竭，相反，他们就此离开具象世界，以花草和几何图案为灵感，用线条、形状和色彩构筑起另一个万花筒般的世界。

通常来说，高饱和度的色彩和复杂的图案堆叠在一起，容易令人感到杂乱无章、过犹不及。波斯的装饰艺术虽密不透风、没有留白，却因遵循一种图案和配色的规律而极富秩序。波斯人把细小的瓷砖拼贴在一起，形成从中央向外扩散的放射状图案，仿佛传达了一神教的理念——万事万物皆由一位至高无上的神创造。穹顶有边界，但向外扩散的规律性图案似乎可以突破有限的空间，给人无穷的想象。抬头仰望穹顶，宛若仰望星空。

3

傍晚，我在伊玛目广场等待落日。两排细细的水柱从水池跃向天空，组成一道水做的拱门，斜阳打在水幕上，泛起缕缕彩虹。孩子们撩起裤腿，把脚浸入冰凉的水池，手舞足蹈地把水泼向四周。

我才站定了没一会儿，一位圆脸姑娘便走上前来，礼貌地问我来自哪里，随后，她列举了对中国的印象——高铁、长城、中国制造。她是英语系的学生，平日里没什么机会与外国人交流。终于逮到说英语的机会，她一口气问了十几个关于中国的问题。

没过多久，一位刚刚成年的小伙子低着头、咬着指甲，在距离我们两米远的地方来回踱步。我问他有什么事，他腼腆地笑了笑，说想和我聊聊。不一会儿，小伙子的身后又多了一位梳着大背头的青年，他的身后，还跟了一位戴红色头巾的姑娘。英语系姑娘见状，不太好意思"霸占"我太久，她提议去巴扎给我买个冰激凌，把我暂时"让"给别人。

她一离开，等了快半小时的小伙子赶紧上前，问我有没有去过美国、喜不喜欢美国的产品。我担心他有强烈的反美情绪，不敢贸然回答，只好坦白我没有去过美国。他炯炯的眼睛耷拉了下来，一脸失望，但他马上打起精神，用饱满而激昂的声音告诉我，他特别喜欢美国的科技产品，希望有朝一日可以去美国留学，到硅谷工作。

他绘声绘色地谈起了第一次摸到 iPhone 4 的时刻。那天，当手指划过流畅的曲线，他像是触了电一般浑身发麻，从指尖一直麻到心里。他平生第一次意识到，手机也可以做得如此艺术。说着，他举起自己的杂牌手机，嫌弃道："看看这，这就是块石器时代的板砖！"

　　　　　　　　　　　　　　看不见的中东

伊朗没有苹果店，虽然伊朗人可以通过地下渠道购买苹果产品，但零配件不好买，维修非常麻烦，他只好作罢。我问起反美情绪，他笑笑说，国家和政府是两码事，政府之间的糟糕关系不影响他喜欢美国的科学技术和科技产品。滔滔不绝地夸赞了一番美国后，他就连连道谢、心满意足地离开了。

大背头男士走上前，开门见山道："请问在中国，男女可以在公众场合约会吗？可以牵手吗？"

我告诉他，牵手、拥抱、亲吻都可以。

他像是听了个灵异故事，眉毛高挑，抬头纹一道一道刻在额头。思索一番后，他再次向我确认："是只能在晚上人少的地方牵手吧？"

我告诉他，光天化日之下就可以牵手。

他眯起眼睛冥思苦想了一会儿，懊恼地摇了摇头道："虽然在电影里见过，但放到真实生活，还是难以想象。"

他离开后，等在一旁的红头巾姑娘走上前，问道："你好，我听说中国人都是无神论者，是真的吗？你是吗？"

她刚问完，英语系姑娘就拿着一个白白胖胖的冰激凌回来了，她告诉我，这是巴扎里最有名的冰激凌。我一边吃一边告诉她们，大部分中国人确实是无神论者。红头巾姑娘说，伊朗也有无神论者，接受过高等教育的无神论者尤其多，她就是其中之一。小时候，她对信仰懵懵懂懂，长大后，她渐渐发现，有的人表面虔诚，背地里却坏事做绝，有的人没有信仰，但善良可靠。在她看来，信不信仰宗教和个人德行没有必然的联系。

谈话间，天已经黑了，落日当然是没有拍成。

4

伊朗人的周末主要活动是去公园野餐。

周五下午，我躲进一家公园避暑。公园的每片树荫下都围坐了一个伊朗家庭，他们把带来的波斯地毯铺在草坪上，摆上零食、水果、蛋糕、饮料，悠闲地谈天说地。水池边聚集了十来个男孩，他们争相鱼跃入池，水花四溅。看到我的相机，他们模仿起了跃身击浪的鲸鱼，在水池里表演后空翻和侧空翻。

一个小男孩突然拉了拉我的衣角，递上一份水果，随后捂着脸，落荒而逃。他那正在野餐的家人们见我收下了水果，对他竖起大拇指。见有人对我伸出了橄榄枝，其他家庭不甘落后，他们纷纷派出家里唯一一个能说上几句英语的人，给我送来了柠檬茶、小蛋糕、瓜子，一时间，我的长凳边堆满了食物。只要我收下食物，他们就仿佛打了一场胜仗，彼此相视而笑，甚至击掌庆祝。

一个后到的家庭无处摆放送来的食物，干脆邀请我一同入席，加入野餐。这家男女老少总共来了15个人，他们的野餐备品犹如哆啦A梦的口袋，除了便携的零食外，还有一个粗大的保温瓶，保温瓶里装着米饭和香喷喷的烤鸡。戴着黑色头巾的阿姨用一次性盘子给我盛了一碗米饭和两个鸡腿，又端上一份蔬菜沙拉和几片柠檬。大家咧着嘴，笑眯眯地看着我吃饭，仿佛很高兴把我"据为己有"。待我把米饭和烤鸡扫荡一空，两位少女又不知从哪里搞来了几份双色冰激凌。临别前，他们坚持往我的包里塞了点儿零食和蛋糕。

傍晚，我步行前往三十三孔桥，这座双层结构的蜜色桥梁因有三十三个拱而得名。枯水期，桥下滴水不剩，桥的一边是龟裂的河床，密密麻麻的裂纹像是冬日里干裂的皮肤，桥的另一边积了一层薄薄的水，长着稀稀拉拉的杂草。金色的夕阳穿过桥洞，把水滩照得忽闪忽闪。

天空渐渐由浅蓝变为深蓝，黄色的灯光亮起，照亮桥洞和二层的拱门，来此闲逛的人越来越多。一位青年在桥洞下席地而坐，取出吉他，摆上琴谱，自弹自唱了起来。几位路人循声而来，在附近坐下。桥洞仿佛天然的音场，悠扬的歌声缭绕其中，形成淡淡的回响。人们小心翼翼地不发出一点儿声音，也不走动，直到几曲唱毕，才轻轻地鼓起掌来。

5

回到家时，妮露法正趴在小床上背诵英语单词。

妮露法的父母早已离婚，每天给她做饭、为她操劳的"妈妈"实则是她的继母。她告诉我，继母待她如亲女儿。父母年事已高，身体不好，她不希望他们再奔波劳累。为了承担家庭开销，她找了两份市场营销相关的工作，第一份从 7：30 工作到 14：00，第二份从 14：30 到 22：00，中午那仅有的半小时，她得在路上奔波，午餐只能吃继母准备的便当。她的工作单位都在城里，每天除了工作十四个小时外，她还要花三小时通勤，一周六天，每天如此，周五是她唯一的休息日。

"你平时那么累，今天不休息一下吗？"我问道。

"平时，忙，今天，学一点，学习，开心。"妮露法露出幸福的微笑，一点儿也不像是早出晚归的打工人。

"你工作中用得到英语吗？"

"不。"

"那你为什么要学呢？"

"不学英语，怎么，和你说话？不学英语，怎么出国？巴黎，伦敦，纽约，我都想去，我要学好英语。"

晚饭后，妮露法打开她那台速度很慢的台式机，播放了几首她喜欢的伊朗歌曲。虽然工作艰辛，但她却出奇地乐观，很少露出疲态。比起抱怨生活，她更喜欢听我讲述国外旅行的故事。

世界银行发布的数据显示，伊朗女性的劳动参与率只有不到五分之一[3]，但妮露法对这样的现状一笑置之，她跟我细数着每个月可以存下多少钱，几年后可以存到多少钱，那时，她就可以给父母租更好的房子，再过几年，存的钱就会够她去一次巴黎。

04... 音乐游击战

1

多萨只有18岁，但她到设拉子汽车站接我时却出奇地沉稳、老练。她扑闪着一双大眼睛，笑着接过我的摄影包，一排洁白的牙齿在小麦色的皮肤上画出一道弧线，仿佛秋日晴空，通透明亮。我跟着她穿过几条街道，走进一个满是四层公寓的住宅小区。

打开家门，多萨的妈妈笑脸相迎，用英语向我问好。妈妈是大学体育老师，留着一头干练的短发，有一双细长的小眼睛。她告诉我，她最近正在学习德语，英语是为了我临时恶补的，说罢，她吐了吐舌头，表示自己的英语储备已经耗尽。

多萨和妈妈的家是个一室一厅的小公寓。开放式厨房连接着客厅，客厅里摆了一组深灰色的转角沙发，几个塞满书和乐谱的书柜靠墙而立，木纹地板上铺了一块简约的地毯。

多萨把我带到她的房间，指着小床告诉我，这是我的住处。

我连忙推托，表示我可以打地铺。多萨笑着解释道，她不喜欢一个人睡觉，平日里，她总是与妈妈一起睡在客厅。既然如此，我只好恭敬不如从命。

多萨的房间不大，有一台电子琴、两把小提琴、一张书桌和一张小床。电子琴上方的墙上整齐地贴着贝多芬、帕格尼尼、切·格瓦拉、萨特、卓别林等几十位名人的黑白照片，电子琴旁的书桌上摆着文具和水彩笔，墙上贴满了多萨天马行空的漫画作品——骑着大象变戏法的小女孩，跪在雨夜里祈祷的小女孩，即将被怪物吞噬的小女孩。小床的上方有一根麻绳，绳子上夹着她刚上好色的漫画。多萨摘下绿色的头巾，挂到衣柜里。她的衣柜像是一片初春的森林，挂满了青草绿、豆绿、橄榄绿、墨绿的衣服和头巾。

傍晚，多萨说要带我参加一个"秘密聚会"。

街上的汽车开足马力，咆哮而过，一阵阵风嗖嗖地在眼前刮过，如同铿锵有力的鞭子，甩下猛力的一击。多萨冷静地左右张望，一旦发现过马路的微小契机，就拉着我的衣袖飞速蹿到对面。我们左闪右避，过了几条街，才在一条主干道上打到了车。

出租车在昏暗的广场边停下，多萨带我绕过广场，步行到一家咖啡店门口，与两位青年会合。一位青年背着吉他，头发打满发蜡，眼神炯炯，另一位留着干净的寸头，戴着黑框眼镜。

咖啡店的门面很小，只够两位店员在料理台操作，店面外的空地被树丛围了起来，摆着十几个小圆桌，布置了昏黄的灯光。两位青年匆匆与我打了个招呼后，就兀自在店门口踱起了步。多萨用右手托着下巴，一言不发，一双大眼睛眯成了一条缝。犹豫再三，他们把店员叫了出来。店员不停地摇头摆手，一脸歉意。

他们仨低声商量了一会儿，决定换个地方。

我跟着他们在黑漆漆的小巷七拐八拐，来到一家很小的咖啡店，店里只有五六张桌子，木纹装饰的墙面上贴满了各界名人的黑白照片。昏黄的灯光下，多萨和两位青年的脸只剩大片阴影，谁都看不清谁，但他们都觉得来对了地方。

与老板一番寒暄后，我们找了个沙发位坐下。多萨松了口气，低声告诉我，伊朗禁止在公共场所演奏音乐。为了找个地方弹唱，他们只能找老板比较好说话的、不起眼的、不容易被突击检查的小店。

头发打满发蜡的青年取出吉他，开始调音。安全起见，老板关掉了最后几盏灯，为每桌点上蜡烛。咖啡店仿佛从街道隐身。

调音完毕，青年清了清嗓子，仅有的几位顾客转过头来，安静地望着他。他的手慢慢在琴弦上扫出和弦，黏涩的歌声从他的喉咙里传来，宛若温柔的耳语。一阵轻盈绵长的曲调后，他的歌声越来越开阔，仿佛从蒙着薄雾的森林进入了无边的旷野。一旁的寸头青年突然站了起来，接过曲子，他的歌声像地平线一样宽广，无边无际。到高潮处，他俩闭上眼睛，在各自的声部遨游。烛光在他们的脸上摇曳，照出淡淡的轮廓。

多萨跟着曲子轻轻摇摆，我问她为何不一起唱，她小声告诉我，对女性演奏音乐和唱歌的管控比对男性更为严格。多萨曾在咖啡店唱过歌，却不幸招来了警察。安全起见，她还是低调为妙。

两位青年点的比萨和意大利面被晾到了一边，他们抱着吉他，一直唱到了咖啡店打烊。

2

伊朗有句俗话，最穷的家庭至少有两本书，一本是《古兰经》，一本是哈菲兹的诗集。哈菲兹之于伊朗，如同李白之于中国，普希金之于俄罗斯。德国大诗人歌德曾如此说道："哈菲兹啊，除非丧失了理智，我才会把自己和你相提并论。你是一艘鼓满了风帆的劈波斩浪的大船，而我不过是在海浪中上下颠簸的小舟。"[4]

被誉为中世纪"波斯诗都"的设拉子是哈菲兹的故乡，也是他的安葬之地。去往哈菲兹墓园的路上，多萨告诉我，遇到困难或困扰时，伊朗人会随手翻一页哈菲兹的诗，用来占卜吉凶或寻求启示。

刚到墓园门口，多萨向一位小伙子付了点零钱，小伙子托着一个装满纸片的小盒子，盒子上站着一只蓝白相间的虎皮鹦鹉。这个小家伙一看就是个成熟的占卜大师，它娴熟地从盒子里衔出一张纸片，纸片上两行哈菲兹的诗句仿佛预言了我的旅途：

> 狂风巨浪何所惧，
> 它不过是一粒微小的水滴。

售票处挤满了人，窗口上方贴着本地人与外国人截然不同的门票价格。多萨身姿轻盈地挤进人群，买了两张本地人票，带着我浑水摸鱼溜进了墓园。

墓园中央是一条长长的通道，两旁种了高大挺拔的松柏。穿过通道尽头的长廊，是一个八角凉亭，凉亭中央的大理石石棺是

看不见的中东

哈菲兹的长眠之地。抬头望去，穹顶上的水蓝色彩釉砖从中心向外扩散，组成十六角星，十六角星的延伸线再次向外扩散，形成更大的十六角星。红色、绿色、蓝色、紫色的圆点和花瓣图案规则地排列其中，如同设拉子的夏天般繁花似锦。

哈菲兹出生于蒙古伊利汗国[1]统治末期，那时，统治阶级专制暴虐，宗教势力猖獗，社会道德沦丧。哈菲兹在诗中如此描述那个动荡的时代："从南到北，从西到东，一片黑暗，鬼魅横行。"[5]在诗歌中，他同情被压迫者的不幸遭遇，讽刺畸形的社会伦理，表达对社会的强烈不满。不过，黑暗的时代没有磨灭他对设拉子、对大自然的热爱，他眷恋这里的一草一木，咏颂春天、鲜花、夜莺、美酒、爱情，呼唤自由、美好、公正，在他的诗歌里，万物有灵，蓬勃生长，浸润着生命。

7世纪，萨珊王朝[2]覆灭，此后的几个世纪，波斯先后被阿拉伯人、塞尔柱突厥人、蒙古人等入侵。虽历经长时间的外族蹂躏和浩劫，但波斯文化和艺术却一脉相承，一直保留到了今天，其中，以哈菲兹为代表的波斯文学便是重要的文化根基。

来墓园凭吊的伊朗人络绎不绝，他们或站在石棺旁低头悼念，或轻声吟诵哈菲兹的诗句，有的人在不大的墓园里找了个角落坐下，手捧诗集，沉浸地阅读、默念、深思。

设拉子是法尔斯省的首府，法尔斯是古代波斯人最初定居的

1　伊利汗国（1256—1335），蒙古四大汗国之一，由成吉思汗之孙、拖雷的第六子旭烈兀建立，领土东起阿姆河和印度河，西至小亚细亚大部分地区，南抵波斯湾，北至高加索山。

2　萨珊王朝（224—651），又称波斯第二帝国，统治的领土包括当今伊朗、阿富汗、伊拉克、叙利亚、高加索地区、中亚西南部、土耳其部分地区、阿拉伯半岛海岸部分地区、波斯湾地区、巴基斯坦西南部，控制范围甚至延伸至印度。

地方，堪称波斯的故乡。公元前550年，居鲁士在帕萨尔加德战役中打败他的外祖父阿斯提阿格斯，灭掉米底王国[1]，建立了人类历史上第一个帝国——波斯帝国。位于设拉子东北60公里的波斯波利斯是波斯帝国的都城之一[2]，也是波斯文化的发源地。

我问多萨该如何前往波斯波利斯遗址，她淡定地告诉我，两天后，她和妈妈计划一起去探望住在遗址外的外公外婆，我可以与她们同行，顺便住上一晚。

那天中午，多萨的妈妈带着我们熟练地换乘三辆共乘出租车，前往外公外婆家。外公外婆的家是一栋外表平平无奇的平房，但内部却装饰一新。气派的客厅里铺着足足可以躺下十个人的波斯地毯，地毯以粉色和紫色为主，绣着脉络清晰的花朵和藤蔓。阳光从几扇田园风格的白色格子窗洒进来，照在转角沙发和地毯上。开放式厨房里摆着两台冰箱，褐色木纹的柜子和台面庄重典雅。从各地赶来的亲戚们围坐在地毯上，分享着可口的午餐——牛肉末、胡萝卜、小扁豆炒米饭，以及沙拉和薄荷叶子。

睡了个午觉后，我和多萨跟随外公来到波斯波利斯遗址的后门。退休前，外公是这里的员工，他和门卫打了个招呼，就带着我们进去了。

背靠拉赫马特山的波斯波利斯建于公元前516—前513年，这座城市的缔造者大流士是罕见的集征服和管理才能于一身的君主，在他统治时期，波斯帝国的疆域横跨欧亚非三大洲。波斯波

---

1 米底王国，约公元前678—前549年由古伊朗人在今伊朗西部和北部之间一个被称为米底的地区建立的王国。
2 确切地说，波斯帝国没有都城，宫廷随着国王本人移动，但有四个地方是最重要的——苏萨、巴比伦、埃克巴坦那，以及波斯波利斯。

利斯的一处浮雕上，23位来自东南欧、巴基斯坦、努比亚等地的使者手捧金粉、香料、战斧、象牙等，列队向国王纳贡，波斯帝国当时的地位可见一斑。

从庄重的阶梯拾级而上，眼前是由巨大蜜色石块搭起的"万国之门"，它高达18米，两旁由人首牛身有翼兽守卫，据说当年，穿过这道门，犹如穿过了整个世界。不远处，是国王接见臣民的阿帕达纳宫，原本的72根廊柱只剩13根，柱头用双头牛、鹰、狮子等装饰。宏伟的百柱大厅如今只剩一排排坍塌的石柱。

在被信仰伊斯兰教的阿拉伯大军征服前，波斯人信仰琐罗亚斯德教，该教先知琐罗亚斯德提出"善恶二元论"的宇宙观，认为世界诞生之初就存在善与恶、光明与黑暗的对立，这种对立上至国家、权贵，下至村落、百姓，无处不在，它催生出广泛的矛盾和斗争，构成万事万物的变化规律。琐罗亚斯德教崇尚"火"，故又称拜火教。"火"代表"唯一真正的造物主"——阿胡拉·马兹达的创造物，象征至诚、至善。如今，阿胡拉·马兹达的形象在波斯波利斯的浮雕上依稀可见，他拥有人的上半身，鸟的尾巴和长长的双翼。

公元前331年，马其顿人在亚历山大的率领下侵入波斯，波斯波利斯被付之一炬。木制的屋顶和泥造的墙面惨遭毁灭，只有石造的部分保留了下来。

3

从波斯波利斯回来的那天晚上，多萨提议一起去参观钢琴展览。她自小学习小提琴，钢琴只是略有涉猎，但她没向我解释什么。不同于平日里一身绿色的打扮，多萨穿上了黑色的轻薄外套，搭了一条鲜黄色的头巾，成熟中带着点俏皮。她背上小提琴琴盒，与妈妈打了个招呼，便带着我出门了。我们穿过几条马路，在一栋公寓楼下与她的朋友会合。她的朋友也穿了黑色的外套，戴着鲜黄色的头巾。一碰面，她俩就捂着嘴咯咯直笑，两双大眼睛闪闪发亮。

钢琴展览位于一家高级酒店的顶层大厅，透过大厅的落地窗，设拉子的夜色尽收眼底。大部分街区和道路都黑漆漆的，只有几条主干道灯火通明，车如流水。

展厅门口有一块写满钢琴品牌的背景板，多萨站到背景板前，露出清澈的笑容。圆形的大厅里摆了二十多架三角钢琴和普通钢琴，人们若有所思地来回踱步，在钢琴上敲响几个琴键，试听音色。多萨和朋友东张西望，窃窃私语，偶尔在一架钢琴前驻足片刻，敲几个音，敷衍地评价一番。

眼见人流量越来越大，她俩的嘴角不自觉地向上扬起。在一架钢琴前，她俩停下脚步，相视一笑。多萨从琴盒里取出小提琴，架在肩膀上，她的朋友坐到钢琴前，从包里拿出琴谱，摆到谱架上。她们收起笑容，目光沉静地望着彼此，点了三下头，随即，贝多芬的《悲怆》第二乐章从她们的指尖和弓弦传了出来。交谈声戛然而止，人们慢慢围拢过来，驻足聆听。缓慢柔和的乐声仿佛令人置身午后的林间——到处都是微风中摇曳的青草，光斑下轻舞的蝴蝶。

当最后一个音符缓缓消散时，人群中响起了热烈的掌声。多萨和朋友像是刚刚完成演出的演奏家，向听众们鞠躬谢幕。

回家路上，多萨向我展示了几张照片，照片上，她与十几位乐团成员在体面的音乐厅舞台上排出队形，为观众演奏乐曲。然而，多萨并不满足于此，在她看来，音乐不该只属于有钱、有闲的人，不该只存在于音乐厅里。音乐属于全人类，不论贫穷或富贵，不论是忙碌的上班族还是无所事事的街头混混，都有聆听音乐、享受现场演出的权利。相比一本正经地在音乐厅演出，多萨更喜欢把音乐带给萍水相逢的路人。

多萨曾无视法律法规，在设拉子的街头为路人演奏小提琴。果不其然，她很快吸引了警察的注意，被带到警察局。好在当时的她尚未成年，警察把她的妈妈叫去训斥了一顿，就放她们回家了。妈妈表面上附和警察，背地里却对女儿的想法和行为赞赏有加。不久，多萨因为有"案底"而被取消了一场合法演出。

明着反抗的路走不通了，但多萨没有气馁，反倒是琢磨出了一个两全其美的方法。她告诉我，钢琴展览虽然是"公共场所"，但钢琴可以试用，她和朋友打着"试用"的旗号为路人演奏，万一被逮个正着，也好辩解说只是试一下钢琴的手感、音色和合奏效果。从那以后，多萨和朋友总是定期在家排练，一旦有钢琴展览，她们就迫不及待地赶去"巡演"。

多萨说，她很难与同龄女性成为朋友，因为她们过于关注个人生活，过于情绪化，"像小女孩一样"。我问起她为何小小年纪竟如此成熟、勇敢，她告诉我，她的父母很早就离婚了，那个年代的人结婚普遍草率，婚后容易出现危机。她的母亲不堪忍受父亲的家庭暴力，果断离了婚，独自抚养女儿。多萨感激妈妈独自撑起一片天，给了她安全、稳定、健康的成长环境。很小的时候，她就暗暗下定决心，一定要成为和妈妈一样经济独立、人格独立的女人。

两年后，多萨的妈妈遇到了新的恋情，她前往德国，开启新的生活，多萨也远赴加拿大留学、工作，还找了一位来自中国的男朋友。学习和工作之外，她喜欢上街为路人演奏小提琴。对于热爱音乐、热爱分享的她来说，这份自由才是生命中最宝贵的东西。

05... 走出家庭的主妇

1

坐夜班大巴抵达大不里士时，太阳刚刚越过地平线，发出金色的光芒。我在汽车站门口打了一辆出租车，前往沙发主帕瓦内的家。出租车在干净的街道上七拐八拐，停在了一栋外立面崭新的公寓楼下。帕瓦内睡眼惺忪地开门，她眉毛纤细，鼻梁挺拔，有一双温柔的大眼睛，一头深褐色的长发披在肩上。她把我领进客厅边的一个小房间，房间里没有家具，只铺了一张红色的波斯地毯，地毯上铺了床单，放了枕头。帕瓦内又拿来一条床单，说这是用来盖的"被子"，随后就回房间补觉去了。

中午，帕瓦内过来敲门，说午餐快准备好了。帕瓦内的家是一套一尘不染的三室一厅公寓，墙壁被刷成了淡黄色，客厅木地板上铺了一张花纹繁复的褐色波斯地毯，五张杏色的沙发椅靠着墙一字排开，沙发椅上方挂了一幅风景油画。

帕瓦内正在厨房面无表情地翻炒鸡肉和土豆。她的丈夫通常都会回家吃午餐和晚餐，无论她上午和下午有什么安排，都要按时回家给丈夫做饭。她刚把饭菜摆上桌，丈夫就到家了，他坐到餐桌边，一言不发地把饭吃完。没一会儿，他就出门工作去了。

收拾完厨房，帕瓦内穿上黑袍，戴上黑色的头巾，提议一起去大巴扎转转。虽然天气炎热，但帕瓦内不爱打车，出门尽量选择步行。我跟着帕瓦内快步穿过家附近绿草茵茵的公园，正午时分，路上行人寥寥。帕瓦内走路时始终低着头，抿着薄薄的嘴唇，几乎不主动说话，我说五句，她才轻声回应一句。穿过几个街区后，我问起帕瓦内的工作，她才渐渐打开了话匣子。

帕瓦内是英语专业毕业的硕士，但是在伊朗，为女性提供岗位的大多是教师、营业员、服务员等晋升空间有限的工作，许多女性硕士毕业即失业，很难找到与能力相匹配的工作。帕瓦内如今的职业是初中英语教师，上课的时薪相当于人民币20元，相比于他那做工程的丈夫，收入实在少得可怜。丈夫曾建议她辞职，在家当全职家庭主妇，理由是"家里不差你那点钱"。

帕瓦内尝试过做全职家庭主妇，那时的生活看上去像富太太一样安逸——住在体面的公寓楼里，时常去健身房运动、去亲戚家串门，和姐妹们去公园野餐。然而，一段时间后，她觉得自己的生活仿佛凝固了。每天的时间安排都以丈夫为中心，照料家庭成了生活的主旋律，每一天都是前一天的重复，没有渠道认识新的朋友，感受不到意义和价值。

说到这里，帕瓦内找了个街心花园的长椅坐下，低着头，咬了咬嘴唇道："那时我总在想，我一路读到硕士，难道是为了当养尊处优的家庭主妇吗？我学到的知识和技能难道就没有用武之地吗？除了生孩子、做家务、伺候丈夫外，我难道不能做点自己

　　　　　　　　　　　　看不见的中东

的事吗？我到底是谁？又为什么要活着？"

挣扎了一段时间后，帕瓦内决定回学校工作。她写教案，上课，听学生们对课程的反馈，再调整课程内容。这个过程中，她很高兴把学到的知识都用上了。虽然工资微薄，但她喜欢把知识传递给下一代的满足感，也喜欢在工作中结识新的朋友，拓展社交圈。帕瓦内说，伊朗盛行大男子主义，许多男性觉得妻子外出工作会让自己丢了面子，因为那代表他们没有能力赚钱养家。虽然丈夫并不支持帕瓦内外出工作，但也没有反对，对此，帕瓦内深表感激。

说话间，我们已经步行到了大巴扎。大不里士曾是丝绸之路重要的贸易中心，这里的大巴扎是世界上最大的有篷市场。砖砌的拱顶大多完工于15世纪，有的已经剥落掉皮。四通八达的小道通向不同的区域，从瓜果蔬菜到生活用品再到黄金珠宝，应有尽有。帕瓦内带着我在迷宫般的大巴扎里穿梭了好一会儿，才来到售卖波斯地毯的区域。粉色的砖砌拱顶勾勒出高耸的空间，拱顶上方和侧面的一扇扇小窗提供自然光照明。相比其他区域，这里宽敞得多，店主们把还没来得及挂到店里的地毯摞在过道上。和许多伊朗人一样，帕瓦内也喜欢囤积地毯，她在几家店铺间来回比对，把心仪的图案记在心里，打算改日再来购买。

时间已经接近傍晚，我提议一起去餐厅吃烤羊肉，但帕瓦内说她必须回家给丈夫做饭。步行一个多小时到家后，帕瓦内走进厨房，面无表情地打开冰箱的冷冻室，取出提前做好的炸肉丸，放入微波炉解冻，再放入锅中翻炒加热，又拌了一碗蔬菜沙拉。

晚餐准备就绪后，丈夫突然打来电话，说要晚点回来。帕瓦内一边收拾厨房，一边向我坦言，她一点也不喜欢做饭，做饭对她来说只是完成任务。

2

一天下午，我跟着帕瓦内打车前往她工作的课外辅导机构。辅导机构位于一栋四层高的建筑内，从建筑外墙铺天盖地的招牌可以看出，这里满是各类培训机构。我们到的时候，校长正准备给教师们开会。他招呼我进会议室坐下，吩咐工作人员送来了一盒冰镇饮料和一份蛋糕。教师清一色都是女性，她们在办公室里围坐一圈，拿着本子和笔，认真记录校长的讲话。

帕瓦内告诉我，这是一个专为贫困学生补课的免费教育机构，学生听课免费，教师上课也不拿酬劳，甚至还要自己补贴来回学校的路费。即便如此，女教师们也丝毫不懈怠，她们认真备课，专心参加会议，积极参与讨论，表达她们对课程的想法。

会议结束后，帕瓦内邀请我旁听她的一堂英语课。

教室由一间小办公室改造而成，有一张办公桌和六把椅子。三位女学生进门坐下，把课本放在膝盖上。帕瓦内在教室前方的白板上写下今天要讲解的对话内容，用清晰的英语讲解知识点和语法。她目光锐利、自信，语气坚定、坦然，与做饭时的她判若两人。她叫我站起来与她进行英语对话，给学生们做示范，再让学生们站起来练习。学生们说起英语句子磕磕巴巴，帕瓦内一遍遍示范，鼓励她们大声把句子说连贯。待三个学生都能流利地重复英语对话，帕瓦内难得地露出了笑容。

步行回家的路上，我告诉帕瓦内，在中国，课外补习是部分教师重要的收入来源，时薪甚至远高于学校给的课时费。我好奇为什么这个辅导机构的女教师们愿意倒贴路费，免费给学生补课。帕瓦内说，暑假期间学校放假，如果不出来做点事，女教师们就只能待在家操持家务了。对她们来说，可以做一些照顾丈夫和孩子之外的小事，哪怕分文不取，也能让她们短暂地从生活安排的角色中挣脱出来，感受到自己作为一个独立的个体存在的价值。每当站上讲台，帕瓦内就觉得自己不再是别人的女儿、别人的妻子，她是她自己。

◁ 博斯普鲁斯海峡上的通勤渡轮

06... 漫游安纳托利亚东部

1

从格鲁吉亚海滨城市巴统陆路进入土耳其后，我计划先前往帕慕克[1]的小说《雪》的故事发生地——位于土耳其和亚美尼亚边境的小城市卡尔斯。小说的主人公——卡——在德国流亡了12年后重返故土，以记者的身份前往卡尔斯调查少女的自杀浪潮，当时，政府为了推行西化政策，禁止戴头巾的女大学生进入课堂，有的女生因此选择了自杀。这样一个传统生活与现代思潮激烈碰撞的故事，就发生在距离伊斯坦布尔1400多公里、远离土耳其政治文化中心的东部边缘城市。

大巴行驶在曲折的山路上，灰铅般肃穆的乌云压迫着广阔的天地，枯黄的野草和嶙峋的怪石覆满山岗。土耳其有97%的土地位于亚洲，这里被称作安纳托利亚地区，也称小亚细亚。自古以

1　奥尔罕·帕慕克（Orhan Pamuk，1952—　），土耳其著名作家，2006年获诺贝尔文学奖，代表作《我的名字叫红》《黑书》《伊斯坦布尔》等。

来，安纳托利亚便是欧亚大陆间的交通要道，曾先后被阿卡德、波斯、马其顿、拜占庭、奥斯曼等帝国统治。罗马时期，这里是世界上最繁荣的地区之一。

大巴上除了司机，还有一位男性工作人员，他推着餐车，给乘客们分发饼干、糖果、小蛋糕，随后，他用饮料、茶壶和咖啡壶再次把餐车填满，给乘客们一一斟上茶水。山路崎岖，一到拐弯处，他就把双脚站成肩宽，斜靠在椅背侧面，用双手死死按住茶壶。小桌板上的茶水左摇右晃，每当邻座大叔的红茶晃荡到杯口时，我就恨不得劝工作人员别再冒险提供热饮了。不过，土耳其的大巴公司竞争激烈，为了招揽顾客，他们只能提高服务水平，供应各种饮品和零食。有的公司票价略高，座椅的宽度、舒适度和服务也就相应更好。

到达卡尔斯时，天色阴沉，到处都是尚未完工的楼房、七零八落的工地和杂乱无章的街道，中老年女性大都戴着头巾，没有人会说英语。人们神色冷漠，步履懒散，与这恼人的天气一样颓丧。宾馆老板有气无力地问我来这里干什么，我提起帕慕克的小说，他一脸茫然。

在一家小店吃晚餐时，一位土耳其姑娘走上前来，问我是不是来卡尔斯出差的，我说我只是游客，她瞪大了眼睛，在她看来，这个边境城市根本不值得游玩。我大致描述了《雪》的故事，这位叫多嘉的姑娘拿上刚买的晚餐，坐到我的对面。她穿着时髦的短款皮衣，长发飘飘，一双大眼睛神采奕奕。多嘉在伊斯坦布尔上大学，最近家里有事，只好请假回来处理。她告诉我，正如小说所写，东部地区的思想观念非常保守。

"阿塔图克实行世俗化改革时，一度禁止女性佩戴头巾外出，听说有的女人因为感到羞耻而整整六年足不出户。"多嘉绘声绘色道。

阿塔图克指的是现代土耳其的奠基者穆斯塔法·凯末尔。土耳其建国后，国会通过了一项要求所有土耳其人取姓的法律，凯末尔被赐予"阿塔图克"一姓，意为"土耳其人之父"[1]。

"一战"后，阿塔图克领导人民与英法等列强展开斗争，于1923年建立土耳其共和国。在他看来，只有政教分离、奉行世俗主义，才能把土耳其发展成欧洲式的文明国家。建国后，他大力，甚至有点激进地推行世俗主义政策，他取消了伊斯兰教的国教地位，废除哈里发制度和宗教学校，禁止任何基于宗教的服饰，消除伊斯兰教在国家政治、法律、教育等领域的广泛影响。他推行文字改革，用拉丁字母取代波斯—阿拉伯字母体系，大大提高了土耳其人的识字率，加速了土耳其教育的发展。

除此之外，阿塔图克还推动了一系列提高女性地位的改革，包括废除一夫多妻制、废除休妻制度、确立离婚制度等。曾被认可的"荣誉谋杀"——家族中的男性有权杀死失去贞操的女儿或妹妹——也被宣布为非法。他努力保障女性在教育、就业、参政及财产继承上的权利，鼓励女性积极参与国家生活。1934年，修改后的土耳其宪法规定21岁以上的女性拥有选举权，30岁以上拥有被选举权，这项惊世骇俗的举措甚至早于包括法国在内的许多欧洲国家。

阿塔图克的一连串超越时代、富有远见的改革把土耳其一脚端入了现代化。

---

1 中国人习惯称他为凯末尔，但土耳其人习惯称他为阿塔图克，故本章节使用"阿塔图克"指称穆斯塔法·凯末尔。

在多嘉看来，她能够独自前往伊斯坦布尔读书、工作、恋爱、泡吧，而不是早早结婚生子，都要归功于阿塔图克为土耳其女性铺下的康庄大道。

"我很感激他，对我来说，阿塔图克就是神。"多嘉满怀深情道。

如今，"阿塔图克"遍布大街小巷，他以雕像的形式出现在城市广场上，以照片的形式出现在明信片和冰箱贴上，他成了机场、高速公路、桥梁的名字，没有他，就没有现代土耳其。

与土耳其东部的所有小城一样，清晨5点多，清真寺的宣礼声准时在卡尔斯的大街小巷响起。周五是主麻日[1]，这天，卡尔斯最大的清真寺——乌鲁清真寺外门庭若市，男人们铺上自带的地毯，整齐划一地跪拜祷告。

乌鲁清真寺对面的拱北清真寺空无一人。这座由铁灰色玄武岩建造的建筑肃穆深沉，光线从狭长的拱形小窗照到明艳的红色地毯上，一盏小巧的吊灯从高耸的穹顶垂下，落在俄罗斯人添加的柱廊前方。这座建筑很小，却浓缩了卡尔斯近千年的历史。10世纪中期刚落成时，这是献给巴格拉提德王朝[2]国王阿巴斯的使徒教堂。1064年，塞尔柱人[3]征服卡尔斯，把这里改为清真寺。19世纪末，俄国占领卡尔斯，把这里恢复成教堂。1922年，苏联与土耳其划定边界，卡尔斯重归土耳其，教堂又被改为清真寺。

1　"主麻"一词是阿拉伯语"聚礼"的音译，指的是每周五下午，信徒在清真寺举行集体礼拜。
2　巴格拉提德王朝，约884—1045年间的亚美尼亚王朝，管治范围包括今亚美尼亚、土耳其东部凡湖一带地区。
3　塞尔柱人，属于突厥乌古斯部落联盟的一支，最初居住在中亚北部的大草原。他们曾征服波斯全境，1055年挺进巴格达，后又向安纳托利亚、叙利亚、巴勒斯坦、埃及扩张，在11世纪末达到极盛。

离开卡尔斯的那天，多嘉过来送我。她告诉我，办完事后，她会马上返回伊斯坦布尔。阿塔图克的改革在偏远地区收效甚微，但她庆幸自己还有别的去处。

2

我在哈桑凯伊夫的桥头下车，走进不远处的一家招待所。招待所老板把我带到二楼的三人间，房间里有三张小床，暗黄色的柜子是20世纪的风格，阳台的水泥地面蒙了一层薄薄的灰。虽然条件简陋，但这家招待所却紧邻底格里斯河。

两河文明孕育了世界上第一批城市，最古老的文字——楔形文字，第一部比较完备的成文法典——《汉谟拉比法典》。然而，两河——底格里斯河和幼发拉底河——流经的大部分区域都在连年战乱的叙利亚和伊拉克境内，几乎不可能造访，我只能退而求其次。

老板似乎想起了什么，让我原地等待。不一会儿，他提着一个灰色的小板凳来到阳台，指指板凳，指指河水，又指指眼睛，竖起大拇指，邀请我坐在这里看风景。

我坐在小板凳上，打开一听可乐，望着近在咫尺的底格里斯河。河床看上去只有几个车道的宽度，倒映着蓝天白云的河水携带着泥浆缓缓流淌，幽蓝中夹杂着几缕褐色的波纹。岸边有几家用瓦楞铁皮搭建的茶馆，一家茶馆在靠近河岸的水面上搭了个架子，铺上地毯和枕头，又用铁棍支起凉棚，盖上枯草，简陋得令人提不起消费的兴致。白天的河岸边游人寥寥，茶馆的桌椅胡乱垒在一起，经营者不见踪影。

相比于扎眼的蓝色、白色铁皮顶棚，河对岸的洞穴倒是与姜黄色的山体和枯草浑然一体。位于安纳托利亚和美索不达米亚平原交界处的哈桑凯伊夫曾是丝绸之路上的贸易中心，建在绝壁上的洞穴曾是人们的住所。

　　如今，只有一位老人居住在半山腰的洞穴之中。为了改善生活，他把大小不一的石头垒起来，封住洞口，装上木门和木窗，把洞穴改造成了"石屋"。"石屋"位置不高，运送食物和水却着实不易。老人把空了的水桶用尼龙绳绑起来，缓降到地面，再步行下山，拎着空桶去打水。打完水后，他回到"石屋"门口，用绳子把水桶拉上去。一位正在帮老人提水的青年告诉我，老人在这里生活了一辈子，对自己的小屋恋恋不舍，但两年后，哈桑凯伊夫将被大坝工程淹没，老人不得不离开洞穴，迁往他处。

　　即将淹没哈桑凯伊夫的伊利苏大坝工程属于东南安纳托利亚项目，是土耳其最大的工程之一。底格里斯河和幼发拉底河发源于土耳其境内的安纳托利亚山区，水坝工程旨在控制两河上游的水流，改善土耳其缺水缺电等问题。然而，两河的主要河段位于叙利亚和伊拉克境内。土耳其建设水坝、阻断水流，势必导致两个下游国家处于被动，许多矛盾冲突也就因此而生。

　　第二天清晨，我沿着底格里斯河步行到岸边的遗址群。门口的指示牌显示，由于落石危险，这里不对外开放。我找到一位工作人员，表明自己长途跋涉来到这里，希望进去看看。他一路小跑回门卫室找出钥匙，并告诉我，他有段时间没见到外国人了。哈桑凯伊夫距离土耳其与叙利亚的边境不远，近年来，由于冲突频发、难民涌入，这里游客稀少。

　　遗址群建在一个高约135米的姜黄色崖壁上，崖壁布满巨大的洞穴，每一层都有不同的功能。最底层是一条明显的道路，道路两旁，碎石垒起一个个矩形地基，地基上的小店早已坍塌。半山腰是人们的住宅洞穴，最高处是可以俯瞰底格里斯河的城堡。工作人员告诉我，在这个建筑群里，有乌拉尔图王国[1]、罗马、阿尤布王朝[2]、奥斯曼帝国等时期的遗迹，考古学家从这里挖掘出了大量有价值的文物。

为了避免被落石砸中，我们参观得很快。回到大门后，工作人员递上一杯红茶，邀请我坐一会儿。

"这几年，居民正在慢慢往高处迁移，再过两年，这个遗址和小镇就要彻底变成历史了。"他低着头搅拌红茶，落寞地说道，"以后，我的后代要是问起我们来自哪里，我只能指着大坝说：'我们来自水下那座古城。'"说完，他陷入了沉默。

晚上，我坐在阳台上，吹着晚风，聆听底格里斯河孱弱的水流声。顺着这条河流一路向下，可以抵达美索不达米亚平原的核心地带——伊拉克。几千年来，战争与和平反复在河岸边上演，不同民族的人们来了又走，不断建立起文明，又毁灭文明。如今，又有一座小镇即将覆灭于历史的车轮之下。

3

我在内姆鲁特山半山腰的一家客栈下车，这是小巴可以抵达的最高点。陈旧的攻略告诉我，第二天一早，我可以在这里与其

1　乌拉尔图王国，公元前9世纪中叶至公元前6世纪初小亚细亚东部的奴隶制国家。
2　阿尤布王朝，12—13世纪统治埃及、叙利亚、也门的伊斯兰教王国。由库尔德人建立，全盛时期的版图延伸至圣城麦加与北伊拉克。

他游客拼车，前往12公里外的山顶观赏日出，据说，那里有两千年前的巨大石刻头像。

我走进客栈，隐隐感到了不妙。院子积了一层厚厚的灰，椅子横七竖八地倒扣在桌上，盆栽植物耷拉着脑袋，半死不活的样子。无论是院子、前台还是大厅都没有人，看上去很久没有营业了。我等了好一会儿，老板才从院子外慢吞吞地走进来，问我要住店吗，我点点头，咨询他明天可否拼车上山看日出。

"你看这里像是可以拼到车的样子吗？现在形势不好，几乎没有游客，今天晚上只有你一个客人。"老板无奈地耸了耸肩。我问他包车多少钱，心想，如果价格可以接受，就包车吧。他摇了摇头说，他不想那么早起床。他看上去意志坚定，仿佛早起会要了他的命。

我沮丧地去房间放下登山包。思前想后，留给我的只有一个办法，我回到大厅，问老板半夜步行上山是否可行。他像是见到了鬼一样，眼睛瞪得溜圆，连连摇头："不行，不行，虽然沿途是公路，但晚上可能有狼，你一个女人，不行的。"

我没想到他会给出如此消极的回答，但不能拼车、不能包车、不能步行，那我又为何要住在这里呢？

我走出客栈，沿着公路向上步行了半个小时。柏油马路路况良好，沿途都有路灯，整座山看上去人工痕迹明显，没有深不可测的原始森林和危机四伏的荒郊野地。察探一番后，我决定半夜步行上山，为此，晚上7点我就睡了。

凌晨2点半，我小心翼翼地开门、关门，木门发出"嘎吱嘎吱"的响声，像是初学者在万籁俱寂的田野拉小提琴，格外刺耳。才走了半个多小时，路灯就消失了，夜幕吞没了山脉和公路，一钩弯月刚刚升起，提供不了多少光亮。我戴上头灯，继续前进。

走了一会儿，我转转头，想看看四周的环境。头灯扫过道路右侧，几张桌椅仿佛隐匿在鬼火之中，在视线里忽明忽暗。我定了定神，又把头转向桌椅的方向。原来这是一个供人休息的小卖部，桌椅的尽头有一个放满饮料的透明冰柜。我盘算着在冰柜边放几块钱，拿走一瓶可乐，但店主对我这种半夜闯进来的"贼"早有防备，一个铜锁，就把我和可乐隔绝在了两个世界。我只好悻悻离开，继续上山。走过几个弯道，风越来越生猛，逆风步行，长发和冲锋衣在狂风的鞭挞下激烈摩擦，像是一群厉鬼在山间嚎叫。

在狂风中步行了两小时后，天渐渐亮了。转过一个弯，一栋诡异的灰色哥特风格水泥建筑出现在了眼前，在灰暗的清晨，它像是一个被废弃的秘密基地，看得人瘆得慌。我抵挡不住好奇心，推门而入。一个破落的前台显示这是一家酒店。白霜似的晨光透了进来，铅灰色的四壁冒着寒气。地面积了一层薄薄的灰尘，狭长的前台空无一人。我唤了一声"你好"，声音扶摇直上，回荡在高耸的空间里。

距离山顶不到两公里时，汽车声突然从身后传来。回头一看，一辆白色的轿车正在减速，精准地停在了我的身边，车里的一男一女摇下车窗，让我搭他们的车上山。我坐上车，觉得自己有些可笑。如果早知道有人开车上山，我又何必折腾一夜，还在沿途反复吓唬自己呢？

无论如何，我终于在 5：45 到达了山顶。山顶狂风呼啸，挥发的汗迅速加剧了寒意，我赶紧添加衣物，防寒保暖。

地平线上出现了一道红色的霞光，巨大的石像排成一排，静静地望着托罗斯山脉[1]。这里是公元前62—前38年在位的科马基尼国王安条克一世为自己修建的建筑群，好大喜功的他为了证明自己的不朽，把他的头像与希腊神话中的众神之王宙斯、太阳神阿波罗、大力神赫拉克勒斯、命运女神堤喀，以及石狮和老鹰并列，证明自己与众神平起平坐。但他终究不是神明，抵挡不了地震的破坏。如今，雕像已经身首分离，高8—9米的身体在后方正襟危坐，2.5—3.5米高的头像在前方排成一排，地震甚至让安条克一世的头像摔掉了鼻子。混合了希腊人的面部特征和波斯人发式的头像静穆、庄重，他们瞪着硕大的眼睛，如两千年来的每一个清晨般等待朝阳升起。

回到停车场时，正巧有一辆下山的车，车主毫不犹豫地把我载上，送回了客栈。

4

我刚到汽车站，打算购买前往坎加尔的车票时，手机突然断网了。售票员指指自己的手机和电脑，耸肩摊手，表示他也断网了。柜台前的几位男士绞尽脑汁，用贫乏的英语单词和肢体语言告诉我：一个叫托克特的城市发生了枪击，全国断网一天。

我本打算上车后再预订酒店，但现在上不了网，到坎加尔至少要晚上10点，我忧心忡忡，担心到时找不到旅馆。越担心，事情就越往我担心的方向发展。司机一路在各个站点停车，开得格

1　托罗斯山脉，土耳其中南部的主要山脉。位于安纳托利亚高原边缘，西起安塔利亚以北的埃伊尔迪尔湖，东抵幼发拉底河和底格里斯河上游地区。

外悠闲。天黑后，沿途的小镇只剩零星的灯光，几乎见不到明亮的"Otel"（宾馆）招牌。

到坎加尔时，已是晚上11点，司机让我在一个伸手不见五指的路口下车。网络尚未恢复，我也没有提前加载地图，下车后，面对空无一物的漆黑街道，我一筹莫展。我循着微弱的光亮向镇里步行，才走了两分钟，一辆车就停在了身边，车里的小伙子探出脑袋，用英语问："这么晚了，你在这里做什么？"

我担心他不怀好意，但一时也找不到别人问路，只好向他说明来意。他皱着眉头沉思了一会儿，说道："这里只有三家宾馆，这么晚不知道还有没有房间，你上车吧，我带你去问问。"

我坐到后座，警惕心没有减弱，我仔细记下沿途经过的道路，以便情况不妙时拔腿就跑。小伙子没顾上与我寒暄，拐了几个弯后，他把车停到一家宾馆门口。暗黄的灯光从宾馆的窄门里透出来，一个裸露的灯泡在门口忽闪忽闪。他让我在车里稍等片刻。过了一会儿，他摇着头出来，说满房了，只能去另外两家看看。

第二家也满房了。当他走进第三家宾馆时，我的疑心越来越重。果不其然，他回到车上，告诉我这家也满房了。正当我盘算着该如何是好时，他提议道："要不我送你去警察局吧？"

我顿时松了一口气，连连点头，对他表示感谢。他边开车，边念叨："我们这个小镇的宾馆太少了，经常满房，但还是欢迎你来！希望警察可以帮到你！"

小伙子把车停在警察局门口，替我把登山包背了进去。他用土耳其语向三位值夜班的警察说明情况，警察们面面相觑，解释说局里没有可供睡觉的地方。我提议让我在办公室坐上一夜，毕竟我坐着也能睡着。他们有点为难，但也不好意思把我扔回街上。查验了护照后，他们勉强答应收留我一夜。离开前，小伙子不断告诉我："你放心，这里很安全。"

值班办公室不大，有一个三人皮质沙发和两张办公桌，桌上堆了几沓文件。我在沙发上坐下，打开电子书。才看了一会儿，眼皮就重重地压了下来，毕竟从半夜2点半起床上内姆鲁特山至今，我已经有二十一个小时没好好睡觉了。我实在没力气装模作样，只好收起电子书，趴在登山包上闭目养神。

三位警察小声嘀咕了几句，进进出出，脚步声急促又匆忙。过了一会儿，一位警察推了推我，让我拿上包跟着他走。他把我带到走廊尽头的办公室，办公室里有一张办公桌和几个办公柜，门口的右手边贴墙摆着四张黑色皮椅，警察指着皮椅和一条毯子，做了个睡觉的手势，问道："OK？"我感动地点了点头。他递上一瓶矿泉水，指了指值班办公室，示意我——有事随时去那里找他们。随后，他向我挥了挥手，把门关上。我枕着摄影包，很快就睡着了。

早上，警察敲了敲门，邀请我加入他们一起吃早餐。他们在值班办公室的茶几上摆了馕、黄瓜、西红柿、奶酪，还端来了几杯滚烫的红茶。一位刚刚上班的领导问我要去哪里，我答曰迪夫里伊，他耸耸肩，困惑地看着我，我解释说我想看乌鲁清真寺著名的雕刻。他难以理解我长途跋涉并在警察局将就了一晚后竟只是为了看一个清真寺，但他没有多问。与几位手下确认了小巴时刻表后，他让我先吃早饭，随后安排人手把我送去汽车站。

汽车站的工作人员见我是被警车送来的，格外客气。候车室只有小卖店大小，两边靠墙摆了两排灰色的联排座椅。仅有的几

　　　　　　　　　　　　　看不见的中东

位乘客个个大包小包，不一会儿，这里就挤得无处下脚了。等了三小时，小巴终于来了，司机问我要去哪里，我答乌鲁清真寺，他皱了皱眉头，双手在胸前交叉，示意那里已经关闭。我像是挨了一记闷棍，脑袋嗡嗡作响。难道我一路折腾到这里，居然要止步于此吗？算了，既然距离不远，不如去碰碰运气。

迪夫里伊荒凉得宛若世界尽头。建筑和阴沉的天空一样脏兮兮的，街道上没有行人，仅有的几家餐馆奄奄一息，连灯都舍不得开。司机告诉我返程车的时间，指了指清真寺的方向，就径自离开了。

乌鲁清真寺的门口写着"正在维修，不对外开放"，整座建筑被石墙围了起来，只能从远处瞭望。我绕着外围步行，发现有一个半开的铁门，推门而入，是一幢办公楼，看上去，这里是负责清真寺修复工作的地方。上到二楼，一间办公室的门半开着，两位女士正在小声交谈。我敲门进去，说了几句英语，她俩一脸茫然。我打开翻译软件，抱着死马当活马医的心态打出几行字 ——"我听闻乌鲁清真寺是伊斯兰建筑中独一无二的杰作，你们可否带我参观一下？"两位女士点点头，其中一位从抽屉里翻出钥匙，示意我跟着她走。她打开清真寺的侧门，带我绕到正面。

乌鲁清真寺是第一个被联合国教科文组织评为世界文化遗产的土耳其建筑。资料上说，这个建筑的入口"大得惊人"，但我那一波三折的旅途也实在惊人，多少提高了我的期待阈值。清真寺的入口在我看来算不上大，但门上的石雕极为繁复、浓密、严谨。一扇门上雕满了精密的几何图案，另一扇门上刻满了繁茂的植物图案。伊斯兰教不允许偶像崇拜，只能以图案、阿拉伯书法、植物藤蔓等装饰建筑，在艺术表现力上有时不免让人感到千篇一律。然而，乌鲁清真寺大门的雕刻不仅想象力惊人，还透露着一丝科幻感。

这座清真寺兼具医院的功能。早期，疾病的治疗一直与宗教、艺术有着密不可分的关系。

穿过14米高的医院大门，工作人员带我来到朴实无华的穹顶之下。穹顶的正下方是八角形的小水池，水池中有一个螺旋形的溢水口。在高耸宽阔的空间里，叮咚作响的水流声仿佛来自遥远的天国。除了药物治疗外，这里是当地率先采用音乐治疗心理和精神疾病的机构之一，人们相信，水流声对身体康复有好处。

我打开翻译软件，问工作人员这里何时能够完成修复，她摇摇头表示不确定。

安纳托利亚东部远离国家中心，再加上与叙利亚、伊拉克交界，安全局势时常受到邻国影响。即使坐拥迷人的自然风景、历史遗迹和艺术瑰宝，这片土地也如同眼前的世界遗产一样无人问津，仿佛被世界遗忘在了角落。

07... 不会做饭的女人

1

迪亚巴克尔的沙发主麦汀嘱咐我在一个圆形大商场的门口下车。我自拍了一张照片发给麦汀，便打量起了宽阔的道路、环岛、银行和高楼大厦。在安纳托利亚东南部的小城镇旅行了十来天后，眼前的车水马龙一下子把我拉回了繁荣的都市生活。

麦汀从身后拍了拍我，她和我一般高，有一头棕色的卷发，戴了副黑框眼镜，看上去像个品学兼优的好学生。她的家位于一个体面的街区，房子都是七八层高的公寓，外立面崭新，街区中央有一片绿地，宽阔的草坪间有一条笔直的塑胶跑道。麦汀是医学院的学生，她开门见山地告诉我，她家是库尔德家庭。

库尔德人是中东地区跨境居住的族群，人口总量仅次于阿拉伯人、波斯人和土耳其人[1]，他们有自己的语言、世代居住的土

1　本文中的"土耳其人"特指土耳其的主体民族，而非泛指土耳其共和国的所有公民。

地、共同的历史记忆和神话传说。"一战"后，奥斯曼帝国瓦解，英国和法国罔顾地理、民族、宗教等因素，把库尔德人分隔在了伊拉克、叙利亚、土耳其和伊朗境内，为库尔德人日后的生活埋下了隐患。土耳其境内的库尔德人约占土耳其总人口的23%[6]，迪亚巴克尔是库尔德人的聚居地，也是冲突频发的地区。

我们坐电梯上楼，一开门，麦汀的妈妈和姐姐就迎了上来，满脸笑容地打招呼。听到声响，麦汀的初中生弟弟和大学生哥哥也从房间里出来与我握手问好。麦汀把我领到弟弟的房间，说这个小家伙自告奋勇把卧室腾给了我。弟弟的房间有一张单人床、一个简单的书桌和一个柜子，地上堆了些杂物，书桌上堆满了课本。弟弟紧随我们进来抓起几本书，挠挠头道："不好意思，我没收拾房间。"

放下包，麦汀带我参观厨房。除了双开门冰箱和气派的料理台外，厨房里还有一个可供八个人一起用餐的大方桌。妈妈和姐姐正忙着准备午餐，麦汀打开冰箱，寻觅用来拌沙拉的蔬菜。双开门冰箱里塞满了大罐的果酱、腌菜和大包蔬菜，冷冻室里肉类满满。麦汀告诉我，他们家有六口人，亲戚也常来串门吃饭，家里缺什么都不能缺食材。她拿出西红柿、黄瓜、生菜洗了洗，用一把小刀熟练地把它们切成小块。

母亲在灶台前煮菜，见我杵在那儿，就让麦汀问我会不会做中国菜、中国菜好不好吃。我知道母亲在暗示让我露一手，我耸耸肩告诉她，中国很大，不同地区的中国菜味道迥异，但我不会做饭。

母亲停下手里的活儿，转过头来，眉毛高挑道："不会做饭？中国女人不做饭的吗？"

我笑笑告诉她，我来自上海，上海一般是男人做饭。

麦汀和姐姐也停下了手里的活儿，惊呼："天啊！世界上竟然有男人做饭的地方？你太幸福了吧！我们这里都是女人做饭，不会做饭的女人嫁不出去的。至于男人嘛，"麦汀指了指瘫在客厅沙发上的弟弟和哥哥，一脸嫌弃，"除非吃饭，否则从不踏进厨房。"

母亲一边照料灶台上的两个锅，一边直摇头，她叫麦汀把我带到客厅里坐着，嘴里振振有词："天啊，我活了大半辈子，居然遇到了一个不会做饭的女人！正好让家里的男人看看，女人不是必须在厨房里忙活的，女人也是可以不做饭的！"

哥哥和弟弟正坐在沙发上看手机，见我坐下，哥哥穆斯塔法主动与我搭话。他穿着白色的T恤和牛仔裤，身材匀称，一头茂密的卷曲短发和精心修饰的络腮胡勾勒出他硬朗的脸形，浓密的眉毛下，一双清澈的大眼睛仿佛能拨云见日。穆斯塔法在伊斯坦布尔的大学学习医学，最近请了几天假回家办事。提起横跨欧亚大陆的伊斯坦布尔，他直截了当地告诉我，他不喜欢那里。几年前，他满怀期待地打算在伊斯坦布尔开启大学新生活时，房东却给了他一个下马威。本来在网上谈得好好的，但看房时，房东发现他是库尔德人，立马收起笑容，拒绝把房子租给他。下一位房东表示可以租房给他，但要价却高于市场价。最近正值竞争激烈的实习期，土耳其人报团取暖，试图独揽资源，穆斯塔法几经周折才从一位库尔德学长那里得到了实习机会。如今，他租住在伊斯坦布尔的库尔德社区，与库尔德同学来往，对他来说，伊斯坦布尔不过是迷你版的迪亚巴克尔。

我们正聊得兴起，麦汀过来说开饭了。餐桌上的食物非常丰盛，主食有馕、调味米饭、用酸奶和酱汁拌的意大利面，除此之外，还有一份沙拉和一大盆西红柿、洋葱、青椒、卷心菜乱炖。

库尔德人曾是游牧民族，游牧民族关心食物是否易于携带、能否快速补充能量，而非配菜是否丰富。即使已经定居城市，游牧的饮食习惯还是多少保留了下来。在他们的饭桌上，"菜"只是可有可无的陪衬，主食才是无可替代的主角，倘若宾客满堂，主人通常会准备两到三样主食。对我来说，一边吃米饭，一边吃意面，手里还拿着一块馕，简直像是一口气吃了三顿饭，但当我告诉他们中国人喜欢做一桌菜并只配一碗米饭时，他们也百思不得其解。

2

饭后，穆斯塔法带着弟弟、麦汀和我一起出门。开往市中心的公交车上挤满了穿着黑袍的老妇人和吸溜着鼻涕的孩子，孩子们的脸上蒙了一层污垢，衣服脏兮兮的，破洞随处可见。麦汀小声告诉我，他们都是来自叙利亚的难民，有些人没被土耳其政府登记为难民，只能以"黑户"的身份在温饱线挣扎，根本买不起体面的衣服。

在市中心下车后，穆斯塔法提议先去喝一杯茶。我们在路边的茶摊坐下。土耳其遍地都是茶馆，有的老板在巷子边摆上几个小板凳，就算是"开业"了。土耳其人习惯用一种两头宽、中间窄的透明小玻璃杯喝红茶。茶上来后，穆斯塔法喝了一口，大舒了一口气道："茶是我的命，我一会儿不喝茶就浑身难受。"他反复向我强调迪亚巴克尔的茶比伊斯坦布尔的好喝，每次回学校前，他都会买上许多家乡的茶叶。

我们很快喝完了茶，拐进一旁的乌鲁清真寺。用铁灰色玄武岩建造的乌鲁清真寺看上去庄重沉稳，清真寺中央是一个阿拉伯风格的矩形中庭，四周被拱廊环绕，拱廊的柱子上保留着精致的雕刻。穆斯塔法告诉我，这是安纳托利亚地区最古老的清真寺之一，据说它模仿的是大马士革清真寺。

从清真寺出来，穆斯塔法提议再去喝一杯茶。我们找了一家黑白相间的石砌方形集市，在底层的庭院里坐下。一喝上茶，穆斯塔法的脸上就洋溢着舒缓的神情，他再次强调喝茶有益身体健康。

"你一天一般喝多少杯？"

"我也没数过，十杯总有的吧。"

"每天喝十杯茶，每杯加两块方糖，你自己是学医的，应该知道吃太多糖不利于身体健康吧？"

他愣了一下，呷了口茶，笑笑说："开心就好，做人嘛，别太在意细节。"

我把手机地图上标记的几座清真寺给穆斯塔法看，他皱着眉头告诉我，这些地方都关闭了。

喝完茶，我们步行前往被列入世界文化遗产的迪亚巴克尔城墙。用黑色玄武岩建造的城墙距今已有1600多年的历史，基本保存完好。登上城墙时，正值夕阳西下。一座残破的望楼在落日余晖中茕茕孑立，大大小小的碎石七零八落地排列在一起，杂草前呼后拥，从石缝里冒出头，在斜阳下摇曳生姿。站在城墙上，可以远眺城东的底格里斯河和郁郁葱葱的平原。我感慨了一句真美，穆斯塔法昂起头，满脸自豪。

"对了，中国的长城和迪亚巴克尔的城墙相比，哪个更壮观？"穆斯塔法突然话锋一转。

我从欣赏美景的情绪中抽离出来，面对这总长约5.8公里、建在平地上的城墙，琢磨着该如何得体地回答。考虑一番后，我小心翼翼地问他是否看过长城的照片，他摇了摇头。口说无凭，我打开手机，找出绵延在山间的长城图片。穆斯塔法看了一眼，嘴角抽搐了一下，就没再继续这个话题。

看完城墙，穆斯塔法果不其然提议再去喝一杯茶。我问起穆斯塔法以后的打算，他斩钉截铁地说，他打算毕业后回家乡工作。在伊斯坦布尔，他不是没有尝试过与土耳其人交流，但作为主体民族和既得利益者，土耳其人很难对库尔德人的遭遇感同身受。挣扎了那么多年，他累了。

库尔德人之间流传的一句谚语很好地诠释了他们的处境——"除了连绵的群山，我们没有朋友"。

麦汀和弟弟在一旁聊别的话题，年纪尚幼的他们没经历过现实的打击，对这些话题没什么兴趣。穆斯塔法慈爱地看着弟弟妹妹，苦笑道："我希望他们长大后不用为这些事烦心。"

和弟弟妹妹在一起时，穆斯塔法是和蔼、亲切、一直在身后默默付钱的好哥哥，但一谈到库尔德人的遭遇，他脸上的笑容就消失了。

3

回到家，妈妈和姐姐正在厨房准备晚餐，麦汀也过去帮忙了。坐在客厅看电视的爸爸起身与我问好，我顺理成章地与爸爸、穆斯塔法和弟弟一起瘫坐在沙发上，等待开饭。

晚饭时，麦汀和姐姐用刀叉敲打餐盘，敲锣打鼓般兴奋地对爸爸说："他们上海都是男人做饭！"

爸爸愣了一下，把手中的馕放到一边，郑重地托麦汀向我确认："这是你们的传统吗？不可能吧？男人是被强迫的吗？"

我告诉他，上海男人并非被迫，而是乐在其中，他们热衷于交流买菜心得，分享最近发明的新菜，我们的爸爸认为厨房是油烟之地，不能让自己的宝贝女儿进去。

"我们以后嫁到上海去吧！"麦汀和姐姐摩拳擦掌，互相打趣。穆斯塔法和弟弟面无表情，一言不发。爸爸听完翻译，脸色铁青，他拜托我别再说下去了，以免他的妻女罢工示威。

离开迪亚巴克尔前，爸爸、穆斯塔法和麦汀带我前往城南一座底格里斯河上的古桥。古桥建于1065年，黑色的火山石在河床上搭建出十个大小不一的拱门。为了保护它，桥上禁止车辆通行。古桥边，一对库尔德新人正在拍摄婚纱照，新娘身穿钩着金边的宝蓝色婚纱，裹着头巾，依偎在新郎的怀里。

底格里斯河的水位很低，河的一边是光秃秃的山脉，另一边是被杂草和树木包围着的露天茶位。由于时间有限，穆斯塔法没有提议去喝一杯茶。

08... 伊斯坦布尔

1

在土耳其东部和中部旅行了20天后，我坐上了从黑海沿岸小城阿玛斯拉开往伊斯坦布尔的大巴。身旁的姑娘不停地用翻译软件与我"交谈"，这是她第一次去伊斯坦布尔，她打算投奔亲戚，在那里找个工作，在她的想象里，伊斯坦布尔是"大城市、现代、时尚、热闹、工作机会多、酒吧、高级"的代名词，她向我保证："你一定会喜欢伊斯坦布尔的。"

我丝毫不怀疑她对伊斯坦布尔的溢美之词。法国诗人阿尔方斯·德·拉马丁写道："一个人若只能看这世界一眼，这一眼应该看向伊斯坦布尔。"拿破仑曾说："如果世界是一个国家，伊斯坦布尔必定是它的首都。"

五小时后，马尔马拉海出现在车窗左侧，我和姑娘默契地停止"交谈"，呆呆地望着缓缓落入海平面的一轮红日。距离伊斯坦布尔还有两小时车程，堵车就开始了，大巴被困在长长的车流中，纹丝不动，正好给了我们欣赏夕阳的机会。

抵达伊斯坦布尔时，天已经完全黑了，路灯发出微弱的光，还没照到路面就奄奄一息了。大巴开着大光灯，穿梭在漆黑无人的街道上。土耳其的汽车站一般位于城郊，看起来，这里与东部小城无异。

长途旅行难免疲劳，但第二天一大早，我还是迫不及待地起床了。刚出门，一只橘猫就把我叫住了，它肥头圆耳，毛发梳理得干净顺滑，看起来活得非常滋润。我蹲下身想与它打个招呼，它一个箭步跳到我的腿上，眯起眼睛开始睡觉，我就近坐到街沿边，充当它的人形床榻。不一会儿，它就肆无忌惮地打起了呼噜。二十分钟后，我自觉再这么下去会耽误行程，只好把它轻轻抱到人行道上。它打了个哈欠，瞅了我一眼，就去寻觅下一个床榻了。

伊斯坦布尔地势崎岖，从我住的贝尤鲁到主路，要走一段石板路下坡。狭窄的街道两旁排列着大红、鲜绿、橘黄、粉红、淡紫、天蓝色的多层小公寓，公寓的欧式小阳台种满了花花草草。有的建筑外墙布满爬藤植物，有的被巨幅涂鸦填满。

拐到主路后，我走进街角的一家餐厅，点了份土耳其早餐。土耳其人的早餐通常是面包搭配各种小食，如橄榄、煎蛋、奶酪、奶油、蜂蜜、果酱。餐厅的早餐更是夸张，服务员端来了大大小小十来个碟子，示意我每一口面包都能搭配不同的风味。

我刚吃了几口，邻座的毛绒坐垫突然动了一下。定睛一看，那根本不是什么坐垫，而是一只正在酣睡的白猫。服务员说，它是这一带的流浪猫，经常到店里吹空调、睡觉、混吃混喝。白猫珠圆玉润，一点儿也不馋我的早餐，它翻了个身，就继续睡了。

吃饱喝足，我沿着主路向博斯普鲁斯海峡走去。有轨电车慢悠悠地穿梭在弯曲的街道上，汽车也不紧不慢，一点儿都没被早高峰影响心情。

过了一条街，路边又出现了一只狸花猫和一只黑猫，它们旁若无人地在人行道上快步行走，与赶去上班的人类一样步履匆匆。一家刚开张的书店里，一只黑耳白毛猫正慵懒地倚在一堆书里，像是垂帘听政的老佛爷。走进一家卖瓷质餐具的小店，地毯上和篮筐里横七竖八躺了七八只猫，我问店主担不担心这些野猫大爪一挥，把餐具都砸了，她笑笑告诉我，现在天冷，她敞开大门让猫咪进屋取暖，这些小家伙很懂事，知恩图报，不会搞破坏。

中午，我路过一幢居民楼，一位小伙子急匆匆地从巷子拐进来，从包里掏出一小包猫粮。居民楼门口，一只叫"帕慕克"的灰色小猫已经在此恭候，它的毛发蓬松干净，双眼泛着淡淡的绿色。小伙子一边往碗里添加猫粮，一边对我说："帕慕克只认我，每天这个时间，它都会到这里找我，吃我给的猫粮。"添满猫碗后，他宠溺地看着帕慕克，仿佛正在与它热恋。

不远处，一家餐厅老板正在往门口的碗里添加猫粮和水，谈起与附近猫咪的关系，他一脸骄傲："附近的猫都认识我！"每逢周末，他都会煮一锅鸡肉。附近的猫咪摸清规律后，一传十、十传百，每当鸡肉出锅，赶来加餐的猫咪就络绎不绝。

我的住处距离海峡只有两公里多，短短半个小时的路程，我却走了整整一天。沿途总有猫牵绊住我，它们出没在一切地方——咖啡店的柜台上、公交车站的长凳上、化妆品店、古董店、餐厅、服装店，密度之高，令人叹为观止。我去超市买了点香肠，一路走一路喂，一路补给再一路喂，忙得甚至把伊斯坦布尔都抛到了脑后。

伊斯坦布尔被称为"爱猫之城"，这里之所以有这么多猫，一方面是因为奥斯曼帝国时期兴建地下水道，引发了鼠患，每家每户不得不养猫防鼠，另一方面是因为船员们喜欢在船上养猫解闷，待船停靠港口，猫就永久留在了这里。

伊斯坦布尔人爱猫可不是耍嘴皮子，街头巷尾，给猫咪准备的水盆、饭碗和猫窝随处可见，其中，既有政府放置的，也有居民自发提供的。街坊邻居分工合作，定时定点添加猫粮、鸡肉、罐头和水。冬天，人们在公寓门口铺上小毯子，供猫咪取暖。有的水杯边，写有严肃的警告："此杯只供猫狗使用，如果来世不想苦于连一杯水都喝不到，请勿触碰。"有的小店设有专门的捐款箱，店主承诺把这部分资金用于购买猫粮或给猫看病。在伊斯坦布尔当一只猫，根本不愁吃喝。

土耳其算不上富裕国家，大学应届毕业生的工资不过人民币2000元左右，但爱与经济条件无关，哪怕收入不多，也不影响伊斯坦布尔人对猫咪的温情与善意。在这里，猫与人类的生活没有界限，它们出现在商场、机场、清真寺、博物馆、码头、渡轮、奢侈品店，与人类一样，它们也是这个城市的居民。

2

终于抵达博斯普鲁斯海峡时，正值夕阳西下。狭长的海峡连接了黑海和马尔马拉海，把伊斯坦布尔分隔在亚洲和欧洲。历史上，这里曾屡次上演舰队间的战斗，就连海风也一再在战争中充当重要角色，帮助船只扬帆起航，乘风破浪。

海峡边一条狭窄的水道深入欧洲大陆，把伊斯坦布尔的欧洲区一分为二，这里被称为金角湾。20世纪70年代，金角湾一度因污染而臭不可闻，直到2000年实行整治，才重新清澈起来。横跨金角湾的加拉塔大桥上站满了来此钓鱼的男人，他们风雨无阻、冬夏如常地站在鱼竿边，沉默地望着海平面。顺着加拉塔大桥望去，苏莱曼尼耶清真寺挺立在山丘之上，俯瞰着船来船往的金角湾。

苏莱曼大帝在位时期，从巴尔干到波斯边境，从埃及到黑海，都在奥斯曼帝国的统治之下。他热衷于用宏伟的建筑装点伊斯坦布尔的天际线，帝国的首席建筑师米马尔·希南成了他雄心壮志的实践者。希南一生共设计了321座建筑，其中的85座至今仍屹立在伊斯坦布尔，眼前的苏莱曼尼耶清真寺便是他最壮观的作品。

苏莱曼尼耶清真寺延续了拜占庭时代的建筑结构，用四个粗壮的柱墩支撑起高耸的中央穹顶，看上去开阔、没有遮挡，环绕在穹顶和四周的彩色玻璃窗引入光线，使得空间明亮通透，超大号的吊灯垂直而下，优雅庄重，尽显帝国风范。希南设计这座建筑，是为了比肩伊斯坦布尔的另一个地标——圣索菲亚大教堂。

奥斯曼帝国定都伊斯坦布尔之前的1100余年间，这座城市一直被唤作君士坦丁堡。330年，罗马皇帝君士坦丁一世迁都至此，395年，罗马分裂为东、西两个帝国，以君士坦丁堡为首都的东罗马帝国又被称为拜占庭帝国[1]。一千多年间，拜占庭帝国统治着

1　17世纪，西欧的历史学家为了区分古代罗马帝国和中世纪神圣罗马帝国，引入"拜占庭帝国"来称呼东罗马帝国。"拜占庭"是伊斯坦布尔最早的称谓。

　　　　　　　　　　　　看不见的中东

半个已知世界。532年，拜占庭皇帝查士丁尼一世下令建造东正教的中心——圣索菲亚大教堂，五年后，工程竣工，在此后超过千年的时间里，它一直是世界上最大的宗教建筑。

苏莱曼尼耶清真寺的结构模仿的正是圣索菲亚大教堂。不同于古罗马柱式风格，拜占庭建筑创造性地使用粗壮的墩柱和附属的半穹顶共同支撑起高耸的大穹顶。站在圣索菲亚大教堂的底部抬头仰望，直径33米的大穹顶被安置在60余米的高空中，看上去遥远、肃穆、崇高。

1453年，随着奥斯曼帝国攻破君士坦丁堡，拜占庭帝国灭亡。苏丹[1]穆罕默德二世将此地更名为伊斯坦布尔，下令将圣索菲亚大教堂改为清真寺。东正教的祭坛、祭典用的器皿等被移去，马赛克镶嵌画被覆盖在灰泥之下，四座宣礼塔拔地而起。

1935年，阿塔图克将其改为博物馆，对公众开放参观。如今的圣索菲亚大教堂里，东正教和伊斯兰教的痕迹遥相呼应。拜占庭皇帝加冕时的登基石和朝向麦加方向的伊斯兰礼拜龛相隔不远，基督、圣母玛利亚等精美的马赛克镶嵌画重见天日，写有伊斯兰教先知、四大哈里发名字的鎏金阿拉伯书法圆匾高高挂起。

在漫长的历史长河中，唯有伟大的建筑和艺术作品得以接近永恒。如今，无论从教堂底层仰望，还是从附近的顶楼咖啡店远眺，都不会怀疑圣索菲亚大教堂那君临天下、睥睨一切的威严气势。

圣索菲亚大教堂的隔壁是临海傍山的奥斯曼帝国宫殿——托普卡帕宫。与其他气势恢宏的奥斯曼建筑相比，托普卡帕宫低

---

1 苏丹，奥斯曼帝国最高的世俗统治者，也是最高的宗教领袖。

调而朴素，清冷的瓷砖加剧了冬日的寒冷，让人不禁对这里曾上演的腥风血雨不寒而栗。

为了避免权力斗争，奥斯曼帝国规定苏丹上任后有权把自己的兄弟和侄子全部处死。1595年穆罕默德三世继位时，19具被丝绳或手帕勒死的王侯尸体从宫廷中被抬出。这残酷的"弑亲法"确保了没有叔叔伯伯、表兄表弟、侄子外甥挑战苏丹的权威。直到1603年艾哈迈德一世即位后，弑亲法才被终止，苟活的王子们被软禁在后宫，了却残生。

为了避免大权易手，欧洲国王使用终身不婚的教士，中国皇帝采用科举制度选拔人才，罗马人和波斯人使用阉人，而奥斯曼帝国采取的是进贡男童制度。

希腊和巴尔干村庄的基督徒男童[1]被挑选前往伊斯坦布尔，他们在那里皈依伊斯兰教，接受教育，随后，根据对综合素质的评估结果，他们被派往不同的部门为苏丹服务。这些遍布全国的奴仆充当了苏丹的眼睛、耳朵和双手，虽然他们有机会掌握大权，但由于已经皈依伊斯兰教，他们的后代便不能继续为奴，这确保了奴仆在获得权力后无法将其传承给后代。这种制度在一定程度上确保了权力的稳定，但最终导致后宫女性、宦官、权臣当道，国力日渐衰弱。奥斯曼帝国在欧洲列强的瓜分下迅速解体，当代中东的框架就此形成。

帕慕克写道："奥斯曼帝国瓦解后，世界几乎遗忘了伊斯坦布尔的存在。我出生的城市在她两千年的历史中从不曾如此贫穷、破败、孤立。"[7]

1　进贡男童本质上是苏丹的奴仆，伊斯兰教规定，生来就是穆斯林的人不得为奴，所以进贡男童挑选的都是基督徒。

冬日的阴雨天，帕慕克笔下的伊斯坦布尔跃然眼前。平日里色彩斑斓、生机勃勃的巷道像是被泼了脏水，黯然失色，人们蜷缩在大衣里，低着头匆匆赶路，就连大海都泛着一层阴郁的灰色。海浪比晴日里更加汹涌，垂钓的人们面无表情，一言不发。整座城市像是一位萎靡不振、不停咳嗽的老人，弥漫着帕慕克笔下的"呼愁"。土耳其语的"呼愁"指的是内心深处的失落感，是某种集体而非个人的忧伤。

12世纪的君士坦丁堡和17世纪的伊斯坦布尔曾是世界上最大的城市，如今，历史的痕迹随处可见，苏丹艾哈迈德广场上，屹立着来自埃及卡纳克神庙的方尖碑，方尖碑的南边，矗立着来自希腊德尔斐神庙的蛇柱。在文明的废墟之间，土耳其人心怀帝国不再的忧伤，继续生活。

不过，颓丧和破落倒是赋予了伊斯坦布尔另一种气质。漫步在阴冷、灰暗的海峡边，我总会想起帕慕克的文字："你会发现博斯普鲁斯海峡尽管忧伤，却十分美丽，不亚于生命。"[8]

3

我想象不到有哪个比伊斯坦布尔更迷人的城市，这里有山，有海，有猫，有帝国的遗迹，也有现代的街道、美术馆，东方和西方在这里对视、融合。此后，伊斯坦布尔成了我往返中东的休息站，四年间，我五次到访。把著名景点都去遍后，我就不怎么喜欢住在游客扎堆的欧洲区了。海峡另一侧有一片满是酒吧、超市、菜市场、商店的区域——卡迪廓伊，这是土耳其年轻人钟爱的去处，也是我最喜欢的住处。

从我的住处步行五分钟，有一个热闹的菜市场。伊斯坦布尔虽然滨海，但菜场里的鱼虾品种单调，几乎没有贝壳类海鲜。海产品不仅种类稀少，烹饪方法也让人不敢恭维，鱼的做法主要是油炸，除了撒一点点盐和胡椒，不添加任何其他调味料。相比令人失望的水产店，卖橄榄、奶酪和熟食的杂货店就诱人多了。橄榄是中东家庭的必备食物，几乎每餐都会出现。腌制后的橄榄味道微咸，很适合当作配菜。

我最喜欢的土耳其食物莫过于果仁蜜饼（baklava）。甜品店总是把果仁蜜饼堆成小山，诱惑来往行人。这种甜品起源于宫廷，曾只供皇亲国戚享用。它的酥皮层层叠叠，包裹着核桃、杏仁等馅料，再撒上一层绿色的开心果粉，淋上糖浆或蜂蜜。果仁蜜饼甜度惊人，相比之下，加了三块方糖的红茶显得淡而无味。

从我的住处步行十五分钟，是一片寂静的海滩。大小不一的灰色、浅褐色礁石沿着海岸线排开，礁石尽头屹立着一座斑驳的白色灯塔。房屋和清真寺在对岸的山丘上此起彼伏，日落时，时常泛着淡淡的青色。渡轮和货轮来来往往，在透蓝的海面上留下一道道白色的长尾，海鸟成群地飞过，发出阵阵啼鸣，野猫神出鬼没，对礁石间的千沟万壑了如指掌。

我每隔一天就会买点猫罐头和香肠前往礁石滩。在海边站定、拆开包装后，敏锐的猫咪们从礁石间探出脑袋，迅速朝我聚拢。有的猫一看就是受气包，不仅脸上破了相，神情和动作也犹豫不决，它们颤颤巍巍地躲在远处，眼睛跟随我抛出香肠的弧线转动，却不敢向前一步。为了照顾这些受气包，我动了不少脑筋。一开始，我直接把香肠抛给它们，但流氓猫总是一个箭步冲过去抢食，有的还会顺手揍一拳受气包，简直欺猫太甚。几次后，我才摸清了这一带猫咪钩心斗角的门道，也想出了对策。我先用香肠引开流氓猫的注意，趁它们低头一顿猛吃时，再偷偷扔一块肉给远处的受气包。

伊斯坦布尔的几个码头都有为游客准备的海峡游轮，但在我看来，穿梭于海峡两岸最经济实惠、最有趣的方式是坐通勤渡轮。伊斯坦布尔的公交车、地铁、有轨电车时常人山人海，然而，哪怕是早高峰或晚高峰，通勤渡轮上永远都有空位。

上船前，我总会买上一个面包圈，一边自己掰着吃，一边在二层夹板上喂海鸥。伊斯坦布尔的海鸥早就洞悉了人类的活动规律，它们总是蹲守在即将出发的渡轮边，一路跟随船只飞到对岸。

有猫的地方就有江湖，有海鸥的地方也是。有的胖海鸥一看就是纵横天空的老司机，它们胆大包天、目中无人，时常飞到我的跟前，不停地对我使眼色，就差开口说："我已经准备好了！快交出面包啊人类！"

它们不仅有勇气，也有谋略。通常来说，它们会只盯着一个投喂水准还算可靠的人类，比如我，因为它们明白，如果目标太多，容易分散注意力，最终颗粒无收。它们一边飞、一边斜眼看着我，待我把一小块面包抛入空中，它们便身姿轻盈地用嘴接住。

有的瘦海鸥就缺了这一点心机，它们眼观六路、耳听八方，到处都想捞一点，却总是被别的海鸥捷足先登。最终，它们只能眼睁睁看着别的海鸥越吃越胖。

一天傍晚，我坐在渡轮的二层。楼下突然传来一位女性的歌声，我循着声音下到一层，一个三人乐队正在卖唱。主唱的年轻女子有一头飒爽的短发，穿了鲜黄色的毛衣。她的声音时而如同雨后黏稠的空气，时而如同穿透迷雾的朦胧之光。渡轮慢悠悠地路过清真寺、宣礼塔、船只和乌云，有那么一会儿，我听得神志恍惚，甚至希望这趟船没有终点，音乐不会结束。

　　我对大海没什么偏爱，但却尤其喜欢伊斯坦布尔的海，因为它立体而有边界——海的对岸是城市，城市的尽头又是海。在伊斯坦布尔的海边，所有烦恼似乎都不足为道，正如帕慕克所写："生活没什么大不了的，无论发生什么事，我随时都能漫步在博斯普鲁斯海峡。"[9]

III

初探西亚文明

◁黎巴嫩巴勒贝克酷似希腊帕特农神庙的酒神庙。公元前 64 年，巴勒贝克被罗马
  征服，此后的两百多年里，罗马人在这里建造了规模巨大的宗教建筑群。

09... 中东小巴黎

1

从伊斯坦布尔飞抵贝鲁特国际机场时，已是午夜。黎巴嫩的物价远超我的想象，最便宜的招待所要几十美元，机场去市中心短短十几分钟车程，打车却要十几美元。为了省钱，我决定在机场将就一夜。顺利入关后，我找了一排座位，把登山包缠在手上，摄影包枕在头下，就睡着了。

早上6点多，我迷迷糊糊醒来。虽然困意尚存，但我还是强撑起精神，想尽早赶去市区。网上的信息称，贝鲁特机场外有前往市区的班车，但没有说明在哪里坐车、坐哪辆车。我一筹莫展地走出机场，天已经亮了，地平线被初升的旭日染得一片通红。机场外空空荡荡，连一个保安都没有。我正准备返回机场找人问路，一辆面包车突然停在了眼前，一位年轻男子拉开车门，探出脑袋，嘴里嘟囔着什么。我本能地觉得这和格鲁吉亚、亚美尼亚的面包"公共汽车"异曲同工，便当机立断跳上了车。

车上清一色都是不苟言笑的男性。我不确定黎巴嫩的陌生男女可否同坐一排，但眼下只剩一个座位，我没有选择。我拿出打印好的招待所信息，把上面的阿拉伯语指给邻座的大叔看。他理解了我的意思，和司机咕哝了一句，向我比了个"OK"的手势。没想到进城竟如此顺利。

贝鲁特很小，才开了十几分钟，面包车就停在了路口，司机示意我下车，指了指招待所的方向。我不知道该付多少钱，只好给他一张1美元的纸币，他熟练地从零钱篮里挑出一堆黎巴嫩硬币递给我。

招待所隐身在小巷中一栋不起眼的大楼里。大楼年久失修，水泥地面脏兮兮的，墙根上有几个灰扑扑的脚印，楼梯扶手上的漆掉了一大半。

按响门铃，睡在沙发上的小哥起身开门，他告诉我，入住时间是中午12点，不能提前入住。我问他能否让我在大厅里上一会儿网，他点点头，指了指贴在墙上的价目表——50MB要1美元，200MB要3美元，逐次递升。无奈之下，我只好把登山包寄存，向小哥打听哪里有卖电话卡。卖电话卡的小店8点以后才开门，我索性开始闲逛。

地中海边艳阳高照，许多公寓的户外阳台包裹了一层厚厚的卡其色窗帘，但即使这样，贝鲁特也给人一种热情洋溢之感。通向主干道的楼梯被喷绘成不同的颜色，两旁满是涂鸦。到处都有鲜花和爬藤探出墙头，簇拥在露台和小巷中。有的写字楼在中间楼层开辟出一片"空中花园"，种满花草树木，几棵椰树直指苍天，一口气跨越了三四层楼的高度。虽然正值11月，我却宛若置身春暖花开的5月。

太阳渐渐升起，路边的小店陆续开张营业。我一路咨询，发现电话卡的售价统一在35—40美元。我只计划在黎巴嫩待一个星期，自觉没必要花这么多钱购买电话卡。正犹豫着，小店的电视播放起了美国大选的新闻。原来前一天晚上，特朗普打败希拉里，当选为美国总统。小店的老板和两位顾客哀叹："这下完蛋了，完蛋了。"大概是对大选结果不太满意，我一冲动，买了一张35美元、包含1.5G流量的电话卡。

阳光开始洒满刚刚苏醒的贝鲁特。精心修剪的树木整齐地排列在街道两侧，汽车赶着早高峰、排着长队奔波在干净的街道上，玻璃外立面的写字楼映照着城市天际线，长长的藤枝从露台垂下，几簇粉色的三角梅点缀在枝头。

我穿过市中心，向贝鲁特国家博物馆走去。市区的摩登感渐渐消失，狭窄的街道两旁停满了车，临街店铺拉着卷帘门，四层楼高的居民楼渍迹斑斑，几道污水留下的深色污垢顺着外墙蔓延下来。再往前走，一栋烧焦的平房赫然眼前，它的墙壁被熏得漆黑，窗户早已被炸碎，只剩两个硕大的窟窿，像是一张被挖去双眼的人脸。

我正想探头向里张望，一位光头大叔走到我的跟前，压低声音道："这一带比较危险，你把相机收起来，看完博物馆后马上离开。"我怔怔地点了点头。

黎巴嫩教派众多，目前，被官方承认的有18个教派。[10] 根据黎巴嫩宪法，总统由马龙派 [1] 基督徒担任，议会议长由什叶派穆

---

1 5世纪早期由叙利亚教士圣马龙创立，7世纪正式形成教会。如今，马龙派信徒约有400万人，其中黎巴嫩有约100万人，约占该国人口的1/4。

斯林担任，总理由逊尼派[1]穆斯林担任。以色列1948年建国后，与巴勒斯坦冲突不断，随着巴勒斯坦解放组织的总部搬到黎巴嫩，以及大量巴勒斯坦难民的涌入，黎巴嫩原本平衡的宗教格局被打破。1975年，黎巴嫩爆发了一场为期15年6个月的内战，整片整片的街区沦为死城，布满弹孔的建筑和被炸毁的楼房随处可见，许多地区的基础设施彻底瘫痪，连最基本的供电和供水都难以保障。据估计，内战期间，约有15万人遇难，[11]20万人受伤，90万人流离失所。[12]

贝鲁特国家博物馆所在的大马士革路是内战时期东西贝鲁特的军事分界线。内战期间，这条从北到南贯穿贝鲁特的街道一度污水横流、野草疯长，像是城市中一片无人问津的"丛林"。穆斯林和基督徒在"丛林"的两端隔岸相望，鲜少往来。

博物馆附近拉着警戒线，士兵们严阵以待，端着冲锋枪四处巡望。路上人影寥寥，仅有的几位行人都低着头，缩着身子，快步穿行。

博物馆刚开门，几乎没有游客。宽阔的双层展厅布置了柔和的黄色灯光，不同时代的文明遗产比邻而居，在它们无声的讲述中，黎巴嫩的文明脉络徐徐展开。

黎巴嫩地处欧亚非交通要道，西临地中海，山麓修长，平原广阔，降水丰沛，气候宜人。早在新石器时代，这里就有人居

1　什叶派与逊尼派是伊斯兰教两大主要教派。伊斯兰教先知穆罕默德去世后，信徒内部就继任者问题产生分歧：什叶派主张世袭原则，拥护穆罕默德的堂弟、女婿阿里及其后裔为先知的合法继承人；逊尼派主张根据资历和威望推选继任者。什叶派遵奉伊玛目制度，认为伊玛目是宗教领袖、教法的最高权威；逊尼派则认为伊玛目只是祷告的领头人。"什叶"原意为"追随者""派别"；"逊尼"意为"遵循传统者"。

住。约5000年前，善于航海和经商的腓尼基人[1]在此培育出商业文明的萌芽，埃及、亚述、巴比伦、波斯、罗马、阿拉伯、奥斯曼等政权先后统治了这里。

如今的博物馆如同一座与世无争的孤岛，但内战时，由于地处烽火线，这里遭到了持续不断的枪击和炮轰，一度沦为战斗人员的兵营。当时的策展人艾米尔·马吕斯·切哈珀心急如焚，他与妻子在短暂的休战期潜入博物馆，用沙袋保护雕像，把最易受损的小件文物转移至地下室，把入口全部堵上。在交战最激烈的1982年，石棺、马赛克等展品统统被浇筑上混凝土封存。1991年停火时，博物馆已经奄奄一息，外墙布满弹孔和枪眼，地下室被雨水浸没，屋顶被击穿，建筑内满是民兵留下的涂鸦。展品的命运也没有好到哪里去，由于积水严重、通风不畅，它们被不同程度地腐蚀，有的已然面目全非，地图、照片和文档也都付之一炬。万幸的是，仍有相当一部分展品大体保存完好。1999年，博物馆重新开放，展品得以重见天日。

参观完博物馆，我匆匆返回贝鲁特市中心。持枪士兵仍在到处巡逻，但没有人紧张兮兮地催我离开了，我长舒一口气，漫步在星星广场边。星星广场以钟楼为中心，向四周延伸出六条步行街。蜜色的欧式建筑排列在街道两旁，铁艺栅栏围起小巧别致的阳台，木质的百叶门半开半合，在外墙投下一道道狭长的影子。连柱拱廊内精品店林立，精致的咖啡店、餐厅随处可见，成群的鸽子漫天飞舞，穿着时尚的年轻男女气定神闲地散步、购物。顺

---

[1] 一个古老的民族，自称迦南人，生活在今天地中海东岸一带（相当于今天的黎巴嫩和叙利亚沿海）。腓尼基人擅长航海和经商，在全盛时期，曾控制了西地中海的贸易。

着街道望去，远处的地中海隐约可见。

黎巴嫩算得上是中东最西化、最开放的国家之一，内战前，这里是中东的金融中心。由于曾被法国委任统治，贝鲁特被誉为"中东小巴黎"，一位阿拉伯青年骄傲地告诉我，黎巴嫩人的阿拉伯语带有法语口音。

2

红街是我与沙发主诺瓦约定见面的地点。在沙发客的个人主页上，她说自己正在学习电影制作，梦想是成为一名导演。到黎巴嫩的第二天晚上，我到约定的路口等待诺瓦。红街不宽，两旁满是酒吧、餐厅、服装店。发型精致的阿拉伯男人和穿着短裙、化着浓妆的阿拉伯女人三三两两，在街头漫步闲谈。

诺瓦从转角拐过来，拍了拍我的肩膀，她的头发刚过肩，眉毛画得很粗，一双深邃的大眼睛像晨露一样剔透晶亮。她带我走进附近一家灯光昏暗的酒吧，酒吧只有六七张桌子，播放着舒缓轻柔的音乐。酒吧的老板是诺瓦的朋友，他和我打了个招呼，递上一大杯啤酒。诺瓦告诉我，贝鲁特并非表面看到的那般和平、安定，实际上，这个城市被不同宗教、不同派别严格划分成了不同区域，人们几乎互不往来，我们所在的红街是全城唯一一个乐于接纳所有人的地方。

"那你呢？你属于什么派别？"我顺势问道。在宗教派系复杂的地方，先搞清楚对方的身份，可以避免我说错话。

"哦不，我来自叙利亚，我家在阿勒颇，你知道那里吗？"

我点点头。2011年叙利亚内战爆发后，大量难民涌往世界各地，"伊斯兰国"[1] 趁机发展壮大，震慑全球。作为战争的焦点城市，阿勒颇时常登上国际新闻头版头条。

我问起叙利亚的现状，诺瓦头也没抬，轻描淡写道："正常。"

酒吧里的人渐渐多了起来，顾客们推门而入，到吧台与老板打个招呼，寒暄一番，再三三两两地落座。诺瓦告诉我，他们都是附近贝鲁特美国大学的学生，是这里的常客，他们的生活方式极其西化——白天上课、晚上泡吧、半夜啃书。

一杯啤酒下肚，诺瓦打了几个电话，示意我跟她回家。她带我穿过几条巷子，来到一家服装店的门口。一位姑娘摇下车窗，招呼我们上车。

夜晚的红街灯火通明，快节奏的音乐从酒吧里传来，紫色、蓝色、粉色、绿色的灯光高速切换，年轻男女在酒精的鼓动下疯狂甩动头发、摇晃身体，喝得半醉的人们在街上喧哗打闹，垃圾桶里堆满了空酒瓶。

不一会儿，灯红酒绿被甩到身后，汽车一头栽进漆黑的夜色之中，明亮的路灯和闪烁的招牌消失不见，连开业的商店也所剩无几。十几分钟后，汽车停在了一家空空荡荡的小卖店门口，老板正颓丧着脸准备打烊。我和诺瓦下车，一起回她租住的公寓。

推开公寓大门，伸手不见五指，诺瓦嘟囔道，又停电了，我们打开手机的手电筒，借着微弱的光亮上楼开门。诺瓦告诉我，如今，黎巴嫩局势大体稳定，但基础建设远没有跟上脚步，这一

---

1 全称为"伊拉克和大叙利亚伊斯兰国"，英文缩写为 ISIS，是一个活跃在伊拉克和叙利亚的圣战组织，奉行极端保守的伊斯兰原旨主义瓦哈比派，目标是在中东地区建立政教合一的伊斯兰国家。"伊斯兰国"以反对偶像崇拜的名义，大肆摧毁占领区内的文化古迹。包括联合国在内的大多数国家和组织将其定性为恐怖组织。

带经常停水停电，有时停几小时，有时停好几天，能不能洗澡全看运气。说着，她一一检查厨房和厕所的水龙头，叹了口气说，只有厨房有水。

透过手机的光亮，我打量着这个两室一厅的老旧公寓。一个房间被诺瓦当成了储物间，另一个用作卧室。客厅摆了一张沙发床，地面铺了米色的水磨石地板砖，白色的墙壁有几道裂纹，木窗和木门的边缘已经开裂，弃置的家具堆积在一旁。厨房看上去闲置已久，盘子和碟子东倒西歪地躺在置物架上，几口锅被塑料袋套了起来，排列在搁板上，深褐色的地柜老气十足。

"你不做饭吗？"通常来说，阿拉伯女性总是把厨房打理得井井有条。

"不做啊。"诺瓦把刚买的牛油果对半切开，挖掉果核，填满白砂糖，递给了我。

"做饭太浪费时间了，我没时间做饭，也不喜欢做饭。"她干脆利落地说道。

时间不早了，第二天，诺瓦要上课，我要去别的城市游玩，再加上没水没电，于是我们就此打住，各自回房睡觉。

3

黎巴嫩国土面积很小，即使去别的城市游玩，当天也可以往返。

早晨，我问诺瓦该如何前往比布鲁斯这座古老的海滨城市，她没多说什么，只叫我跟着她一起出门。值得庆幸的是，早上来了水，我终于可以洗把脸了。

看不见的中东

8点多，我们一起穿过小巷，步行到车流如织的街道上。诺瓦伸手拦了一辆面包车，与司机交谈了几句，便招呼我上车。她没来得及解释什么，只是嘱咐我无须担心。面包车才开出去没多久，司机就拦下了另一辆面包车，他与另一位司机交接了一下，示意我换车，我掏出一堆黎巴嫩硬币问他多少钱，他摇摇头，让我直接上了另一辆车。过了一会儿，司机突然按响喇叭，正在等红灯的大巴车司机也按了按喇叭以示回应。他们打开车窗交流了几句，大巴司机示意我上他的车，嘴里念叨着"比布鲁斯"。

我就这样莫名其妙坐上了开往比布鲁斯的大巴。大巴沿着海滨公路行驶，路的另一旁，一个又一个城市接连不断地出现，45分钟的路程几乎没有城市到乡村再到城市的过渡，我仿佛只是从贝鲁特的一端走到了另一端。

下车时，我指了指大巴停泊的地点问司机："贝鲁特？"他点点头。看来，我可以从这里坐大巴回去，至于大巴会停在贝鲁特的哪里，又要如何回诺瓦的家，我还是先别去想了。

公元前3000年左右，在腓尼基人的领导下，比布鲁斯成了地中海东部最繁忙的贸易港口，上等的木材经由这里运往埃及，供法老修建神庙和陵墓，产自埃及的纸莎草经由这里运往希腊。为了记录贸易往来、订立契约，比布鲁斯的缮写员们发明了一份由22个字母组成的字母表，如今的阿拉伯字母、希伯来字母、希腊字母、拉丁字母等，都可以追溯至腓尼基字母。

登上比布鲁斯的十字军东征城堡，地中海沉静碧蓝的海岸线尽收眼底。城市仿佛刚刚被雨水涤荡，清澈透亮，红顶石砖建筑连绵成片，鲜花盛开，绿树成荫，宛若欧洲的中世纪小城。

之后一天，我被诺瓦以相同的方式送上面包车。莫名其妙辗转了四辆车后，我抵达了古罗马建筑群遗址 —— 巴勒贝克。公元前2000年左右，腓尼基人因崇拜太阳神巴勒而修建了这座神庙，从此，这里便成了祭祀中心。公元前64年，巴勒贝克被罗马征服，此后的两百多年里，罗马人在这里建造了规模巨大的宗教建筑群。

由于地处真主党[1]行政中心，巴勒贝克算不上绝对安全，遗址外开小店的大叔嘱咐我看完赶紧离开。在紧张的局势下，巴勒贝克游客寥寥。

经过两个只剩零星石柱的小神庙后，高高的石柱和硕大的广场赫然眼前，广场被残损的建筑环绕，堆满了散落的石砖和柱头。穿过广场，朱庇特神庙那高达22.9米的六根科林斯式[2]柱子直冲云霄，其余的48根柱子和屋顶因地震和人为掠夺而被破坏，横梁和柱头散落一地，横梁上的狮头栩栩如生，每一缕毛发都清晰可见。

朱庇特神庙的对面是酷似希腊帕特农神庙的酒神庙。四周的42根接近20米的科林斯式柱子撑起屋顶，大门上方雕刻着精致的水果和谷物。白色大理石和花岗岩历经长时间的氧化，在阳光下泛着优雅的黄色。据说，全世界，包括罗马，迄今都找不到比巴勒贝克更完整的古罗马神庙遗址。

令人欣慰的是，这两天的旅程结束后，我都能鬼使神差地回到贝鲁特红街，与诺瓦会合。黎巴嫩到处都没有Wi-Fi，我很庆

1　1982年，黎巴嫩人为了抵抗以色列侵占该国南部，在伊朗的帮助下，成立了什叶派伊斯兰政治和军事组织——真主党。
2　希腊古典建筑的三种柱式之一。科林斯柱式的柱头用莨苕作装饰，形似盛满花草的花篮。相比简朴的多利安柱式、优雅的爱奥尼柱式，科林斯柱式更为纤细，装饰性更强。

　　　　　　　　　　　　　　　　　　看不见的中东

幸特朗普的当选让我冲动消费了电话卡。

4

工作日，诺瓦每天从早上8点忙到晚上9点，没有多余的精力与我交谈。直到周日晚上，她才终于有时间坐下来和我聊聊。

谈起叙利亚内战，诺瓦告诉我，外界对叙利亚充满误解，仿佛他们的生活除了炮火和逃难外一无所有，然而，战争并非每时每地都在上演。在诺瓦的描述中，首都大马士革几乎没有受到内战的影响，晚上，酒吧里人头攒动，年轻人抽烟喝酒，唱歌跳舞，一直玩到深夜。

"有机会你应该去一趟叙利亚，我相信你会喜欢大马士革的。"诺瓦轻松地说道。

内战爆发前，诺瓦做过一年记者，对库尔德问题、中东问题、女权问题等都有过深入了解。后来诺瓦辞去工作，创办了一家旅游公司。

不久，内战爆发了，她的家乡阿勒颇战况激烈，她原本富裕的家庭一落千丈，家庭的支柱——她的父亲伊萨姆——在一夜之间失去了工作，赋闲在家整整五年。战况最激烈时，阿勒颇时常停水停电，面包和牛奶被抢购一空，肉价飞涨。起初，诺瓦的母亲和姐妹不愿接受现实，她们每天照常在院子里喝茶、喝咖啡、吃点心，假装什么都没有发生。炮火时不时从天而降，家里地动山摇，但父亲却在电话里告诉诺瓦"一切都好"，仿佛战争从未降临。

诺瓦神色木然地望着窗外，平静地解释道："在突如其来的战争面前，人的心理变化是你很难用正常逻辑去理解的，一切发生得太快、太突然了，你很难相信那都是真的。"

她低下头，咬了咬嘴唇说："有一天，我和往常一样约了朋友见面，他从街角向我走来时，突然一颗炸弹击中了他，我眼睁睁看着他被炸成了碎片。"说到这里，诺瓦的眼眶泛起了泪水。

她深吸了几口气，轻声说："我不信仰宗教，但我理解人们想要从宗教中获得慰藉的心态。当亲朋好友在你的面前去世时，如果你相信他们去的是一个更美好的天国，心里会好受一些。"她哽咽了一下，"但我知道，他们就是死了。"

为了躲避战争，诺瓦独自来到黎巴嫩，好在她的母亲是黎巴嫩人，她无须申请成为难民。战争爆发后，叙利亚镑大幅贬值，父亲无法给她提供经济上的援助。刚来黎巴嫩的三个月，诺瓦每天打两份工，像是被抽着转的陀螺。第一份工作从早上8点到下午5点，第二份从晚上8点到清晨5点，一周六天，每天如此。周日，她会睡上整整一天，为下一轮连轴转养精蓄锐。

内战爆发后，大量叙利亚难民涌入黎巴嫩，给黎巴嫩造成了极大的经济和安全负担。黎巴嫩人认为叙利亚人抢占了他们的工作机会，双方的矛盾和敌意越来越深。诺瓦告诉我，她曾在一次面试中被老板赏识，但一听说她来自叙利亚，老板口气骤变，把工资从1500美元降到600美元，摆出一副"爱做不做"的表情。这样的事对迁居黎巴嫩的叙利亚人来说司空见惯，诺瓦虽然心里不服，但为了生存，只好忍气吞声。即便如此，老板也可能因为国籍而随时解雇她。

虽然被现实压得喘不过气，但诺瓦没有丧失对生活的希望。日子渐渐稳定下来后，她想起了本已熄灭的新闻理想。既然记者

看不见的中东

无法自由策划选题、自由写作，她决定另辟蹊径。在打工之外，她开始着手申请大学的广播电视专业。如今，她半工半读，难得休息的周末都用来看书、做作业。她希望外界能够通过纪录片了解叙利亚战争，了解战争中艰难求生的阿勒颇人民，了解阿拉伯女性面临的困境。她已经有了几个构想，正在学习如何把它们付诸实践。

谈起纪录片，诺瓦疲惫的双眼泛起了平日里少见的光芒。临别前，她神采奕奕地对我说："我才27岁，我还有很多想做的事。"

◁ 自 2002 年 6 月起，以色列沿着 1967 年六日战争前的巴以边界线
修建了一堵安全隔离墙，旨在将约旦河西岸的巴勒斯坦与以色列
彻底隔离，阻止巴勒斯坦激进组织的成员袭击以色列。

10... 世界中心耶路撒冷

1

时隔三个月，我再次来到莫斯科转机，准备飞往以色列地中海沿岸城市特拉维夫。通宵转机的我萎靡不振，想趁着登机前的间隙再睡一会儿，但身边的犹太青年开口与我搭起了话。他叫汤姆，来自特拉维夫北边的小城市内坦亚。汤姆脸形修长，留着干净的寸头，一双大眼睛黑得发亮。他刚结束在中国七个月的交流项目，打算回家待一两个月后再回中国申请大学，并考虑留在中国。

我好奇他为何不愿留在以色列，他的情绪突然激动起来，低沉的声音里注入了一丝愤恨。他告诉我，他出生在加拿大，自小过着世俗生活，没有宗教信仰。与父母一起搬到以色列后，他发现这个国家过于宗教化、教条化，与他的想象相去甚远。安息日[1]当天，大部分店铺关门歇业，公交车停运，他几乎无处可去。每个适龄年轻人都要服兵役，为了不当兵，他开了一张假的病例证明。

在以色列的主流历史叙事中，犹太人被描绘成一个苦难的民族，他们历经几个世纪的大流散、欧洲排犹运动和纳粹大屠杀后，终于建立起自己的主权国家。然而，汤姆对悲情与苦难不屑一顾，谈起以色列当下的社会问题，他滔滔不绝。

"等你到了以色列，不要光看好的一面，也要关注这个国家的问题。耶路撒冷充斥着各种派别的犹太教徒，其中，极端正统犹太教徒不纳税，不服兵役，只过宗教生活，生育率极高。另外，以色列虽然是一个以犹太人为主体民族的国家，但实际上，犹太人也分三六九等，来自欧洲的犹太人自觉高人一等，来自非洲、印度等地的犹太人则享受不到平等的待遇，隐形的歧视无处不在，我家所在的小城市尤其如此。虽然这种情况正在好转，但我还是不想留在以色列。"

听汤姆滔滔不绝地批判了一小时以色列后，广播通知说我的航班开始登机了。排队时，汤姆还在给我分析以色列的政党矛盾。到登机口时，他漫不经心地把机票递给工作人员，工作人员用扫描枪扫了一下，把头埋到电脑屏幕前反复确认，随后，工作人员告诉汤姆，他走错了候机厅，他的那班飞机已经飞走了。汤姆突然陷入沉默，眼里的光芒迅速黯淡下来。几秒钟后，他向后急转，飞奔出了候机厅。

1　安息日是犹太教每周一天的休息日，从星期五的日落时开始，到星期六日落后结束。

　　　　　　　　　　　　　　看不见的中东

2

飞机落地本－古里安[1]机场时,机舱里响起阵阵掌声。坊间传言称,俄罗斯航空的飞行员都是驾驶战斗机出身,技术了得,鼓掌是为了"感谢机长不杀之恩",但实际上,鼓掌主要是为了表达对机组人员的尊重和到达目的地的喜悦。俄罗斯航空最值得称道的是他们几乎从不晚点,甚至经常提前抵达。[2]

进入入境大厅,海关工作人员翻了翻我的护照,问道:"你为什么去伊朗?"

我告诉他,我对中东历史、文化、宗教很感兴趣,计划走遍中东,说罢,我补充道,我不仅去过伊朗,还去过黎巴嫩。

一听到"黎巴嫩",工作人员挺直了腰板,警惕地瞥了我一眼,转头与隔壁窗口的同事小声交流了起来。以色列与伊朗素来不和,与黎巴嫩爆发过战争,有以色列签证的护照不被允许入境这两个国家,但好在以色列一般不会拒绝游客。我如此诚实的"招供"多少消除了工作人员的戒心,他转过头再次问话时,神情轻松了不少。

"你为什么来以色列?计划去哪里?"

我如实汇报了旅行目的和行程计划后,他点点头,往护照上盖了章,随口说道:"祝你玩得开心。"

机场大厅视野开阔,圆形的喷泉周围摆放着供人休息和办公

---

1 本－古里安(1886—1973),原名大卫·格林(David Gruen),出生于波兰。1930年,他创建以色列工党,1948年以色列建国后,他被选为第一任总理。
2 根据航空分析公司Cirium(睿思誉)发布的《2021准点率报告》,俄罗斯航空以91%的准点率位居世界第三。

的桌椅，四周商店林立。机场外秩序井然，出租车在候客区排成一列，安静地等待乘客。我跟随指示牌，找到了开往耶路撒冷的大巴。大巴的座椅软硬适中，格外舒适，每个座位边都配有USB充电插口，车上速度稳定的Wi-Fi给还没买电话卡的我解了燃眉之急。

大巴司机如同一台精密的计算机，近乎刻板地保持着匀速行驶，哪怕变道或转弯，他也极度克制。在他的把控下，大巴平稳得如同一座岿然不动的大山。

观察了一路后，我发现司机的座位底下设有弹簧，一旦变速或急转弯，他的身体就上下左右晃个不停，像是一尊活体弹簧玩具。为了让自己保持静止，他不得不采取稳健的驾驶风格，乘客也因此而更安全、更舒适。

短短一个小时后，大巴停在了耶路撒冷中央汽车站。汽车站外人声鼎沸，行人们仿佛来自不同的时空——有衣着西化的年轻男女，有穿着西装、戴着礼帽、神情严肃的犹太教徒，有戴着头巾的穆斯林，有扛着枪、穿着绿色军服的士兵。

以色列是一个全民皆兵的国家，除了阿拉伯公民、极端正统犹太教徒等特殊团体外，大部分以色列人都在18岁时被征召入伍，女性服役两年，男性三年。接受完集中的基础训练后，士兵会被分配到具体的岗位。在城市服役的士兵可以在休息时间正常回家，因此，扛着枪坐车下班的士兵在以色列随处可见。

我刚站到有轨电车车站的售票机器前，一位头戴基帕帽[1]的青年就上前询问是否需要帮忙。他熟练地在机器上一通操作，把

---

1 Kippah，意为"遮盖"，是一种犹太男性戴在头顶的小圆帽。犹太教认为，信徒不能拿头顶对着上帝，犹太男子以帽相隔，表达对上帝的敬畏。

车票递给了我。

有十节车厢的灰色有轨电车缓缓驶入车站，电车上没有检票员，偶有查票员，买票主要靠自觉。外墙崭新的蜜色石砖建筑和郁郁葱葱的树木在街道两旁此起彼伏，有轨电车规律地发出"叮叮叮"的响声，拨开人群，向东南方向行驶。

我住在耶路撒冷老城外的一条步行街——雅法路的附近，街道两旁满是超市、餐厅、咖啡店、商店。步行了没多久，街边飘来一阵欢快的小提琴声，一位身穿黑色长裙、头戴红色头巾的女子正闭着眼睛，含着下巴，沉醉在自己的演奏之中。一行十几位头戴基帕帽的犹太青年突然停下脚步，高举双手，随着音乐扭动身体。来了这么一大群"伴舞者"，演奏者兴致更为高涨，她的左手飞速地在琴弦上按压，琴弓划过，音符如精灵般跃动而出。青年们相视一笑，默契地加快舞步，双脚有节奏地敲打地面，发出错落的声响。

我顺着电车的轨道步行至耶路撒冷老城。狭窄的石板路两旁摆满了琳琅的旅游纪念品，店主们坐在店门口，懒洋洋地东张西望，打着哈欠，游客们成群结队，来来往往。

从岔口拐入小巷，旅游氛围荡然无存。蜜色石砖砌起的房屋外立面崭新，褐色的双开百叶木窗典雅素净，石板巷道干净整洁，四通八达，树丛和爬藤从拐角探出脑袋，野猫神出鬼没。一个小型广场上，乐队正在搭建舞台，准备排练，刚放学的犹太孩子们扒拉着栏杆，闪着光的眼睛凝视着五花八门的调音设备。

不一会儿，安宁雅致的犹太街区消失不见，叫卖声不绝于耳，人群熙熙攘攘，巷道两旁的矮墙染了一层油腻的污垢，小贩们推着装满货物的推车穿梭其中，阿拉伯人就聚居在这里。

虽然近在咫尺，但犹太人和阿拉伯人几乎从不闯入彼此的街区，假装对方并不存在，有的阿拉伯聚居区入口有以色列士兵把守，有时，士兵会以"时间太晚了"或别的什么理由禁止游客入内。这是巴勒斯坦与以色列的冲突愈演愈烈的结果。

　　1948年5月14日，以色列宣布建国。被纳粹屠杀了三分之一人口[13]后，犹太人终于建立起了自己的主权国家。然而，犹太人的建国给巴勒斯坦阿拉伯人带去了劫难，以色列独立战争期间，约有70万阿拉伯人流离失所[14]。此后，犹太人与巴勒斯坦人一直就难民回归、耶路撒冷归属、巴勒斯坦国边界等问题争论不休，巴以冲突时而缓和，时而升温。

　　不过，纵观历史，类似的冲突和矛盾对耶路撒冷来说简直是家常便饭，历史上，亚述、巴比伦、波斯、埃及、罗马、阿拉伯、突厥等都接手过耶路撒冷，血腥的战争、残酷的杀戮和耸人听闻的暴力反复在这里上演。

　　虽然犹太教、基督教和伊斯兰教都奉耶路撒冷为圣城，但回溯历史，这座城市时常被描述得肮脏不堪。T. E. 劳伦斯[1]说耶路撒冷是既脏又乱的城市，果戈理也对这座城市感到失望，因为他想象中的圣地实际上充满污秽和粗俗。就连犹太复国主义[2]运动的发起人西奥多·赫茨尔[3]也说道："哦，耶路撒冷，将来记起你时，我将不会产生任何高兴的情绪。两千年来由残忍、偏执、

1　T. E. 劳伦斯（1888—1935），"一战"期间在阿拉伯大起义中发挥重要作用的英国联络官，著有战争回忆录《智慧七柱》。导演大卫·里恩以劳伦斯的故事为蓝本，拍摄了传记冒险电影《阿拉伯的劳伦斯》。
2　犹太复国主义又称锡安主义，是由犹太人发起的政治运动，目标是在巴勒斯坦建立一个犹太人的民族国家。
3　西奥多·赫茨尔（1860—1904），奥匈帝国的一名犹太裔记者，曾担任维也纳《新自由日报》主编，现代犹太复国主义创始人，著有《犹太国》《新故土》等。

肮脏而形成的腐朽沉淀物，就在那散发着烟臭味的小巷里。"[15]

如今的耶路撒冷算得上是两千年来最干净、最体面的时期，即便是相对混乱的阿拉伯市场，也能维持一定程度的秩序与整洁。虽然宗教、民族引发的冲突不止不休，但按照作家埃利·威塞尔[1]的说法，这是历史上第一次犹太人、基督徒和穆斯林全都可以在这片圣地上自由地礼拜。[16]

3

在犹太人的建设下，耶路撒冷已经极为现代化，但她的内核仍是一个宗教之城。穆斯林周五休息，因为是主麻日，犹太人周六休息，因为是安息日，基督徒周日休息，因为是礼拜日。三大宗教遵循各自的教义，在同一个空间里过着时而交错、时而平行的生活。

周五是感受耶路撒冷宗教氛围的最好机会。中午，穿过气派的大马士革门，穆斯林在狭窄的小巷推搡前进，去往圣殿山参加集体礼拜。时间一到，阿克萨清真寺[2]的宣礼声响彻老城。下午，神父带着基督徒重走耶稣苦路[3]，他们扛着足有两人高的十字架，在途经的十四站停留、唱经、跪拜，去往圣墓教堂，基督徒们普遍认为这个教堂建在了耶稣被钉死的地方。傍晚，犹太人从

---

1 埃利·威塞尔（1928—2016），纳粹大屠杀幸存者，美籍犹太人作家，政治活动家，代表作《夜》。1928 年，威塞尔生于罗马尼亚犹太人聚集区，1944 年，16 岁的威塞尔和家人一起被送到奥斯维辛集中营，1945 年重获自由。1986 年，威塞尔因写作集中营的故事、谴责暴力与仇恨，被授予诺贝尔和平奖。

2 伊斯兰教第三大圣寺，地位仅次于麦加圣寺和麦地那先知寺。

3 指的是耶稣从被判处钉十字架的审判地到受难地的路途，是耶稣在人间走的最后一段路。

四面八方聚集到犹太教第一圣地 —— 西墙，在这里祈祷、聚会、唱歌跳舞。

对三大宗教来说，耶路撒冷是重要的、不可失去的圣地，历史上，耶路撒冷被犹太人独占了一千年，被基督徒独占了约四百年，被伊斯兰教徒独占了一千三百年[17]。在各方的角逐中，这座城市不断被毁灭，又不断被重建。

然而，耶路撒冷并不具备兵家必争之地特有的战略优势和战略地位，她耸立在悬崖、峡谷和犹地亚[1]的山峦碎石之间，远离地中海贸易路线，夏天酷热，冬日严寒，缺水，不适宜居住。

最初，耶路撒冷只是一个小村庄，随后，当地的土著把她建成了小型要塞。随着人类历史发展，耶路撒冷渐渐成为三大宗教的信仰中心，唤起了各方强烈的独占欲。究其原因大约是，当新的先知阐述新的宗教时，必须向大众解释历史，在不断的阐释和争夺中，耶路撒冷渐渐被捧上圣坛。对于统治者和宗教领袖来说，耶路撒冷是一针强心剂，她既可以团结人民，也可以捍卫政权的合法性。

而千百年来，人类之所以难以放下对宗教的迫切需求，大抵是因为人类需要感受一种比渺小的自身更强大的力量，需要寻求一种方法解释生死、解释世界，需要找到一种渠道寄托对意义的渴望，摆脱存在的虚无。

如今，耶路撒冷实际处于以色列的控制之下，但巴勒斯坦拒不承认以色列对耶路撒冷的主权。争论这片土地的归属权时，三大宗教甚至把考古学当成了政治工具。深埋于地下的文物不再仅

---

1 犹地亚，今巴勒斯坦中部地区。

仅代表过去，而是成了决定未来的筹码。人们不断从历史和神话故事中寻找有力的证据，佐证自己对这片土地的所有权。耶路撒冷的历史或多或少被政治化了。

4

起初，以色列王国由大卫王创建，他的儿子所罗门接班后，开始着手建造父亲计划中的上帝居所 —— 耶路撒冷圣殿。如今，这座第一圣殿的痕迹已无处可寻。第二圣殿完工于公元前515年。公元前37年，在希律王的扩建下，第二圣殿镶满金片，光彩夺目，这就是耶稣见到的圣殿。公元70年，随着罗马指挥官提图斯摧毁第二圣殿，此后的近两千年间，犹太人再也没有统治过耶路撒冷。

西墙是第二圣殿仅剩的一道围墙，是犹太教的第一圣地。在犹太人看来，耶路撒冷的每块石头都在诉说着历史，西墙是耶路撒冷最神圣的石头。回到耶路撒冷的犹太人总会到这面石墙前低声祷告，哭诉流亡之苦，西墙故又被称为"哭墙"。

以色列建国后的19年间，西墙处于约旦国王侯赛因的统治之下，犹太人不被允许来此祈祷。那时，西墙前是一条拥挤的小巷子，小巷旁有个脏乱的棚户区。1967年六日战争[1]后，以色列取得了对西墙的控制，他们拆除棚户区，建立广场。近两千年后，

1　六日战争又称第三次中东战争，指1967年发生在以色列与埃及、叙利亚、约旦等阿拉伯国家之间的战争。1967年6月5日，以色列向阿拉伯国家发动突然袭击，在短短六天内相继占领埃及西奈半岛、叙利亚戈兰高地、耶路撒冷东城区、约旦河西岸和加沙地带，奠定了今日以色列的国家版图。

犹太人终于得以回到西墙祈祷。

　　如今的西墙24小时开放，进入西墙前，要接受以色列士兵严格的安全检查。正方形或长方形的蜜色石块垒起高约18米的西墙，零星的杂草钻出石缝，沐浴在阳光之下。一道围栏把西墙前的广场一分为二，男左女右，男性必须戴帽子进入祷告区。巨大的石块凹凸不平，缝隙和裂纹随处可见，犹太人把愿望写在小纸条上，卷成纸卷或折成豆腐块，塞进缝隙，借此向上帝传达心愿。他们在西墙前或坐或立，低声吟诵经文，安静地亲吻、抚摸石墙。

　　过分强调犹太人的宗教属性并非以色列国父本－古里安的初衷，以他为代表的犹太复国主义者最初想把以色列建设成一个极度世俗的国家，然而，事与愿违，无论过去还是现在，犹太教对于犹太人的群体认同始终至关重要。

　　周五傍晚，西墙广场人山人海，身穿军服的士兵、西装革履的教徒、穿着便服的犹太人齐聚一堂，在西墙的两边唱歌跳舞、聚会聊天。

　　身穿黑色长款外套、留着鬈发、戴着礼帽的极端正统派犹太教徒远离载歌载舞的人群，在角落默念经文，他们又被称为哈瑞迪人（Haredim）。这些男性至今仍保留着"二战"前东欧封闭式的生活方式，他们无须工作，无须纳税，不服兵役，全靠政府发放的补贴和妻子的收入生活。自幼儿园起，哈瑞迪人便执行男女分班。14岁后，男孩不再接受世俗教育，他们每天前往宗教学校研读犹太经典，过着以宗教为中心的生活，不看电视，不上网。以色列有专供哈瑞迪人使用的手机和电脑，这些设备屏蔽了电影、电视和网络，只保留最基本的功能。

　　　　　　　　　　　　　　　　　看不见的中东

不同于大部分优雅、体面的犹太人聚居区，哈瑞迪人聚居的梅阿谢阿里姆社区（Mea She'arim）街道狭窄，垃圾零落，水管、空调管线、电线沿着建筑外墙飞檐走壁，道路两旁贴满小广告。隔街相望的阳台挨得很近，床单被套从窄巷上空垂下，蹭着脏兮兮的外墙随风飘荡。

由于教义禁止节育，几乎每个哈瑞迪家庭都育有6—15个孩子。他们总是神情严肃，不苟言笑，尽量不与外人接触，尤其是异性。

在世俗犹太人看来，生育率极高又不事生产的哈瑞迪人可谓"文明毒瘤"，为了供养他们，政府不得不从纳税人所缴的高昂赋税中抽取一部分，为了填补他们造成的兵役空缺，其他以色列人不得不承担更多的兵役。

不过，一位耶路撒冷朋友提供了不一样的视角，他告诉我，自出生起，哈瑞迪人的命运就板上钉钉了。有的男孩打从心底不喜欢这样的生活，毕竟现代社会近在咫尺，他们知道耶路撒冷有酒吧，有丰富的文化娱乐活动，可是，他们自小接受宗教教育，不学习数学、英语、科学等学科，与主流社会完全脱节，不具备在世俗社会谋生的技能，更何况，离开原生环境意味着抛下父母、家庭、朋友和宗教领袖。面对过多的困难和过高的代价，他们只能蜷缩在原地，不敢反抗，无从逃离。

5

耶路撒冷是一个被历史和传说塑造的城市，每个宗教和派别都执着于自己的宗教故事和宗教经典。耶路撒冷也是一个被未来塑造的城市，三大宗教的教徒都渴望在末日审判时在这里获得重生。不过，西化的年轻人才不理会宗教的繁文缛节，对他们来说，当下的快乐才是最重要的。

普珥节[1]的晚上，雅法路上张灯结彩，人声鼎沸，迎面而来的，是踮着脚蹦蹦跳跳的"鬼怪"、到处吓人的"僵尸"、手握权杖的"非洲部落酋长"、背着武士棒的"忍者神龟"。汉堡店里，"蜘蛛侠"正在吃薯条；面包店里，"钢铁侠"正在结账。四个小孩打扮成加勒比海盗的模样，摆出酷酷的表情，簇拥在父亲身边。

大约是穿上了盛装并喝了酒的缘故，犹太人比其他任何时候都开朗、活泼、热情。听说我来自中国上海，他们用蹩脚的中文大喊道："我是犹太人！"随后不忘加上一句"I love China"。

打扮成古埃及法老的小伙子激动地对我说，当犹太人被纳粹屠杀、无处可去时，是上海对他们伸出了援手。

"没有上海人，就没有今天的我！""法老"放下王者风范，握着我的手拼命致谢。

一位DJ站在面包车的顶棚操弄设备，热烈的音浪滚滚而来，密密麻麻的犹太人围绕在面包车边高举双手，跟着音乐疯狂蹦跶。淘气的小孩在我身边放了个划炮，我本能地缩起肩膀，躲开几步，脑中闪过人员密集场所爆发恐怖袭击的画面。然而，除我之外，没有人表现出担忧和恐惧。人们全然不顾日常礼仪，直接坐在地上啃食比萨，或拿着酒瓶躺在路边。平日里整洁的大街，此时一片狼藉。

---

1 普珥节（Purim），纪念古代波斯帝国的犹太人躲过了宰相哈曼的灭犹阴谋的节日。为了庆祝这个传统节日，犹太人会举办盛大的化装游行活动。

看不见的中东

在群魔乱舞的人群中，偶尔能瞥见一两位哈瑞迪人安静地坐在一边喝酒。不能与外界交流的他们不会加入狂欢，但普珥节是一年里唯一一个允许哈瑞迪人喝醉酒的节日。这个夜晚，或许是他们与现代生活、与西化的犹太人最近距离接触的时刻。

6

第二天的雅法路颓废得如同宿醉的大汉。满地的垃圾和酒瓶已被清理干净，奇装异服的人们形单影只，很难掀起昨夜的风浪。节日氛围戛然而止，耶路撒冷又恢复了往日的肃穆、深沉。我按照计划，坐有轨电车前往大屠杀纪念馆。

电车一路爬坡，越接近纪念馆，人烟越稀少。我和车上最后几位乘客一起在终点站下车，车站附近一片荒寂，我正犹豫该往哪里走时，一位犹太大叔主动上前，问我是不是要去大屠杀纪念馆，随后指了一条小径。

存完包，我跟随人流一起踏入这栋灰色的钢筋混凝土建筑。三角形的通道笔直向前，两侧的灰色墙体倾斜而上，汇聚到尖顶，只留下一道可以望见天空的缝隙。通道两旁有十个展厅，600万犹太人被纳粹屠杀的历史徐徐展开。

屏幕上正在播放老人们对大屠杀的回忆。故事往往围绕饥饿和死亡展开，一位目光呆滞的老人平静地提起自己曾亲眼看着朋友被枪杀，另一位老人流着泪承认他曾为了生存而出卖了同伴。有一位老人讲述集中营的故事时始终面带微笑，仿佛是在讲述隔壁邻居家的趣事。最后，他说："很多人问我为什么笑得出来。"说罢，他收起笑容，目光空洞地望着远方说："正是因为可以笑，才让我在大屠杀中活了下来，不然我会永远哭泣。"屏幕黑了一会儿，继续播放下一个故事。

一个巨大的投影幕布正在播放人们处理尸体的黑白画面。几乎瘦成骨架的裸体如同毫不起眼的货物，被搬运、堆积到一起，随后，推土机缓缓前进，一股脑把尸体推入事先挖好的大坑。

在大荧幕上目睹这场规划缜密、有序执行的种族灭绝行动，令人感到生理不适。画面一遍遍循环播放，人们一遍遍处理尸体，他们双目空洞，动作机械，看不出任何情绪。根据汉娜·阿伦特[1]的分析，这些大屠杀的执行者并非一群嗜血之徒，而是一群再正常不过的普通人。起初，他们或许对执行这"违背本能"的任务有着天然的不适和抵触，但在纳粹的教导、迷惑和强权之下，他们为了成为"守法公民"，为了唯命是从，不惜一切代价，甚至克服了自己不愿杀人的本能。

纪念馆尽头的一边是姓名厅，锥形的拱顶上满是犹太遇难者的照片，它的入口处写着——"男人，女人，孩子，一个曾经存在却被摧毁的犹太世界"。

纪念馆尽头的另一边是一个黑暗的展厅，展厅里只有一个屏幕。伴随着低沉哀伤的音乐，一行行句子缓缓浮现在黑色的屏幕上。

"当务之急不是杀德国人，而是救犹太人。"

1　汉娜·阿伦特（1906—1975），德国犹太人，哲学家、思想家、政治理论家，著有《极权主义的起源》《人的境况》等。在《艾希曼在耶路撒冷》中，汉娜·阿伦特通过对纳粹战犯艾希曼的分析，提出"平庸之恶"的概念，引发了西方思想界长达50年的争论。

　　　　　　　　　　　　　　　看不见的中东

"有时，旅程只是三五个小时，有时，同样的路，却走了一生，直至死亡。"

"渐渐地，我们重新走进生命的大河，但我们从未痊愈。"

走出大屠杀纪念馆时，黑云压城，冷冽的风如同密密麻麻的小针，不停地往脑袋上刺。

大屠杀并非纳粹的独有行径，历史上，屠杀过犹太人的有罗马指挥官提图斯、罗马皇帝哈德良、俄国沙皇等。大屠杀也绝非"二战"中的偶然产物，历史上，丧心病狂的屠杀、对女性大规模的强暴、对文物的大肆毁灭屡见不鲜，近有"伊斯兰国"对雅兹迪人[1]的屠杀，远有南京大屠杀、卢旺达大屠杀等。在更遥远的年代，"征服"更是时常伴随着屠城，伴随着毁灭一切人与物。

即使科技的脚步一路飞奔，也阻止不了人类反复踏进同一条血的河流。

7

顺着大马士革门外的阿拉伯聚居区，可以一路步行至橄榄山。从圣经时代到今天，橄榄山一直是犹太人的墓地。《旧约》中说，橄榄山将是末日审判时耶和华降临的地点，犹太人相信，葬在这里可以优先进入天堂。每天清晨，零星的犹太人早早来到

---

1 信奉雅兹迪教的雅兹迪人主要分布在伊拉克、叙利亚、亚美尼亚、格鲁吉亚、土耳其等国，以伊拉克的社群最为庞大。随着"伊斯兰国"入侵伊拉克，雅兹迪人惨遭种族迫害与屠杀。

这里念诵经文，凭吊故人。一座座石棺和墓碑紧凑地排列在一起，仿佛排着队等待末日审判的到来。

从墓碑间，可以望到神在尘世的居所——圣殿山。日落时分，耶路撒冷的地标——圆顶清真寺沐浴在夕阳之中。金色的穹顶宛若一团永恒的火焰，昭示着这座城市的命运——没有人能分开火焰，也没有人能熄灭这永恒之火。历史上，定居者、殖民者、朝觐者不断厮杀，耶路撒冷屡次生灵涂炭、尸横遍野。近一百年来，缓和冲突的机会一再丧失，不同宗教和不同民族的人们如同在刀尖上跳舞，小心翼翼地维持着脆弱的和平。

每周六，耶路撒冷都有不同主题的免费城市步行导览。一个周六，志愿者带我们参观了1948—1967年间被以色列和约旦分治的街区。那时，街道的一边住着阿拉伯人，另一边住着犹太人，人们有时互相递送报纸、分享信息，有时又因大事小事而起冲突。这里像是耶路撒冷的一个缩影，在很小的区域里，可以看到完全不同的宗教信仰、政治主张和身份认同。

耶路撒冷比世界上任何地方都需要宽容，但和平、包容谈何容易，哪怕是昨日笑脸相迎的邻居，明天也可能兵戎相见。个体的命运就这么被时代和政治裹挟着，很难置身事外、独善其身。

11... 活着就是幸运

1

在耶路撒冷的阿拉伯长途汽车站，我坐上了开往巴勒斯坦城市伯利恒的大巴。大巴没有Wi-Fi，没有充电口，座椅的布质椅套被磨得露出了毛边，与以色列的大巴相去甚远，但价格倒是相当便宜。

自2002年6月起，以色列沿着1967年六日战争前的巴以边界线修建了一堵安全隔离墙，旨在将约旦河西岸的巴勒斯坦与以色列彻底隔离，阻止巴勒斯坦激进组织的成员袭击以色列。相隔10公里的伯利恒和耶路撒冷就这么被一堵灰墙隔开了。

游客可以持以色列签证进入巴勒斯坦。沿途有一个巴勒斯坦士兵驻守的站点，但无须盖出入境章，无须接受复杂的检查。

下车后，我根据沙发主蕾拉发来的地址，步行至一家木雕店。推开门，坐在角落的蕾拉向我招了招手。她个子很矮，身材微胖，一头浓密的卷发束在脑后，黑灰色的眼影顺着夸张的眼线晕开，薄薄的嘴唇上抹了浓重的红色口红。这样的外形很符合她在网站上的自我介绍——"我是一个派对动物"。

"中国人应该更爱绿茶吧？"蕾拉问我要喝红茶还是绿茶，我说我更喜欢红茶。

木雕店的货架和展示柜上摆满了不同尺寸的耶稣雕像。伯利恒是耶稣出生的地方，是基督徒心中的圣地，这些木雕都是卖给朝圣者的。

泡好茶，我和蕾拉聊起了家常。以色列和巴勒斯坦的大部分年轻人都能说一口流利的英语，蕾拉也不例外，但我不太敢畅所欲言，因为阿拉伯人和犹太人矛盾重重。对于历史和现状，他们时常有迥异的看法。在犹太人的视角里，以色列的历史是从大屠杀到重生的民族解放故事，他们倾向于通过探讨移民的原因和意图来合理化自己的行为。在巴勒斯坦人的视角里，近代史是抵抗侵略者和殖民者的历史，他们侧重于用结果来证明自己受到了侵犯。双方各执一词，我夹在中间，既渴望交流，又担心说错话，好在蕾拉主动打开了话匣子。

以色列建国后，巴勒斯坦人的生存空间不断被挤压。蕾拉的父亲年轻时不堪忍受动荡的生活，辗转去国外打工，与一位来自尼加拉瓜的女子生下了蕾拉。回到故土后，他与大量流离失所的巴勒斯坦人一样失去了公民身份，作为女儿，蕾拉也只能沦为"黑户"，她没有护照，不能出国，就连去以色列都是非法的。自打有记忆起，她只冒险去过一次埃拉特和特拉维夫。

"万一被抓到怎么办？"

"被抓到可能要坐牢，所以我后来就不敢了。"

如今，蕾拉的父亲生活在巴勒斯坦城市拉马拉，母亲早已回到尼加拉瓜，与他们断绝了往来。用蕾拉的话说，她是"自己长大的"。小时候，父亲不怎么关心她，长大后，她也很少回去看望父亲。

时间已经接近傍晚，蕾拉和朋友打了个招呼，就带着我离开了。我们走在一条上坡的小道上，街道空无一人，没有车辆经过，路边的小店基本大门紧闭。

蕾拉带我走进一家还在营业的碟片店。除了墙上贴着的几张电影海报外，这个15平方米的店铺几乎没有任何装饰。老板把脸埋在电脑屏幕后面，丝毫不关心我们两个客人。架子上摆满了经典电影的盗版碟片，大部分外壳都被磨得失去了光泽，有的还积了一层厚厚的灰。

"中国没有碟片店吗？"见我拿起手机拍照，蕾拉诧异地问。

"小时候有，现在大家都在线观看或下载电影了。"

蕾拉在货架前来回踱步，挑出几张泛黄的碟片，走到柜台前，递给老板。她告诉我，老板会把客人选中的电影资源刻在一张光盘里，每部电影售价约人民币5元。在人均月收入约1500谢克尔（当时约合人民币3000元）的巴勒斯坦，这个价格算不上便宜。

"不过我喜欢看电影，所以无所谓了，周星驰、成龙的电影我都看过。"

说话间，老板已经刻好了光盘。蕾拉把它放进包里，心满意足地带着我离开了。

蕾拉的家位于一处山顶。这是一栋蜜色石砖砌起的平房，外墙崭新，白色的铁艺门小巧别致，门旁簇拥着几丛黄色的野花。

一进屋子，气氛一下子变了。偌大的客厅里堆满了挂钟、木雕和画，客厅的门四通八达，通往几个小厅，小厅里依旧是没完没了的工艺装饰品。与其说这是一个家，倒不如说是一个仓库。几个小厅没有主灯，只有墙上几盏昏暗的壁灯提供照明。在暗黄的灯光下，桌上的动物、人物塑像面露凶光，像极了侦探小说的案发现场。

蕾拉接待过不少沙发客，已经习惯了外人对这个家的诧异，她笑着告诉我，"他"在隔壁开了一个木雕厂，厂里堆不下的东西就被搬回家里。聊了一会儿，我才明白"他"是蕾拉的男朋友，但她似乎很忌讳说出"男朋友"这个词，总是以"他"来代称。阿拉伯文化普遍保守，一般来说，女性不被允许自由恋爱，婚前不能有性行为。然而，蕾拉的这位男朋友不仅与她维持着非法同居的关系，而且几乎与她的父亲同龄。

蕾拉与父母疏于联络，一度在难民营独自居住了两年。在巴勒斯坦这个失业率居高不下的地区，留给女性的工作机会本就不多，她只能靠打零工艰难度日。如今，算得上是她人生中最安逸、最快乐的时光。

蕾拉是一个不需要提问就可以滔滔不绝的姑娘，短短一会儿，她就把她的亲戚、前男友都向我介绍了一遍，当我顺着话题追问他们的现状时，得到的答案经常是"他们在战争中去世了"。提起亲人和爱人的离世，蕾拉总是一笑置之。她像是困在飓风中的纸屑，除了随遇而安，别无他法。

"他"突然打来电话，说马上要回家，让蕾拉准备点食物。

厨房像是刚刚准备完一场百人派对，油腻的餐盘和切了一半的蔬菜堆得到处都是，与摆满工艺品的家一样混乱无序。蕾拉在冰箱里翻找了一会儿，取出一点谷物，配上橄榄油和香料，煮成一锅热汤。我一边给她打下手,一边问起她对巴勒斯坦的看法。

"我最喜欢巴勒斯坦的一点是,这里没有无处栖身的人,即使你没有家,也可以去住难民营,无论白天有多少人在街上乞讨,晚上也没有人睡在大街上。"蕾拉骄傲地说。

热汤已经煮开了,但"他"迟迟没有回来。

"可能又去忙别的事了,他经常这样。"蕾拉盛了一碗热汤递给我。在这冷冰冰的阴森宅邸里,一碗热汤一下子驱散了我的寒意。

蕾拉挑出一张碟片,和我一起坐到沙发上看成龙的电影,她告诉我,伯利恒是个无聊的地方,她在这里没有亲戚,晚上无处可去,大部分夜晚,她只能看电影打发时间。蕾拉很喜欢接待沙发客,因为她希望晚上能有人陪着她,哪怕不说话也行。直到我陪她看完两部成龙的电影,"他"也没有回来,蕾拉也没有打电话去问。

蕾拉为我准备的客房凌乱不堪,各个季节的衣物杂乱地堆在床上,黏糊糊的化妆品尘封在梳妆台上,几个装满杂物的塑料袋倚靠在墙边。我把床上的衣服堆到一边,清理出一块地方,就倒下睡了。

2

第二天中午,蕾拉带我前往靠近隔离墙的阿依达难民营(Aida Camp)。这个建于1950年的难民营占地0.71平方公里,接收了来自耶路撒冷和希伯伦西部35个村庄的难民。[18]从外表看,阿依达难民营只是个不起眼的居住街区,帐篷已经被改建成永久的水泥住宅，这里有一所学校，一公里外有一家医院。

刚来伯利恒时，蕾拉就住在这里。由于难民太多，每个人分到的房子面积有限。蕾拉分到的房子小得如同牢房，把生活用品安置妥当后，就几乎没有转身的空间了。房间里没有家具，她只能捡一些破地毯铺在地上，吃饭和睡觉都在地毯上完成。房间几乎没有采光，仅有的一扇小窗紧挨着隔壁一栋楼的水泥墙壁。有的大家庭实在住不下，只能在原有的建筑上加盖一层危房。

供水和供电一直是棘手的问题。如今，每两周有两天供水，居民会在这两天囤好半个月的生活用水。夏天是最缺水的季节，有时，居民不得不花十倍的价钱额外买水。停电也是家常便饭，一到用电高峰，电网便会过载、跳闸。大部分人赚到一些钱后，就会搬离这里。

白天的难民营冷冷清清，几乎没有行人。狭窄的街道还算干净，水泥房屋的外墙裹了一层淡淡的污垢。小卖部里货架空空，一眼望去，只剩五个鸡蛋、十来个罐头、三个打火机和几盒饼干，但价格倒是经济实惠。有的阳台外挂满了一家老小的旧衣服，有的墙上涂了各种各样的颜色，写着巴勒斯坦人美好的愿望——"为了巴勒斯坦的自由"。

难民营外的路边是一整块一整块的涂鸦墙，每一块墙壁都画了一个巴勒斯坦的村庄——有的傍水而居，有的坐拥田野和森林，有的被群山环绕。每幅画的上方都写了这个村庄的名字。蕾拉说，这是迁居至此的巴勒斯坦人画的，他们画下家乡的模样，既是为了寄托对故土的思念，也是为了警示后代，希望他们不要忘记曾经的家园。

"不过，很小就搬到这里或出生在这里的孩子根本没有'家园'的概念，他们把难民营当成了'家'。你知道的，时间可以抹去一切。"蕾拉叹了口气道。

"家园"这个词在这片土地上意义迥然，对犹太人来说，这里是历经大流散和大屠杀之后好不容易争取来的"应许之地"[1]，但对巴勒斯坦人来说，"家园"却是面目全非的、再也回不去的故乡。

难民营的入口处有个横跨街道的拱门，拱门上方有一把巨大的钥匙，它喻示着巴勒斯坦人带着家乡的钥匙和褪色的地契来到这里，终有一天，他们会拿着钥匙回归故土。

难民营距离隔离墙很近。隔离墙高达8米，完工后全长约750公里，配有带刺的铁丝网、电栅栏、瞭望塔、狙击塔。它像是一个刺眼的灰色混凝土怪物，把这片土地硬生生分成了两块。从结果来看，隔离墙确实减少了巴勒斯坦激进组织的自杀式爆炸行动，但这种"减少"究竟归功于隔离墙的建立，还是长期驻扎在巴勒斯坦城市内外的大批以色列军队，还没有定论。可是，隔离墙的建立却实实在在影响了20万巴勒斯坦人的生活，[19]他们之中，有的被迫放弃农田，迁居别处，有的再也不能去隔离墙的另一边上班、上学。

隔离墙上满是各国人民留下的涂鸦。有的人在墙上画了一个裂缝中的耶路撒冷地标——圆顶清真寺，暗示如果没有隔离墙、没有故意挡住视线的建筑，从如今的巴勒斯坦，可以眺望到巨大

---

1 应许之地（Promised Land）：据《旧约·创世记》记载，上帝与以色列人的祖先亚伯拉罕立约，把"流着奶与蜜"的迦南地区赐给他的后裔。

的金色圆顶。有的人写下"做鹰嘴豆泥，而不是建隔离墙"[1]，呼吁放弃冲突，重归和平。有人模仿中国的拆迁，在圆圈里写下"拆"字。

墙上张贴着一则则巴勒斯坦人的短故事。其中一则写道，在拉马拉的一处难民营，当木头燃尽，女人只能燃烧旧鞋子和破布。以色列士兵过来把火焰扑灭，一个女人大叫道："去告诉你们的长官，无论你们对我们做什么，我们都不会让孩子饿肚子，我们需要用火来烤馕。你们别妄想摧毁我们的意志。上帝创造的东西，没有人可以毁灭！"

每个故事大抵都在控诉犹太人对巴勒斯坦人施加的暴行，诉说巴勒斯坦人的愤怒和无助。

巴勒斯坦在世界上毫无疑问是失语的，正如著名的美籍巴勒斯坦裔文学批评家爱德华·萨义德所说："我们没有著名的爱因斯坦、夏加尔、弗洛伊德和鲁宾斯坦[2]，用他们遗留下来的显赫成就来保护我们。"[20]

当全世界都在同情犹太人在"二战"中惨绝人寰的遭遇时，巴勒斯坦人一定想不到，他们将为之承担后果。以色列建国后，100万巴勒斯坦人中约有四分之三沦为难民。[21]在巴勒斯坦问题上，以色列惯用强硬手段，他们插手生活的方方面面，全面抹杀巴勒斯坦人的共同记忆。巴勒斯坦村庄被推土机夷平，村庄的阿拉伯语名字被希伯来语替代，一个个家庭被分割在了停火线和隔

---

1   "Make Hummus, not Walls"。鹰嘴豆泥是一种中东特色食品，制作方法是把鹰嘴豆磨成泥，浇上芝麻酱，淋上橄榄油，再配上特制的香料。
2   马克·夏加尔（1887—1985），著名画家，出生于俄国的犹太人。阿图尔·鲁宾斯坦（1887—1982），著名钢琴演奏家，出生于波兰的犹太人。

离墙的两端。加沙艺术家法斯·加宾因为在一幅画作中使用了巴勒斯坦国旗的颜色，被判入狱六个月。纳布卢斯的纳贾赫大学因举办了一场巴勒斯坦文化展览，被迫关闭四个月。

冲突、杀戮、苦难、重建反复上演，在这大浪淘沙中，受苦最多的，永远是渺小的百姓。对此，萨义德描述道："我们在边境被拦挡，被成群地赶进难民营，被禁止重新入境和定居，被组织从一处到另一处旅游，我们的土地被夺走更多，我们的生活被蛮横干预，我们的声音不能传达给彼此，我们的身份被局限在令人恐慌的小岛上，周围则是由更强大的军事势力组成的冷漠环境。"[22]

如今，约旦河西岸和加沙是留给巴勒斯坦人的最后一片土地，不过，随着犹太定居点的不断增加，这片仅有的土地也正在被蚕食。巴勒斯坦作家拉贾·舍哈德[1]悲观地写道："究竟是我还是巴勒斯坦会首先消失，还没有答案。"[23]记录和讨论的缺失，让巴勒斯坦的苦难不被世人关注。

在隔离墙的两边，我总能听到截然不同的描述。对同一片土地，巴勒斯坦人的描述是：这座曾经繁荣的巴勒斯坦城市于1948年被犹太人摧毁。犹太人的描述则是：一度被废弃和摧毁的空城如今正在犹太人的建设下欣欣向荣。双方都在截取有利的片段，来佐证自己对这片土地的合法占有。呼吁和平虽然听上去政治正确，但却像极了苍白无力的呐喊。巴以冲突的背后，是对有限土地和资源的争夺，是国际关系的角逐，是残酷的政治斗争。

1　拉贾·舍哈德（1951—　），作家，律师，在拉马拉创办了巴勒斯坦人权组织阿勒—哈克（Al-Haq），著有《漫步巴勒斯坦：记录一片正在消失的风景》。

蕾拉对这一切早已麻木，没有向我抱怨过什么，对她来说，生存已经很不容易，任何额外的情绪都是一种负担。她总是表现得乐观、豁达，满足于每一点食物、每一位朋友、每一次交谈。比起愤怒和不满，她更愿意与他人分享快乐，毕竟，在这片动荡的土地上，活着就是幸运，又何必给自己平添烦恼呢？

12... 纳布卢斯的家庭生活

1

在一个转乘车站，我买了一份用辣椒酱拌的玉米。巴勒斯坦的物价让我重获新生，在以色列只够买一听可乐的钱，在巴勒斯坦能买到足足两升可乐。车站附近是商铺林立的市场，小贩们在路边支起摊位，大声叫卖，地上垃圾零落，空气中飘浮着肉眼可见的灰尘。我担心玉米会落灰，只好狼吞虎咽，匆匆吃完了事。

回到车上，身边的巴勒斯坦小伙子用英语向我问好，他叫优素福，身形消瘦，两颊微微凹陷，只有一双大眼睛强撑起年轻人的精气神。得知我要去纳布卢斯，他颓丧的脸上泛起笑容："你竟然要去我的家乡，欢迎，非常欢迎！"

纳布卢斯是约旦河西岸最大的城市。根据联合国近东巴勒斯坦难民救济和工程处（UNRWA）的数据，截至2020年12月，登记的巴勒斯坦难民已达560万。[24] 能从自顾不暇的巴勒斯坦人中找到一个愿意接待沙发客的家庭，实属不易，为此，我不惜从伯利恒辗转换乘三辆车前往纳布卢斯。

优素福告诉我，19岁时，他与父亲一起加入了巴勒斯坦激进武装组织，但没过多久，他就被送进了以色列监狱，一关就是三年。

"在监狱里，我想了很多，以前太年轻了，根本不知道自己在干什么。"优素福低着头，搓着手背上的几道疤痕，叹了口气。

面包车终于坐满出发，挤进长长的车流。行人们拎着购物袋横冲直撞，司机们夹在车流和人流之间，束手无策，只好不停地按喇叭以示抗议。我不停地看时间，担心无法准时到达纳布卢斯，优素福倒是一点儿也没被鼎沸的噪声影响心情，他一动不动地注视窗外，盯着成群结队的孩子在玩具摊前留恋，又目送他们转战玉米摊。直到面包车提起速度，他才喃喃自语："自由的感觉真是太好了。"

我问起以后的打算，优素福说，愤怒对他没有好处，是时候接受现实，重启生活了。出狱后，优素福去过几趟以色列，过去的他做梦也没有想到犹太人竟能把城市建设得如此秩序井然、适宜居住。他打算好好学习希伯来语和英语，去以色列谋生。

车窗外，翻滚的乌云笼罩着灰暗的大地，暗淡的树丛点缀在山间，青草地上乱石散布，撞烂的车皮架子被弃置一旁。检查站的士兵们耷拉着脸，每个人都挎着一把不知转了几手的步枪。

阿拉伯人渴望重现黄金时代的辉煌，犹太人渴望回到应许之地大展宏图。迥异的民族理想，使得他们很难为同一个国家服务，唯一可行的解决方案是建立两个主权国家，然而，领土分配问题随之而来。如今，犹太人把沿海的港口城市和耶路撒冷都收入了囊中，只给巴勒斯坦人留下西岸地区山丘地形的内陆城市和加沙，后者作为巴勒斯坦唯一一个沿海城市，曾一度处于以色列的控制和封锁之下。

快到纳布卢斯时，优素福突然转过头来，郑重地对我说："看到还有你这样的游客来巴勒斯坦，我就觉得我们还没有被遗忘。再次欢迎你来到我的家乡！"

傍晚，面包车停在了纳布卢斯的集市外，优素福与我匆匆道别，消失在了来来往往的行人之中。狭窄的道路两旁停满了车，商铺林立，小贩们的叫卖声像是爆米花，在空气中噼里啪啦地爆开。沙发主玛丽姆径直向我走来，她高高瘦瘦，穿着裹住全身的藏青色长袍，戴着黑色的头巾，颧骨很高，眼窝很深。接待过许多沙发客的她沉着地与我寒暄了几句，提议先去她父亲的粮油店坐一会儿，待关店后再一起回家。

玛丽姆的父亲用白布在头上缠出一个白帽，蓄着白色的络腮胡，个子不高，非常壮实。我礼貌地伸出右手，他耸耸肩，把双手举在耳畔"投降"，笑着示意我——他不能与家人之外的女人握手。他搬出一个小板凳让我坐着，又从储藏室里拿来一包薯片塞给我。粮油店的货架上摆放着食用油、面粉和调味料，傍晚，顾客寥寥。看得出来，父亲的人缘不错，总有路过的朋友进来与他打个招呼，聊上几句。

父亲收拾完店铺，拉上卷帘门，带着我们坐出租车回家。沿途没有检查站，没有巡逻士兵，车子七拐八拐地上山，灯光星星点点遍布山野。等天完全黑透，出租车司机踩下刹车，把车停在了玛丽姆位于半山腰的家门口。

推开铁门，玛丽姆的母亲正在厨房里边哼小曲边做饭。厨房的褐色地柜看上去有些年头了，墙面贴着淡黄色的瓷砖，正中间摆着一张四人方桌，墙边叠着几只白色的塑料凳子。

母亲正在做一种叫"玛聚卡"（maajouka）的阿拉伯甜品，见我好奇的样子，她把勺子交给我，嘱咐我要不停地搅拌。脱下长袍和头巾的玛丽姆仿佛卸下了一层壳，终于露出笑容。她把一头齐肩短发束在脑后，撸起袖子，给母亲打下手。还在上小学的妹妹也到厨房来帮忙了。哪怕在家，她也坚持把头发塞进头巾，只露出一张鹅蛋形的脸和一副红框眼镜。她一边帮妈妈剥蒜，一边用余光偷偷打量我，一旦与我的目光相遇，她就赶紧低下头，假装捣鼓手上的蒜，一张白皙的脸蛋涨得通红。

母亲在我搅拌完的"玛聚卡"上撒上花生和松子，放进冰箱，说明天就可以吃了。我和玛丽姆就着母亲刚刚拌好的沙拉，把一锅加了豆子和藏红花的米饭吃了个底朝天。

从厨房往里走，是客厅和四个房间。家里铺了灰色的水磨石地砖，褐色的布艺沙发上方挂着一幅以色列建国前的巴勒斯坦地图，地图上的重要地名都用阿拉伯语标注了出来。沙发边有一张长方形的大长桌，桌上的漆被磨得深一块浅一块。

玛丽姆的两位哥哥已经成家，我被安排在他俩留下的空房里休息。房间有一张深棕色的双人床和一张单人床，衣柜门的合页难以合上，总是耷拉在一边，床头上方，同样一幅以色列建国之前巴勒斯坦的地图挂在了醒目的位置。

2

第二天正值周五，是穆斯林的周末，也是阖家团圆的日子。玛丽姆的母亲有七位兄弟姐妹，一大早，客厅的沙发上和餐桌边就坐满了亲戚。"玛聚卡"在冰箱里放了一夜,终于凝结完毕。黄油、糖霜、厚奶油凝结在一起,配上最上层的花生和松子,吃起来香甜酥脆,丝毫不亚于甜品店的水准。

戴着藏青色头巾的妹妹抿着嘴唇,拿着英语课本走到我的身边,用很轻的声音问我能否带她念英语课文。她没有书桌,只能趴在地毯上或弓着背坐在沙发上写作业。我们并排坐在隔壁小客厅的沙发上,我的手指随着课文的单词缓缓移动,我念一句,她跟读一句。直到读完两篇课文,她的声音才不再发抖,渐渐平稳下来。

妹妹突然想起了什么,回房间拿来作业本,用磕磕巴巴的英语告诉我,她写过一篇关于中国的作文。

到了适婚年龄,所有人都会开始关注女人的婚姻大事。在中国上海,有一个奇怪的挑选新娘的市场,它每周末开放两天,所有父母都会去这个市场为儿子挑选一位新娘。

我被妹妹的作文逗得直乐。不知从什么时候起,"人民公园相亲角"成了外国人眼中上海的地标,但我确实没有想到,"相亲角"竟如此声名远扬,甚至传播到了长期处于战争阴影下的巴勒斯坦。

妹妹觉得这一点也不好笑,她板着脸告诉我,她和她的好朋友非常同情中国女人。

"为什么你们要卖女人?为什么要让陌生人知道她们的身高、体重、收入?"

我努力用妹妹听得懂的英语向她解释,中国人大多奉行自由恋爱，"相亲"只是个别现象，"相亲角"不是卖女人的"交易市场"，而是操心孩子终身大事的家长们交换儿女信息的场所，这里有女人的信息，也有男人的信息。

妹妹眯着不大的眼睛，用狐疑的眼神打量着我，不太相信我的"辩解"。她合上作业本，眼珠子转了几圈，决定不再追问。

等我们回到大客厅，已经人满为患。几位老妇人抱着年幼的孩子坐在沙发上，女人们围坐在餐桌边，男人们各自靠墙站着，你一句我一句，不时发出一阵欢笑。

玛丽姆的父亲从厨房端来了一锅香喷喷的羊肉抓饭，他用铲子把刚出炉的抓饭和鹰嘴豆拌在一起，给我盛了满满一盘。餐桌的座位有限，女人们紧紧挨在一起，才勉强都有了座位，男人和孩子们端着盘子站在一边，轮流等待盛饭。我也想站起来吃，却被全家人执意按回了座位。抓饭米粒分明，羊肉香气四溢，与解腻的酸奶搭配在一起，相得益彰。一大锅抓饭很快被一抢而空，好在玛丽姆的母亲准备充分，不一会儿，她就端来了第二锅抓饭。

我问玛丽姆喜欢家庭聚会吗，她耸耸肩："谈不上喜欢或不喜欢吧，我们每个周末都这么过，习惯了，如果你嫌吵，我们可以离开。"

我不嫌吵，但一直霸占着餐桌位置有些过意不去，于是我借口吃饱了，跟着玛丽姆和妹妹前往楼顶露台。我提议为她俩拍几张照片，两位姑娘相视一笑，让我稍等片刻。

从玛丽姆家的露台可以望见整个纳布卢斯。惨白的云朵布满天空，千篇一律的蜜色、土色房屋填满整个山丘，除了清真寺的宣礼塔外，没有任何有辨识度的建筑，大部分房屋的外墙渍迹斑斑，看上去久未修缮。

不一会儿，姐妹俩换了一套衣服，戴上头巾，还化了淡妆。玛丽姆穿着她喜欢的牛仔衣裤，坐在露台上，低着头，羞涩地露出笑容。还在读大学的她很少提起对家乡境遇的看法，在阿拉伯社会，政治和战争通常是男人的话题。

玛丽姆接待过不少来自世界各地的女性游客，以欧洲人居多，有时，她会一口气接待三四位沙发客，她的朋友笑称她是"纳布卢斯青年旅舍"的老板。她告诉我，巴勒斯坦没什么娱乐活动，日子千篇一律，接待沙发客是她生活中仅有的"新鲜感"来源。

这天下午，妹妹拉着我下山去接两位来自德国的沙发客，我俩顺着长长的台阶从山腰下到公路，步行前往市中心的集市。纳布卢斯没有现代化的商场和超市，山下的集市是人们主要的购物场所。石砖砌起的集市搭着铁皮屋顶，集市两旁店铺林立，从肉蛋奶到冰镇鲜鱼再到皮鞋、化妆品，一应俱全。肉摊和菜摊前挤满了人，人们占据一个恰当的位置，就开始讨价还价，直到菜叶上沾满唾沫星子，才艰难成交。

最诱人的莫属"法拉费"（falafel）摊位，这种炸豆丸子卷在以色列和巴勒斯坦非常流行，摊主如同机器人般手速飞快，不停地重复"收钱、炸丸子、包卷饼"的动作。"法拉费"是我在以色列的主要食物。以色列物价高昂，一个普通的土耳其鸡肉卷要人民币50—60元，麦当劳最普通的套餐更是贵达80—100元，相比之下，只要20元的"法拉费"物美价廉。

妹妹几次在文具摊前驻足，痴痴地望着粉红色的圆珠笔。我提出给她买几支，她赶紧摇头，说不能让我破费。

接上德国沙发客后，她们问我纳布卢斯有什么好玩的，我想了想，这里全部的生活大概只有工作、逛集市、回家、做饭和家庭聚会，只需大半天，我就能体验完毕，即使多待一天或几天，生活也不过是无限重复。

不过，对于巴勒斯坦人来说，家园尚在，亲友安康，又何尝不是最好的生活？

13... 春天的小丘

1

当我通过沙发客网站联系到拉娅时，她谨慎地告诉我，她和丈夫都65岁了，让我认真考虑是否与他们同住。

拉娅的家位于特拉维夫富人区，附近的街道干净雅致，行人稀少，到处开满鲜花。我一番寻找，来到一栋蜜色双层别墅门口，按响门铃。不一会儿，铁门打开了，拉娅迎上来，给了我一个热情的拥抱。她个头矮小，有一头棕色的卷发，戴了一副酷似哈利·波特的圆框眼睛。与网络上谨慎严肃的语气不同，她的脸上始终挂着稚气未脱的笑容。我问起为何强调年龄，她说，有的年轻人喜欢和年轻人一起泡吧玩乐，如果事先不说清楚，可能会导致双方都不愉快。

推开别墅大门，眼前是一个洒满阳光的客厅。地面铺了米色的大理石，摆了一组蜜色皮质沙发、一组灰色布艺沙发和几张浅蓝色的沙发椅，墙上挂着优雅的装饰画，茶几上有几个造型不同的银色茶壶和一束红色的郁金香。从客厅的落地窗望出去，是一个私人游泳池，泳池边有一张圆桌和一组户外沙发。院子里的紫藤树正值花季，一簇簇紫色的花朵盛开在泳池上方，泳池对面是拉娅老公的私人办公室。拉娅为我安排的住处是一个有独立入口、带独立卫浴的半地下室。这里曾是她女儿的房间，如今，女儿已远赴欧洲留学。

拉娅已经过了退休年龄，但她把每天的行程安排得满满当当——上课、健身、做志愿者、游泳、听音乐会、与朋友聚餐。用她朋友的话说，她像"疯子"一样精力充沛，永远有学不完的东西、做不完的事。

第二天，拉娅要去市区上健身课，开车顺道把我载到了市中心。3月的特拉维夫阳光明媚，道路两旁种满树木，地上绿草如茵，粉色的三角梅簇拥着遍布大街小巷。以色列曾是一片以沙漠为主的土地，为了改善环境，在过去的一个世纪，犹太国民基金种下了2.5亿棵树。[25] 如今，以色列是世界上唯一一个沙漠正在逐渐减少的国家。

一条缓缓向上的道路通向雅法老城。蜜色石砖砌起的房屋错落有致，米色的钟楼屹立在老城高处，精品店、咖啡馆、酒吧、古董店、创意工作室、画廊隐匿在错综复杂的街头巷尾。雅法港口边，密密麻麻的小渔船和小帆船连同一碧如洗的天空一起倒映在沉静的港湾。这里曾是朝圣者前往耶路撒冷的登陆点，也是犹太复国主义者开启建国梦的起点。

1897年8月29日——距离犹太人在世界各地离散了一千多年后，来自英国、美国、俄国、法国等地的197名[26]犹太人代表响应西奥多·赫茨尔的号召，前往瑞士巴塞尔参加第一次犹太复国主义大会，大会确定了犹太复国主义的目标——在巴勒斯坦建立一个犹太人的民族国家。从那以后，一艘艘载着犹太复国主义者的船只相继泊进雅法港，一段新的历史拉开帷幕。

1906年9月7日，本－古里安登陆雅法，港口的肮脏、恶臭和贫穷震惊了这位未来的以色列国父。三年后，在雅法港北郊，一群犹太移民建起一座新城市——特拉维夫。以色列建国后，雅法和特拉维夫合并为特拉维夫—雅法市。

如今的雅法港早已告别了贫穷、肮脏和恶臭。锈迹斑斑的铁皮仓库被改造成酒吧，人们点上一杯啤酒，围着吧台谈天说地。餐厅把桌椅摆到港湾边，支起遮阳伞，铺上雪白的餐布，供应美酒和美食。一支打击乐队摆开阵形，欢快地沿着港口巡演。

从雅法港沿着地中海滨一路向北，14公里长的公共海滩边有各式各样的座椅——遮阳的、不遮阳的、直角的、平躺的、半躺的、奇形怪状的。周末的午后，人们在海边找一个中意的位置坐下，或谈天说地，或闭目养神，或安静地看书。我找了个木质躺椅躺下，阳光穿过遮阳顶棚的缝隙，在沙滩上留下栅栏般的斜影，海水从水蓝过渡到宝蓝，向着远处无边无际地延展。

沙滩上，穿比基尼和泳裤的年轻男女分立在黄色球网两侧打排球，一旁的小女孩眼睛追着球转，对着空气做出扣球的动作，用意念加入球赛。两位面容英俊、身材匀称的青年手牵着手，在不远处的长凳坐下，一位取出吉他，在琴弦上轻轻撩拨，另一位循着旋律低声吟唱。孩子们坐上秋千，来回荡漾。遛狗的人沿着沙滩一路小跑，狗摇着尾巴跟在身后。一对对情侣——同性的、异性的——依偎在一起，静静地望着海平面。

我脱下运动鞋提在手里，光着脚踩上沙滩。细腻的沙子被太阳晒得温温的，棕榈树伸展着叶片，浪花轻拍沙滩，海鸟与风筝一起在空中飞舞。几块冲浪板和两艘帆船搁浅在沙滩上，两位比基尼姑娘躺在垫子上，享受着日光浴。

以色列税收高昂，但公共设施完善。海滩边，每隔一段距离就有免费的卫生间、更衣室、储物柜、淡水冲淋设备和健身器材，沙滩与公路的交界处有冲脚的水龙头。沙滩上的一摞摞躺椅供人们自行取用，倘若不愿暴晒，可以把躺椅搬到一旁的遮阳亭下。提供躺椅的区域配有瞭望塔，救生员在此照看海滩。

傍晚，天幕由蓝而紫而红。几位青年正迎着落日，踏板冲浪，不远处，一条与海滩平行的自行车道上满是骑行的男女老少。少年们在浅滩边奔跑，争抢一只足球，牛高马大的兄弟旁若无人地练习单手倒立，年轻女子踩着滑板从人行道一路滑向海滨，如古希腊雕塑般健美的帅哥们赤裸着上半身，在健身器材区切磋引体向上。

犹太复国主义者曾渴望创造一种"新犹太人"，一种不同于苍白、懦弱、如同牲畜般被关进集中营的、任人宰割的犹太人。短短一百年后，热爱运动、坚韧自信、活力四射的"新犹太人"遍布特拉维夫海滩。

太阳缓缓落入海中，晚霞染红海水。"新犹太人"们陆续起身离开，前往街头巷尾的餐厅和酒吧。

2

"二战"前，反犹主义盛行于世界各地，犹太人在苏联受到迫害，在波兰遭到歧视和排挤，在伊斯兰国家被视为二等公民，在欧洲被禁止务农、禁止从事手工业。希特勒上台后，反犹主义被推向巅峰。共同的苦难将犹太人前所未有地团结在了一起，他们渴望建立一个主权国家，防止遭遇排犹浪潮和种族灭绝时无处可去。

建国之初，以色列自然资源贫乏，基础设施薄弱，食品只能定量供应，经济处于崩溃的边缘。为了挽救这个年轻的国家，奉行实用主义的以色列国父本－古里安力排众议，接受德国的战争赔款和外国捐助[1]，改善住房条件，修建公路和通信系统，建立电力网络，修建全国输水系统。20世纪50年代中期，以色列超越德国和日本，成为全世界经济发展速度最快的国家。[27]几十年间，犹太人以欧洲的"花园城市"为模板，把特拉维夫打造成了一座现代化大都市。

以罗斯柴尔德男爵[2]的名字命名的道路中央开辟了一片街心花园，人行道和自行车道位列两侧，中间是一片狭长的草皮。绿色的共享自行车整齐地停成一排，十几张躺椅摆在花园中央。阳光穿过浓密的树荫，洒在人行道上，散步至此的人们找个躺椅躺下，连接上随处可见的高速公共Wi-Fi，享受周末的悠闲时光。

道路两旁满是四五层的公寓，它们的外墙大多白得耀眼，水平和垂直的线条构成不对称的网格，勾勒出建筑的轮廓，长方形的窗户无边框地嵌在外墙上，没有一丝冗余的装饰。这些包豪斯

---

1 在以梅纳赫姆·贝京（1977—1983年任以色列总理）为代表的部分犹太人看来，接受德国赔款意味着把死于大屠杀的犹太人作为利益交换的工具。贝京愤怒地指出，任何一个有尊严的犹太人都不会考虑与德国人谈判。
2 埃德蒙·詹姆斯·罗斯柴尔德男爵（1845—1934）是罗斯柴尔德家族的法国成员，法国银行家、慈善家、收藏家，也是犹太复国主义运动的坚定支持者。在以色列建国的过程中，他给予了大量资金支持。

建筑，让特拉维夫有了"白城"的称号。

德语"包豪斯"一词由德国建筑师瓦尔特·格罗皮乌斯（Walter Gropius）创造，意为"房屋建造"。1919年，国立包豪斯学校在德国成立，但创办仅14年后，这所学校就因自由、前卫的办学理念而被贴上"堕落"的标签，被纳粹强行关闭。

20世纪30年代，包豪斯的几位重量级导师离开德国，700余名学生流亡海外，其中，19位建筑师漂洋过海，登陆雅法港，把刚建城不久的特拉维夫作为大展宏图的画布。短短十几年间，超过4000座造价低、简洁、实用的现代建筑拔地而起。犹太科学家和大量移民入住其中，用他们的知识和双手改写了这片土地的历史。

3

一天晚上，拉娅听完音乐会回来，终于有时间坐在厨房里和我谈谈她的人生了。她出生于1951年，也就是以色列建国后的第三年，当时，国家资源匮乏、财政紧张，只能施行食品定量供应制度。她记得小时候有段时间根本吃不饱饭。

拉娅的成长过程伴随着四次中东战争，她印象最深的是1967年的六日战争。战争爆发前，以色列人心惶惶。当时以色列的军事实力不占上风，一旦输掉战争，可能会遭遇灭国之灾。那段时间，学校的体育场被征用为墓地，酒店被征用为急救站，全国高度戒备，进入生死存亡的关键时期。当时，拉娅每天出门都要携带防毒面具，因为有谣言说阿拉伯"邻居们"会使用化学武器袭击以色列。每当防空警报拉响时，拉娅和家人朋友们只能躲进防空洞，警报解除后，再继续日常生活。

如今，拉娅和丈夫已经具备了雄厚的经济实力，但他们从未想过移民。说起原因，拉娅坦言，她的上一代人是纳粹大屠杀的幸存者，血淋淋的教训让他们明白，如果以色列这个国家不复存在，那么面临排犹浪潮时，犹太人会再次无处可去。虽然如今她可以去全世界旅居，但只有以色列才能让她心安。

我问起拉娅如何看待犹太年轻人对国家的不满和移民欧美的愿望，拉娅喝了一口茶，面无表情道："现在的年轻人和我们不一样，他们出生时，国家已经走上正轨了。他们不理解上一代人在经历了大屠杀的恐惧之后可以在自己国家扎根的幸福，也不理解我们这一代人拼命保住这个国家的艰难，更不曾在国外遭到过赤裸的种族歧视。"

我以为拉娅马上就要批判这些年轻人"不懂事"了，但她却露出了慈祥的微笑，"可是，我很高兴他们没经历过'二战'，没经历过五次中东战争。他们出生在和平年代，可以尽情追求自己想要的生活，这是世界上每个年轻人本该拥有的权利。老一辈人开拓疆土，为的不就是让后代过上无拘无束的生活吗？"

"但是，"拉娅补充道，"每一代人的经历不同，对于我们这一代犹太人来说，以色列是奇迹，是我们没有办法离开的、永恒的家园。"

4

汤姆来特拉维夫办事，与我相约在海边见面。那天错过飞机后，他改签了当天晚些时候的航班。他问我去了哪些地方，我提起巴勒斯坦，他一反过往的滔滔不绝，沉默了好一会儿。他告诉我，虽然近在咫尺，但犹太人一般不会前往巴勒斯坦。我问起原因，汤姆说，有的人对自己生活之外的一切都不感兴趣，有的人把巴勒斯坦人等同于恐怖分子，敬而远之。

"至于我嘛，"汤姆顿了顿，低下头，"我在刻意保持'理性的无知'[1]吧。"说完，他目光呆滞地望着地中海。

沉默良久，汤姆叹了口气说："我们真的可以因为被纳粹迫害而理所当然地迫害巴勒斯坦人吗？我们宣称这里属于我们，就可以名正言顺地赶走原住民吗？这不算侵略吗？我说服不了我自己。"为了避免被良知拷问，汤姆只好对巴勒斯坦视而不见，假装她并不存在。

自我审视和自我批判始终植根于犹太人心中，他们从未停止对过去和未来的争论，这类争论时而温和克制，时而针锋相对，演变为政党间的论战。如汤姆般质疑以色列建国正当性的言论近年来屡见不鲜，在学术界，他们被称为"新历史学派"。传统观点认为犹太复国主义是一场犹太民族的自我解放运动，但在"新历史学家"们看来，这是一场由犹太人发起的殖民运动。特拉维夫大学历史学教授施罗默·桑德[2]更是对犹太人这个族群本身提出疑问，在他看来，"犹太民族"和"以色列地"都是虚构的概念。

1　这个概念由安东尼·唐斯（Anthony Downs）在《民主的经济理论》中提出，常被用于经济学分析，特别是公共选择理论，也用于政治学、哲学等学科。该理论认为无知并非偶然的状态，而是一种理性的选择。在特定情况下，人们会选择对自己无法承受、无法改变、无法超越的东西保持无知，以免唤起对良知的拷问，陷入痛苦。
2　著有"虚构三部曲"——《虚构的犹太民族》《我为何放弃做犹太人》《虚构的以色列地》，在以色列和西方引起了轰动。

对犹太人来说，这是一个两难的困境。倘若不建立主权国家，历史的悲剧便可能再度上演，倘若无中生有建立一个新国家，必然会与原住民发生矛盾，即使原住民不是巴勒斯坦人，也会是别的什么人。

对于犹太人面临的困境，以色列前国防部部长摩西·达扬的答案诚实而坦率。谈到巴勒斯坦人的命运，他坦言："我们为何要抱怨他们对我们恨之入骨？八年来，他们一直坐在加沙的难民营里，眼睁睁看着我们把他们祖祖辈辈栖身的土地和村庄变成我们的财产。"提起犹太人的做法，达扬同样单刀直入："我们别无选择，只能战斗。""没有钢盔和火炮，就无法种树或造屋。"[28]

汤姆对这种困境心知肚明，在他看来，当生存与道德相悖，选择生存无可厚非，但"二战"已经远去，排犹浪潮和种族灭绝的威胁不再迫在眉睫，这种时候再以"生存"为由，罔顾道德，就很难令他心安。他想不到解决的办法，只好选择离开这里。

身旁一位小学生冷峻的声音打破了我和汤姆的沉默，他戴着黑框眼镜，表情严肃，仿佛在开一场新闻发布会。他用字正腔圆的英语告诉电话那头的父亲，今天的历史课上，老师说犹太人是靠着共同的语言、信仰、传统和历史故事而相偎成一个民族，但他对此并不认同。

"我不喜欢说希伯来语，不信仰犹太教，不去犹太教堂，安息日不点蜡烛，但我却被定义成了犹太人，可是一个人如果不信仰基督教、不去教堂、不做礼拜，就不会被定义为基督徒。我是犹太人仅仅是因为我妈妈是犹太人，和别的因素无关。"孩子总结陈词。

犹太人分为两种，一是皈依犹太教的信徒，二是由犹太母亲所生之人，前者是宗教意义上的犹太人，后者是种族意义上的。孩子察觉到了老师说辞的漏洞，意识到自己仅仅是种族意义上的犹太人。

汤姆笑了笑，向孩子投去赞赏的目光。如此一般的"小大人"在以色列的街头巷尾屡见不鲜，他们通常有着与年龄不匹配的思辨能力和表达能力，说起观点总是头头是道，逻辑严谨。汤姆说，这是他心中以色列为数不多的优点之一。

犹太人视学习为神圣使命，尊重知识和智慧。建国初期，国家财政极其困难，但政府不惜投入大量资源，为所有5—13岁的孩子提供免费教育。犹太人的教育鼓励好奇心、批判精神和自主学习，自出生起，犹太人就被教导要挑战所有既成之事。正是这种教育，培养出了热衷于逻辑思辨、挑战权威、思维不受约束的犹太人，这种个性在其他民族看来或许显得咄咄逼人、不近人情，但却孕育了学术研究和科技创新的优质土壤。建国后的60年间，以色列的经济总量翻了50倍，科技水平领先世界，工程师、研发中心和初创公司的密度位居世界第一。[29]诗人和作家在以色列家喻户晓。倘若犹太男人有幸与女博士结婚，会被认为是家族的荣耀。部分反思和批判以色列建国的书籍不仅没有遭到冷遇和禁止，反而有可能成为畅销书，甚至被收入高中教材。

"特拉维夫"（Tel Aviv）是赫茨尔的乌托邦小说《新故土》的希伯来语翻译，意为"春天的小丘"[1]。在1902年出版的《新故土》中，赫茨尔描绘了一个田园诗歌般的社会，在那里，原本的沙漠开满鲜花，破败的街区改头换面，现代城市拔地而起，不同

1　"特尔"（tel）指的是许多代人在同一个地方生活和不断修建房屋留下的山丘，"阿维夫"（aviv）意为春天，合在一起，便蕴含着"新故土"的意思。

信仰的人们和谐相处，到处都是知识分子、发明家和作家。

经过一百多年的建设，如今的特拉维夫多少接近了赫茨尔的理想，这让人不禁想起《新故土》中的题词——"如果你渴望它，它就不是梦想"。

◁ 月亮峡谷中热情活泼的贝都因孩子

14... 安曼一家

1

从以色列陆路进入约旦后，英语的普及率迅速下降，安检人员不会说英语，只能用手势示意我开包检查。边境外空空荡荡，没有车，也没有人。工作人员让我在海关外一间小卖店大小的等候室坐下，我问什么时候有车去首都安曼，他耸了耸肩。半个多小时后，一位中年男子步入等候室，又过了一个半小时，两位青年推门而入。一看人员凑齐，工作人员拨通电话，找来了一辆出租车。

出租车行驶在崎岖的山路间。烈日当空，热浪袭来，山脉像是被吸干了水分，半死不活的样子，一丛丛枯黄的杂草从干裂的土壤里冒出头，在微风中轻轻摇摆。

沙发主莱娜嘱咐我到安曼后联系她。我拜托司机帮忙找个卖电话卡的小店，他指指死气沉沉的窗外，抿了抿嘴唇，仿佛在说："这鬼地方，上哪儿找小店去。"确实，直到进入安曼，路边都没有出现像样的店铺。

我把莱娜家的大致位置告知司机，司机向那个方向一边开车，一边不停地耸肩，不明白我打算在哪里下车。我盯着手机上刷不出来的谷歌地图，不知如何是好。眼看已经到莱娜家附近，右手边突然出现了一家麦当劳，我赶紧让司机停车。如我所愿，麦当劳果然有 Wi-Fi。我顾不上点餐，赶忙连接网络，告诉莱娜我的位置。她高兴地说，这家麦当劳就在她家附近，她马上和妈妈一起开车来接我。我向她详细描述了我的模样——长发，身穿蓝色的长袖 T 恤，手边摆着红色的登山包。说完，我才注意到，整个麦当劳里只有我一个女人没戴头巾，非常容易辨认。

等待莱娜的间隙，我点了个套餐垫饥。从以色列的贝特谢安到约旦安曼的车程不过两个小时，物价却下降了不止一半，在以色列卖人民币 80 元的麦当劳套餐，在约旦只卖 30 元。

不一会儿，戴着白色头巾的莱娜推门进来，顺利找到了我。我跟着莱娜上车，才刚坐定，还在上大学的她就迫不及待地从副驾驶转过头来，兴奋地说："我喜欢吃中国的寿司！"

"寿司不是中国的，是日本的。"

"啊？我以为中国、日本、韩国的料理是一样的，你们不是都用筷子吗？"

"是都用筷子，但我们的料理很不一样，寿司是日本的。"

"那中国有什么料理？"莱娜咽了咽口水。

我简要地告诉她，中国很大，不同地区的饮食有着天壤之别。她难以理解"不同的面食""火锅""各地菜系"等抽象名词，于是换了个话题，问我以色列好不好玩。正在开车的母亲留心听着我们的对话，时不时插一句嘴。母亲是约旦大学护理学系的教授，能说一口流利的英语，如今，她独自带着三个女儿生活。

没聊上多久，母亲就把车停在了约旦大学附近一栋四层高的公寓楼边。母亲打开家门，把我领进左手边富丽堂皇的会客厅。客厅中央有一张大长桌，四周摆了一圈巴洛克风格的沙发，一盏水晶吊灯优雅地悬在长桌上方。莱娜没有让我入座的意思，环顾四周后，她就关灯锁门了。这是接待大批宾客的正式会客厅，大部分时候，这里都大门紧闭。

穿过长长的走廊，眼前是一个朴素的小客厅，客厅里有一组沙发、一个长方形茶几和一个壁炉，宝蓝色的巨大地毯在阳光的照耀下如同涌动的海浪。小客厅连接着开放式厨房，一位留着细密卷发的黑人女性正在灶台边烧水。莱娜把我带到客厅旁带独立卫浴的主卧，说妈妈主动把房间腾给了我。

回到小客厅，黑人女性满脸笑容地端上一杯红茶和一个放着几块饼干、两颗费列罗巧克力的托盘。她来自苏丹，是莱娜家的住家女佣，公寓入口处的保姆间是她的卧室。

莱娜的两位姐姐听到声音，咋咋呼呼地赶来客厅，七嘴八舌地缠着我讲旅途故事。女佣在每个人的手边放了一个托盘，托盘上摆着茶水和点心。吃了几块饼干后，莱娜俯身从茶几上抽了张餐巾纸擦拭手指，随后把它捏成一团，放在手边，两位姐姐也重复着相同的动作。不一会儿，沙发上就多出了几团用过的餐巾纸。女佣忙前忙后给大家添加茶水，顺便把餐巾纸捡走。她摸了摸我的茶杯，把喝了一半的凉茶拿去厨房倒掉，重新递上一杯热乎乎的红茶。我起身走进厨房，把用过的餐巾纸扔进垃圾桶，女佣见状，连忙摆着手告诉我，我大可不必亲自扔垃圾。

女佣不会说阿拉伯语，家里人用英语与她交流。她每天凌晨一两点才睡，早上7点多起床，除了偶尔外出采购，她永远都在打扫房间、洗衣服或准备餐食。看得出来，她与这家人关系不错，有时还会闲谈上一会儿，但她从不会因为聊天而耽误手里的活儿。她告诉我，她的家乡穷得叮当响，一大家子十来口人挤在一间破房子里，连一顿饱饭都吃不上，也赚不到什么钱。能在约旦为这么好的一家人服务，她很知足。

2

我向莱娜和两位姐姐打听如何坐公交车前往市区，三姐妹收起笑容，茫然地看着彼此，不约而同地摇了摇头表示不知道。

第二天一早，家里静悄悄的，三姐妹和妈妈还没起床，只有女佣迈着猫一样没有声息的步子把脏衣服拿去露台洗晒。

出门后，我向沿途几家小卖店的老板打听进城的公交车，他们不会说英语，但倒是乐于助人。一位面色黝黑的老板用手势比画了一通，见我一脸困惑，他索性把我带到路上，拦下一辆公交车，向司机说明目的地。离开前，他满面笑容，比了个"OK"的手势。

公交车破得仿佛经历过一场浩劫。铁皮的接缝处锈迹斑斑，凹凸不平，像是揉皱的报纸，黄色的扶手被蹭得纹路尽失，冰冷光滑，几块破布蜷缩在窗边，假装自己是窗帘。几位老妇人衣衫褴褛，一双双眼睛困在皱纹织成的蛛网里，黯淡无神。孩子们的脸灰一块青一块，身上的衣服不知转了几手，破洞百出，他们用粘成一团的衣袖擦拭耷拉下来的鼻涕，再蹭到衣服上。

才在小道上行驶了一会儿，公交车便汇集进了早高峰的车流。所有车都试图变道超车，喇叭声响彻天际。眼看茫茫车流没有尽头，我只好提前下车，四处走走。漆成奶油色的建筑屹立在道路两旁，街边的树枝被修剪得只剩光秃秃的枝干和刚探出头的嫩芽。临街店铺大多尚未营业，只有早餐店老板睡眼惺忪地为开店做准备。

登上安曼最高山丘上的城堡，密密麻麻的土色建筑沿着山坡此起彼伏，毫无章法，通往山顶的小巷被房屋左右夹击，只够一辆车通行，几处红色的屋顶仿佛黄土高原上几簇耀眼的红花。

约旦本是奥斯曼帝国的领土，"一战"后，约旦被划为英国委任统治地，汉志国王[1]侯赛因的次子阿卜杜拉被立为外约旦酋长国[2]酋长。1946年5月25日，约旦独立，阿卜杜拉登基为王。

约旦北邻叙利亚、伊拉克，西接巴勒斯坦、以色列。近代以来，虽然邻国的冲突、战争尚未蔓延过来，但难民的大量涌入给约旦的经济发展和社会稳定造成了沉重的负担。根据联合国难民署发布的数据，截至2020年底，约旦接收了超过66万叙利亚难民，是仅次于土耳其和黎巴嫩的第三大叙利亚难民接受国。[30]根据世界银行发布的数据，自2016年起，约旦的失业率始终高于15%。[31]

莱娜告诉我，近年来，约旦的经济形势急转直下，再加上恐怖主义肆虐，越来越多的国家对阿拉伯人和穆斯林产生了偏见。倘若想去欧美旅行，莱娜需要准备比过去多得多的材料来证明她

1　1916年6月，汉志地区爆发了反对奥斯曼帝国统治的阿拉伯大起义，英国军官 T. E. 劳伦斯在其中发挥了重要作用。哈希姆家族第38代族长、麦加大谢里夫侯赛因·伊本·阿里于1916年6月10日宣布独立，建立汉志王国。1924年，伊本·沙特领导的内志军队攻陷麦加和吉达，汉志王国被伊本·沙特吞并。1932年，内志、汉志、吉赞等地合并，组成沙特阿拉伯王国。
2　1921年，英国以约旦河为界，把巴勒斯坦一分为二，西部仍称巴勒斯坦，东部称外约旦酋长国。

不是恐怖分子，并且一定会回国。虽然家境殷实，但谈到出国，莱娜一脸无奈。

3

晚上我回到家，莱娜和两位姐姐像是刚刚起床，正无精打采地半躺在沙发上刷手机。我告诉她们换乘两趟公交车进城的路线，她们抬起头，直勾勾地望着我，尖叫："你竟然比我们还了解安曼！"

她们仨很快打起精神，提议开车带我外出体验安曼夜生活。说罢，她们簇拥到客厅旁的衣帽间，把化妆品和香水铺在宽大的写字台上。

虽然政府没有强制，但大部分约旦女性外出时都佩戴头巾，有的人出于个人意愿，有的人只是不想被亲朋好友说三道四。莱娜和大姐熟练地戴好头巾，只有二姐坦然披着一头顺滑的长发。妈妈笑着告诉我，她不干涉三个丫头的衣着，戴不戴头巾都是她们自己的选择。

大姐盘腿坐在写字台上，二姐仔细给她画眼线、涂睫毛膏，莱娜在一旁打下手，帮着挑选化妆品。我坐在一边无所事事，只好跟着一起出谋划策。有外人出主意，她们更兴奋了。大姐照了照镜子，尖叫了一声，嫌弃自己的眼线太细，二姐笑了笑，耐心地替她把眼线描粗，又在眼线周围画上晕开的黑灰色眼影。莱娜独自在一旁描摹自己的脸，刷上厚厚的睫毛膏。两小时后，她们终于准备就绪。

夜晚的安曼车流如织，人们踏着晚风外出吃饭、逛街、串门。堵车的间隙，大姐播放起热闹的阿拉伯音乐，三姐妹跟随节奏在车里原地起舞，扭动上身。开过拥堵路段后，莱娜告诉我，她们要带我去安曼最大的商场，那里有 H&M 和 ZARA。

停完车，三姐妹一溜烟小跑，直奔 H&M，仿佛踩着时间赶火车，晚一秒都不行。她们在店里四散开来，聚精会神地在衣架前徘徊，挑出春季新款衣裤，贴在身上比对尺码。她们各自挑了五六件衣物，轮流走进试衣间试穿。每个人挑的衣服都被另外两位姐妹一一否决，不一会儿，她们的神情仿佛暴雨突至，只剩嫌弃和失望。她们把衣物交还服务员，气鼓鼓地走出 H&M，当即决定打道回府。我提议不妨去 ZARA 碰碰运气，但她们被 H&M 伤透了心，不愿在商场多待一秒。

回家路上，大姐绕道前往一家著名的甜品店。中东甜品种类繁多，总体离不开几种原料：小麦面粉、干果、酥皮，以及一种绿色的粉末——开心果粉。步入甜品店，三姐妹大手一挥，让店员称了四五种甜品，装了整整一大盒。甜品被厚厚的糖浆包裹着，中间夹了一层奶油，顶部撒了些许开心果粉。

回到家时，已经将近11点。刚进门，三姐妹便一路小跑冲进小客厅，急匆匆地打开甜品盒。她们顾不上拿盘子和刀叉，徒手抓起甜品往嘴里塞，像是饿了三天三夜。我拿起一小块甜品慢慢咀嚼，糖浆和奶油融化在一起，包裹住酥皮，香浓可口。两块甜品下肚，浓稠的糖浆如同喷发的火山，在口腔里肆意横流，相比之下，加了两块方糖的红茶却索然无味。

没出几分钟，够我吃上十天半个月的一大盒甜品就被三姐妹扫荡一空，她们瘫坐在沙发上，舔着手指，露出满足的笑容。

妈妈正戴着老花眼镜坐在沙发上看材料，见三个女儿像三只麻雀般叽叽喳喳疯抢食物，她笑了笑，没说什么。我问她为何不过来吃一点，她摇摇头说她年纪大了，甜食还是少碰为妙。我问她会不会被女儿们的吵闹声打扰，她笑着告诉我，她已经习惯了。

"你别看她们整天吵个不停，她们有自己的分寸，该学习的时候学习，该玩的时候玩。她们都是大学生，不需要我管了。"说罢，她宠溺地看了看三个丫头。

三姐妹不顾在一旁工作的妈妈，缠着我要求看中国的照片。我打开电脑，向她们展示前几年拍摄的风光照片。从没出过国的她们看到草原、森林、瀑布、雪山，顿时安静了下来。莱娜望眼欲穿地盯着屏幕，说她很难想象一个国家竟能拥有如此丰富的自然景观。合上电脑，她们七嘴八舌地问起一个人旅行该如何搜集信息、规划行程，如何解决各种棘手的问题，我一一作答。

凌晨1点半，旅行的话题终于告一段落。我以为该洗洗睡了，但三姐妹各自从房间拿来了书和纸笔，坐到沙发上开始学习，家里像是被按下了静音键。

"你看，我告诉过你吧，该学习的时候她们都会认真学习的。"妈妈压着嗓子对我说道。

女佣突然出现，在每个人的手边放了一杯红茶和一盘点心，随后抱歉地向我们道晚安。我打开电子书，陪她们坐在沙发上。一把年纪的妈妈全神贯注地在本子上誊抄笔记，三姐妹专注在各自的书本里，谁都不和谁说话。时针走过了两个小时，但没有人露出疲态。我哈欠连天，眼皮打架，只好打破寂静，起身与她们道晚安。

　　　　　　　　　　　　看不见的中东

15... 月亮峡谷

1

虽然月亮峡谷是约旦境内仅次于佩特拉[1]的重要景区，但峡谷边缘的村子却破败得令人窒息。太阳暴烈地悬挂在万里无云的天空，仿佛巨硕的火炉烘烤大地，不留阴影，不留死角，无孔不入。几十户平房被红色的沙子和陡峭的绝壁团团围住，奄奄一息。有些房子用灰砖砌起后就没再粉刷外墙，有的虽然刷了墙，也已渍迹斑斑。不知倒卖了几手的破车和被撞烂的车皮架子随处可见，弃置的废铁散落两旁。

几个贝都因孩子的笑声把我从颓丧中拉回现实，他们身穿破旧的衣服，光着脚，流着鼻涕，前呼后拥地把我拉去家里。贝都因人是沙漠中的游牧民族，他们以部落为单位聚居，靠着游牧维

---

1 佩特拉位于安曼以南250公里处，是一座隐藏在峡谷内的古城。佩特拉始建于公元前6世纪前后，由居住在这里的游牧民族纳巴特人建造，曾是古代重要的商路中心。这里的大部分建筑是在岩石上雕凿而成的，兼具东方传统和希腊风格。

持世代的繁衍。

孩子们的家位于一顶贝都因传统毛毡帐篷里。贝都因人用羊毛编成毛线，再把毛线加工成巨大的黑色毛毡，挂在支撑物上。这种帐篷质地疏松，方便遮阳散热。

孩子们把一个红色坐垫拿到跟前，抖了抖上面厚厚的沙子，示意我坐下。帐篷的地面是与室外一样的沙子，一捆柴火和一床脏兮兮的被褥胡乱扔在角落。帐篷中央有一个烧得漆黑的茶壶，茶壶下那个瘪了的托盘锈迹斑斑。除此之外，这个家就再没别的什么了。置身其中，我想起了T. E. 劳伦斯的描述："贝都因人的生活方式是艰苦的，即使对土生土长的他们也是如此，对外来者简直是恐怖：一种活着的死亡。"[32]

在这样一个地道的贝都因村庄，我意外找到了一位来自德国的沙发主海克。海克55岁，骨瘦如柴，苍白的脸颊微微凹陷，几缕白发混迹在黑色的短发之中。几年前，她到月亮峡谷旅行，结识了年轻的贝都因人阿瓦德，两个不同国家、不同民族、年龄相差28岁的人就此坠入爱河，开始同居。

即使在阿拉伯人中，贝都因人也称得上保守。外出时，贝都因女人总是身穿黑袍、头戴面纱，只露出一双眼睛。在这样一个传统社会，两位年龄差距极大、国籍不同、民族不同、没有正式结婚的男女很难被正式接纳。为了少受流言蜚语的影响，海克和阿瓦德把房子建在了村子边缘，过着几乎完全孤立的生活。

不过，与其他村民相比，他们的生活条件着实算得上不错。来这里之前，海克卖掉了德国的房子、车子，辞去了工作，她带来的钱足够他们在这个沙漠小村过上殷实的生活。

沙漠不比城市，建筑材料极度匮乏，但海克和阿瓦德还是尽力把家里收拾得像模像样。屋里铺了白色的地砖，打扫得一尘不染，开放式厨房连接着转角吧台，吧台上摆着餐具和茶水。海克和阿瓦德用台面的边角料做成踢脚线，把垫子铺在地上充当沙发，还从城里的旧货市场淘了些置物架摆在客厅。卧室虽然没有家具，但铺了干净的地毯。在这个极其干旱的村子，他们甚至在院子里种了一些花，养了四只猫。

海克喜欢坐在院子里冥想，也会定期去沙漠露宿。在她看来，人不该被无止境的物质欲望支配。相比于在德国工作、买房、劳碌一生，她更喜欢在沙漠中独处，聆听自然的声音。

虽然生活渐渐走上了正轨，但作为外人，海克坦言，她很难在这里交上朋友。

沙漠环境极其恶劣，生产资料匮乏，个人无法单打独斗在此存活，因此，贝都因人形成了"氏族部落"的传统，他们服从本部落的酋长，遵从本部落的惯例，排斥外来者和外来文化。海克说，这里的所有村民都是亲戚，无论说什么、做什么，都逃不过人们的眼睛。她刚搬来时，全村人都在说闲话。挣扎了一段时间后，她才与一位会说英语的贝都因女人交上了朋友。

"如果你感兴趣，我们可以一起去拜访她，但你不能拍照，说话要注意措辞，千万不要挑战贝都因人的传统观念。如果我对你使眼色，你就马上停止你的话题，可以吗？"

我连连点头。

下午，我们去小卖店为这位叫纳达的女人购置礼物。小卖店黑漆漆的，货架上空空如也，仅有的几种蔬菜和水果都快烂了，收银台边，几盒姜黄色的甜品蒙了一层薄薄的灰，像是摆了很久。海克早已习惯了小卖店的贫乏，她从快要烂了的水果里挑了几个看得过去的，又拿了一盒甜品，说这就够了。

纳达的家被一圈赭红色的墙围了起来。她的两个儿子叽叽喳喳地跑来开门，我们转身关上铁门，纳达才从屋子里慢悠悠地走出来，她肤色暗沉，穿着长袖T恤和宽松的黑色裤子，一头卷发束在脑后。虽然只比我大三岁，但纳达已经是四个孩子的母亲了。她把孩子们哄到院子里玩耍，有气无力地邀请我们走进那幢灰砖砌起的平房。

正方形的客厅约20平方米，打扫得非常干净。水泥地面上摆了一圈红色的坐垫和靠垫，几床被褥整齐地叠在一边，仅有的装饰是墙上一张由纳达亲自绣成的挂毯。相比于简陋的毛毡帐篷，这个家着实算得上体面、富裕。

与几乎所有贝都因女性一样，纳达的全部生活就是操持家务和带孩子。她端来茶水，一双大眼睛里写满疲惫。她在我的对面坐下，直奔主题道："你想问什么？"

我本只想闲聊，但纳达似乎没有多余的精力，她抿了一口茶，面无表情地看着我。我问她有没有想过去城市定居，她摇摇头告诉我，几年前，她曾前往距离村子一个多小时车程的口岸城市亚喀巴游玩，那里濒临亚喀巴湾，碧海蓝天，道路宽阔，但她感到自己像是茫茫沙漠里一只孤独的贝壳，举目无亲，无依无靠。自小成长于氏族部落中的她同其他贝都因人一样，早就习惯了从属于集体，生活在部落的庇护之下。

"城市里的人彼此视而不见，太冷漠了。"纳达垂下眼睛，两条法令纹隐约可见。

读完高中后，纳达没有继续求学，而是在父母的安排下结婚生子。过去，贝都因人不重视教育，毕竟游牧生活不需要多少文化知识。为了上学，纳达的父亲小时候不得不步行很久到公路边，再搭车去学校。如今，还在沙漠里游牧的多是老年人，年轻人越来越喜欢到村里定居。村里有学校和医院，根据政策，部分村庄的贝都因人能够享受免费教育。随着经济发展和社会进步，贝都因人渐渐意识到了教育的重要性。

但即便如此，贝都因人也不认为女性有接受高等教育的必要。接收了大量难民后，约旦的失业率居高不下，社会难以提供充足的就业岗位，哪怕大学毕业，也未必能找到工作，对女性来说更是如此。纳达的几位高中同学读完大学后找不到工作，只好回来生儿育女，料理家务。

一篇报道显示，对贝都因女性而言，读大学是一场莫大的挑战。在大学里，她们感到自己出身于原始部落，无论知识还是见识都比不过城里的同学。回到村子，她们又是与众不同的"异类"，很难与贫穷、封闭的部落维持紧密的关系。她们身处两种社会的夹缝之中，难以确定自己的身份，难以融入任何一种社会。

与那几位读过大学的女同学相比，纳达觉得自己非常幸运，因为"没有浪费时间去读大学"。虽然能说英语，但她没有表现出对传统生活的质疑，她遵循贝都因传统，生活在家庭和部落的保护之中，定期斋戒，照料家庭，安于现状。

2

在村口的一家小卖店外，我坐上了沙漠旅馆派来接我的吉普车。贝都因司机戴着红白相间的头巾，肤色如黑巧克力，面相有一点凶。沙漠里四下无人，没有信号，没有路，只有几道车辙辘印。我惴惴不安地上车，自我安慰：这家沙漠旅馆在网上评分很高，应该不会有事。

吉普车很快离开了村子，驶进了沙漠。顺着车辙辘印望去，红如火焰的沙地一马平川，绵延到远处的绝壁之下，群山影影绰绰，在天与地的交界处起起伏伏，望不到边际。这里便是因像极了火星而闻名海外的月亮峡谷（Wadi Rum），大卫·里恩的史诗电影《阿拉伯的劳伦斯》和马特·达蒙主演的电影《火星救援》都曾在这里取景。T. E. 劳伦斯曾在他的回忆录《智慧七柱》中对月亮峡谷的景色赞不绝口，哪怕是在极度疲惫、烦心的长期行军中，他也称这里的盛景"不容人因赌气而错过"。

沙漠里的帐篷旅馆被连绵的绝壁包围着，看上去是个避风的好地方。十个黑色的小帐篷整齐地排列在四周，每个帐篷里有两张简单的单人床。长方形的大帐篷里摆了一圈红色的坐垫，足够二十个人围坐一堂。不远处，一栋灰砖砌起的屋子里像模像样地安置了洗手池和厕所。

帐篷旅馆的老板是一位地道的贝都因人，他告诉我，他的父亲娶了两个老婆，共育有八个儿子、七个女儿。他自小随同父母在沙漠游牧，人在哪里，家就在哪里。对于游牧的艰辛，他一笑而过，提起沙漠，他满怀自豪与依恋，在他看来，贝都因人和沙漠的关系就像大海和鱼，共生共存。

从帐篷旅馆出发，只需绕过几处高大如巨型油轮般的绝壁，就能找到通往山顶的小道。我没有选择绕行，而是从旅馆门口的岩壁向上攀登。岩壁近乎垂直，纹路像是一道道凝固的水流，几条几乎首尾相连的之字形陡坡大致勾勒出了一条通往山顶的野

　　　　　　　　　　　　　看不见的中东

路。登山鞋的抓地力惊人，我手脚并用，穿行在岩壁之间。

终于攀爬至观赏夕阳的山头时，那里已经有十来个人了，每个人都找了个位置席地而坐，一言不发，如雕像般静默。这里是附近的制高点，辽阔的沙漠在眼前展开，绵延到视野尽头，拔地而起的铁红色岩壁像是傲然挺立的纪念碑，威武雄壮，气势磅礴，车辙辘印在火红的沙地上划出长长的弧线，一骑绝尘地蜿蜒到远方，一支路过的驼队慢悠悠地在沙漠里行走，留下长长的斜影。

夕阳漫过山峦，大地一片通红，挺立的绝壁仿佛高高蹿起的火苗，烘烤着一碧如洗的天顶。凛冽的风不停地呼啸，仿佛要涤尽尘世所有的喧嚣。在这里，个人的烦忧荡然无存，我只能感慨自然的伟大，自叹人类的渺小。

太阳渐渐西沉，火红的沙漠过渡为酒红色，远方群山叠嶂，淡淡的山影薄如蝉翼，轻盈地错落在天地之间。

最后一抹红色消失殆尽后，天空像是被泼了浓重的墨水，夜幕慢慢闭合，把群山和沙海拥入怀抱。沉默的人们不情愿地起身，意犹未尽，仿佛一曲交响乐在高潮处戛然而止。

入夜后，来自世界各地的游客围坐在篝火边喝茶聊天，欢笑声如利刃，划开死寂的夜晚。

夜深后，游客们陆续睡下，我独自出门，借着头灯的光亮绕过绝壁。清白的月牙当空挂着，一道银河横跨天际，银河两岸，群星闪耀。风销声匿迹，动物不见踪影，手机也没有信号，寂静像是缓慢流淌的水，漫过沙漠，又漫过群山。我找了块石头坐下，关掉头灯，仰望巨幕般的银河。

在中东旅行，我时常陷入悲观。面对不绝于耳的杀戮、永不止息的纷争、原地打转的历史、遥不可及的进步，个人渺小得宛若飓风与海啸前的一叶扁舟，既左右不了时代的方向，也决定不了自己的命运。但这一刻，广袤的大地和星空多少缓解了我的无力感。天顶无边无际，群星数不胜数，在宏大的空间和时间维度下，几十年、几百年不过一转瞬。既然人类花了250万年才走出石器时代，又怎能奢望飓风顷刻平息，海啸归于平静？

VI

◁ 埃及卢克索北部的卡纳克神庙多柱大厅

16... 开罗的一天

1

　　我是坐船从约旦亚喀巴湾前往埃及西奈半岛的。船靠岸时，已是凌晨1点，我担心独自打车去市区既昂贵又不安全，便和同船的两位欧洲游客约好一起拼车进城。

　　码头被包裹在夜色之中，广阔的海域黑得无边无际，海浪有规律地拍打船只，像是浑厚沉闷的钟声，令人昏昏欲睡。码头大楼里，工作人员仿佛清晨的啼鸟，精神抖擞，步履轻盈。一位骨瘦如柴的工作人员见我们都是外国人，礼貌地上前引导，脸上挂着机器人般僵硬的微笑。码头地形简单明了，我们跟着指示牌完全可以自行离开，他这么热情，不免让人心中嘀咕。

　　果不其然，一出码头，他便招呼来一位矮矮胖胖的司机。这位司机还没来得及开口，其他司机就从四面八方一拥而上，七嘴八舌地开始报价。广场上停着十几辆黑车，但乘客只有我们三个，僧多粥少。司机们很快就把我们晾到了一边，自顾自拌起嘴来。起初，他们只是一般口角，随后越吵越凶，像是一群呱呱乱叫的鸭子，最终，他们站成两派，互相推搡，其中一位眼明手快，在千手观音般的手臂间找到缝隙，一个右勾拳狠狠打在了另一位司机的脸上。

我们三个初来乍到，被这激烈的冲突吓得面面相觑。眼看场面不可收拾，一位从未加入过争吵的司机悄无声息地闪到眼前，偷偷对我们说："你们跟我走吧，就按刚刚他们说的价格。"

我们踮着脚，做贼般绕过人群，跟着这位"闷声发大财"的司机上了车。直到我们绝尘离去，争吵还在继续。

我万万没想到，这只是埃及聒噪之旅的开始。

2

一听说我要前往埃及首都开罗，以色列人和约旦人都皱着眉头告诉我，那里非常拥挤、吵闹，有的人甚至以此为由，建议我别去开罗，即使我说我想看金字塔，他们也不停地摇头叹气，仿佛和"拥挤""吵闹"相比，区区金字塔根本不值一提。

坐大巴从西奈半岛抵达开罗时，天已经黑了，我遵照沙发主伊兹拉的指示，坐地铁到终点站等她。十五分钟后，伊兹拉到警卫室接上了我，她戴着白色的头巾，身材高挑，笑起来端庄亲切，像个可靠的邻家姐姐。

走出地铁站，空气像是突然炸开了，一阵巨大的轰鸣如同快速逼近的海啸，冲着我呼啸而来，我一下子从疲惫中惊醒，本能地以为发生了暴乱。伊兹拉泰然自若，她紧紧拽住我，穿行在小贩们给行人留下的狭窄过道上。我的登山包不停地撞上行人和商贩，如同弹来弹去的弹子球。小道两旁，摆摊的商贩们精气神十足，他们怒目圆睁，张着血盆大口，声嘶力竭地吼叫。朝停车场步行了没多久，拉客的司机也加入了嘶吼的队伍，不同的地名从他们的口中喷射而出，与狂放的叫卖声一起快要把我淹没。

伊兹拉的弟弟不知从哪里冒了出来，一头卷发，肤白如月光。他嘴巴开开合合，试图自我介绍，但周遭像是激情燃烧的摇滚现场，把所有词句吞没殆尽。我们在彼此的耳边吼了几句，谁也听不清对方在说什么，只好作罢。

步行了好一会儿，弟弟才找到一辆共乘面包车。在公交体系不甚发达的埃及，私人运营的共乘面包车部分代替了"公交车"的功能。终于坐上破破烂烂的面包车，我和伊兹拉都长舒了一口气。叫卖声依旧不绝于耳，哪怕坐上车也没有丝毫减弱，好在只等了一会儿，面包车就坐满出发了。

我打开手机地图，发现这里已是开罗边缘，这辆开往城外的面包车会把我带向何方，不得而知。面包车行驶在高架桥上，两边的楼房越来越低矮，灯光越来越黯淡。不一会儿，四下漆黑一片，只剩高架桥上的路灯孤守阵地。正当我怀疑伊兹拉的家到底在不在开罗时，她拉拉我的衣服，示意我准备下车。

我们在高架桥边下车，从一个胡乱搭建的阶梯下到地面。路边停着几辆电动三轮车，弟弟和司机谈好价格，招呼我们上车。三轮车穿梭在没有路灯的小巷，大光灯聚成昏暗的光束，扫过狭窄的道路，路旁垃圾堆积成山，瘦骨嶙峋的野狗有气无力地来回踱步，从中翻找食物。要不是伊兹拉看上去亲切可靠，我可能会以为自己正在被送往人贩子的老巢。

十分钟后，三轮车停在了一栋六层楼房边。回想起来，从开罗市中心的汽车站到这里，竟足足花了我两个小时。

一进门，伊兹拉那两位年幼的弟弟兴奋地围着我转悠，嘴里不停地冒出英文单词。伊兹拉说，他们一家人很想接待外国人，但家里距离市区太远，不太好意思让别人来住。我问起进城是不是很辛苦，伊兹拉说，埃及人喜欢买一块地，自己盖一栋楼，把不同楼层的房子分给不同的孩子。市区地价太贵，他们只能退而求其次，好在他们一家不常进城，住在这里还算可以接受。我们所在的这栋六层楼房都是伊兹拉家的，她那位已婚的哥哥住在楼下。

"那你呢？你有房子吗？"

"我也有，我爸妈比较开明，没有重男轻女的思想。"伊兹拉一下子明白了我的意思。

家里不大，没花什么力气装修。客厅里除了陈旧的电视和沙发，还摆着两个弟弟的单人床，局促得几乎转不开身。卫生间严重溢水，地上总是湿答答的，我只好脱下袜子，穿着拖鞋蹚过积水。

伊兹拉的房间像模像样地铺了块织满花纹的白色地毯，摆着一张单人床、一个堆满书的写字台和一个衣柜。她坚持让我睡在床上，她打地铺。

关上窗户，车声和人声戛然而止，我不由得感叹，终于安静了。伊兹拉笑了笑说："埃及就是这样，没一刻清静，出门的时候，满大街都是喇叭声、叫卖声，不出门，家里还有吵个不停的弟弟妹妹，习惯就好了。"

伊兹拉是一位英语翻译，书桌上堆满了她尚未完成的稿件。

"阿拉伯之春"[1]后，埃及政治动荡，经济持续低迷，失业率飙升，如今，她只能靠翻译英语文章赚点零花钱，但即使这样，她的收入也超过了开罗的人均收入。

我坐了一天车，明天又要早起出门，没聊多久，我们就各自入睡了。

3

第二天，伊兹拉要去市区上课，我要去市区办理签证延期、参观国家博物馆、买火车票。匆匆吃过早饭，我们就一起踏上了通往市区的漫漫长途。

家门口的小道没有车，我们在巷子里七拐八绕，才找到一辆三轮车。三轮车沿着坑坑洼洼的砂石路面高速行驶，颠得我肝儿颤。道路两旁的房子用红砖砌起后就没再粉刷外墙，像是未完工的半成品，人们若无其事地居住其中，把刚洗完的衣物和床单拿到阳台晾晒。建筑垃圾堆积成山，生活垃圾尸横遍野，一阵风吹过，一个个塑料袋随风飘扬。

伴随着三轮车一路扬起的尘土，我们又到了昨晚下车的高架，等待共乘面包车。每当有面包车经过，伊兹拉就把食指和中指一起向下指，意思是我们要去地铁站。倘若面包车去往别的方向，司机会做另一个手势，表明他的目的地。短短几秒间，他们

1　"阿拉伯之春"指的是阿拉伯世界的一次革命浪潮，导火索是 2010 年发生在突尼斯的小贩自焚事件，随后，革命浪潮迅速席卷整个阿拉伯世界，阿尔及利亚、埃及、利比亚、叙利亚等国相继爆发抗议运动。埃及总统塞西表示，"阿拉伯之春"导致超过 140 万人死亡，1500 多万人沦为难民。（数据来源：https://world.huanqiu.com/article/9CaKrnK6p07）

隔着车窗完成了沉默的交流。

在这个区域生活的人对每个手势的含义了然于胸。我问伊兹拉，司机为何不在车前放个牌子写明线路，也好省去一路做手势的麻烦。她告诉我，这些私人运营的共乘面包车并非跑固定线路，而是根据不同时段的人流量自行决定线路。

"但这个区域的线路就那么几条，多准备几块牌子不就行了？"我追问道。

伊兹拉解释说，阿拉伯人的大部分行为非常随性，并非理性思考和长远规划的结果，他们满足于解决当下的问题，至于是否有更好的、一劳永逸的解决方法，常常不在他们的关心范围之内。

三轮车换面包车后，我们终于抵达地铁站。简陋的售票处前，一双双手高举过头顶，把零钱塞进窗口，换取一张黄色的地铁小票。好不容易买完票进站，站台上停着一辆挤满人的地铁。我心想，既然是终点站，不如等下一班车，但伊兹拉没有要等待的意思，她找了一节女性车厢，拉着我硬是挤了进去。车厢里的女人默契地往彼此间靠了靠，给我俩腾出站立空间。

5月的开罗早已提前入夏，地铁里没有空调，没有电风扇，闷得如同蒸笼，浓浓的汗臭味扩散开来，空气仿佛一团糨糊。我被挤得动弹不得，只能任凭汗水流进眼睛。十分钟后，我问伊兹拉地铁为何不开，她抿着嘴唇，摇摇头表示不知道。又过了十分钟，地铁依然没有动静。不断有新的乘客使尽浑身解数挤进车厢，我们那仅有的站立空间被不断侵夺。当车厢再也塞不进任何一个多余的人时，几位妇女自发取下背包，高举过头顶，于是，车厢里又能多站两个人了。我那摄影包没能逃脱相同的命运，身后几位女性齐心协力，帮助我在动弹不得的车厢里取下背包，举在头顶。前后左右的女人从四个方向不停地使劲，我仿佛一团年糕，被四把锤子同时攻击。这一天才刚开始，我就想回床上躺着了。

地铁没有要启动的迹象，但售卖劣质发圈、发箍、头巾的老妇人络绎不绝，她们在车厢门口站定，把商品高举过头顶，大声吆喝。人群里一阵骚动，有的女人举起手，隔空与商贩讨价还价。商定价格后，皱成一团的纸币被传递到车厢门口，商品又被传递给买主。人们很乐意搭把手帮忙递东西，仿佛这是漫长的等待中唯一一点乐趣。

又过了十五分钟，地铁如同人类历史上第一台蒸汽火车，隆重地驶离了车站。欢呼声此起彼伏，要不是所有人都被挤成了肉饼，一定有人原地起跳，击掌庆祝。我想向伊兹拉表达喜悦，却发现她早已被挤到了两米开外。

当我终于走出地铁站，仿佛刚刚结束了一场远征。我顾不上延期签证和参观博物馆，一头钻进隔壁的必胜客。在空调下歇息了足足一小时后，我才恢复了元气。必胜客外，解放广场的环岛车流不息，井然有序。这里是举行抗议示威活动的主要场所，见证了近代埃及的政权更迭。2011年，超过100万人聚集在这里，要求废黜时任总统穆巴拉克。

我走进解放广场西北侧的移民局大楼。大楼里冒着20世纪的气息，墙面灰扑扑的，昏暗的灯光下，人们鱼贯而入，去往各自的方向。我拨开嘈杂的人群，向保安吼了三声"extend"（延期），他漫不经心地指指楼梯，让我跟着人群上楼。

一上楼，熟悉的感觉又回来了。狭窄的走廊上挤满了拿着文件前来办事的人们，大家簇拥在不同的窗口前，弯着腰，扯着嗓子，大声咨询工作人员。两位相隔一个窗口的大哥像是在暗暗较劲，一个声浪盖过一个声浪。工作人员竖起耳朵，从混乱的多重奏里辨别人们的需求，埋头办理业务。

我向一位保安打听在哪里延期签证，他让我去24号窗口排队，排了半小时后，24号窗口的工作人员让我去30号窗口，又排了半小时，30号窗口让我去55号窗口。当我来到队伍最长的55号窗口前，已经身心俱疲，我走到队伍的末尾，麻木地站着。眼看时间一分一秒地流逝，我对这一天的期待降至谷底。

半小时后，我终于排到了窗口前，把表格和护照递给工作人员。她把表格随手一扔，没有正眼瞧我，只花了30秒，她就在我的护照上盖了个延期两个月的章。

从移民局大楼向北步行600米，是通体粉色的埃及博物馆。售票亭里的工作人员肤色黝黑，眼袋下垂，一副苦大仇深的样子。我递给他一张整钱，他用食指蘸了蘸口水，从一沓门票里撕下一张递给我，便兀自发起了呆。我敲敲窗口，向他索要找零，他的目光突然锋利起来，仿佛我的要求不可理喻。他甩甩手，理直气壮地告诉我没有零钱，我提示他可以找附近的小店换钱，他"啪"的一声关上窗口，双手交叉在脑后，如同一只放空的野鸡，自顾自吹起了口哨。

埃及博物馆的镇馆之宝是图坦卡蒙的黄金面具，它由纯金打造，重达11公斤。青金石勾勒出眉毛和眼睛的轮廓，一双漆黑的眼睛由黑曜石和石英制成，胸口多彩的宝石组成项链，在灯光下光彩夺目。图坦卡蒙生前没什么显赫的功绩，他死的时候还很年轻，甚至没来得及给自己修建一座金字塔。正因毫不起眼，他的陵墓成了唯一一座没被盗贼劫掠的埃及国王陵墓，墓中的大量珍宝使得这位法老一夜成名。

除了图坦卡蒙展厅和需要额外买票的王室木乃伊展厅外，博物馆的大部分展厅只布置了笼统的灯光，10万余件展品七零八落地蜷缩在寒酸的细木边玻璃展柜里，看不真切。介绍牌的字体小得可怜，像极了一场别有用心的视力测试。大量木乃伊被随意安置在靠墙的三层玻璃展柜里，最上层高过头顶，最下层隐匿在阴影之中，只有中间层勉强能够一睹真容。有的木乃伊被厚厚的塑料薄膜紧紧裹住，堆在一旁的角落，仿佛随时都能被清理出馆。

4

傍晚，我赶去拉美西斯火车站，购买前往卢克索的火车票。火车站问询处的工作人员像是积了一肚子怨气，一脸不耐烦，他甩了甩手，打发我去11号站台。

11号站台边有个小售票厅，我找了个窗口排队。轮到我时，工作人员摆摆手，示意我去隔壁窗口，我换了个窗口排队，又被推去隔壁窗口。我问工作人员到底应该去哪里买票，他摇摇头说，"No English"，随后指了指最靠边的窗口。那个窗口的工作人员会说英语，他告诉我，本地火车只卖给本地人，外国人必须购买贵达100美元的卧铺车票。他所谓的"本地火车"，一等座也才人民币90元。开罗到卢克索的车程约10小时，我实在犯不着花7倍的价格购买卧铺车票。我要求工作人员给我看相关规定，他撇了撇嘴，嗤之以鼻："不买就走吧。"

我回到问讯处，打算找工作人员理论，但他已不见踪影。我找到一个值班室，值班大哥只会说几句简单的英语，对于我的控诉，他耸耸肩表示束手无策，我威胁说要去报警，他一脸轻松，甚至给我指了指警察局的方向。

我不知如何是好，只能在火车站漫无目的地游荡。突然，一台自动售票机出现在了眼前。我抱着死马当活马医的心情在售票机上一通操作，但一到支付环节，系统就提示我刷卡失败。试了两三次后，排在身后的埃及小伙子用英语问我是否需要帮忙，他叫艾哈卜，是医学院的学生，他理了干净的寸头，皮肤黝黑，一双大眼睛清澈如泉水。他的出现，简直是我这糟糕的一天里最大的福音。

艾哈卜用埃及的银行卡刷了两次，也无法支付。

"看来是机器坏了，去窗口买吧。"他喃喃自语。我告诉他窗口不让我买票，他转过头来，眼睛瞪得溜圆，上下眼白清晰可见。

"不可能！我从没听说过坐火车还要看国籍！"

思索一番后，他告诉我，卧铺火车隶属于一家私人运营的公司，工作人员可能串通了起来，企图逼迫我购买昂贵的车票，从中抽取回扣。说着，他和我一起来到售票厅。艾哈卜报上车次和日期，工作人员点点头，在电脑上操作。正准备出票时，工作人员游离的眼神突然捕捉到了艾哈卜身旁的我，他气得把鼠标扔在一旁，告诉艾哈卜不能替外国人代购车票。

艾哈卜带着我走出售票厅。思前想后，他提议让我原地等待。他独自走进售票厅，换了个窗口排队。不一会儿，他就拿着两张火车票笑嘻嘻地出来了。

"买票不看护照或身份信息吗？"我问。

他摇摇头，把车票递给我。

"既然不看身份信息，那他们没道理不让我买票啊。"我还在试图用逻辑分析。

"这里毕竟是埃及，哪有人跟你讲道理啊！"艾哈卜哈哈大笑。他告诉我，我不是他遇到的第一个走投无路的外国人。无论经验多么老到的旅行者，在埃及人面前只能甘拜下风。"阿拉伯之春"后，埃及局势不稳定，经济低迷，旅游业萎靡不振，相比过去，游客大幅减少，从那以后，埃及人便破罐子破摔，在他们看来，无论提供多么糟糕的服务，都不会浇灭游客们对金字塔的热情。

"说真的，我也很受不了我们的政府，他们办事效率太低，老是互相踢皮球、推卸责任，还到处收受贿赂。但你应该多少体会到了，在这里，抱怨、愤怒、报警都没有用，根本没人理你。别生气了！走，我请你喝果汁去。"

艾哈卜带着我走出火车站，在街边小店买了两杯鲜榨果汁。我们端着果汁，站在路边聊天。艾哈卜随口问我此行去了哪里，我不假思索地告诉他，我先去了以色列和约旦，再坐船来到了埃及。他吸果汁的嘴突然僵住了，眉毛从两侧向中间聚拢，眼睛里杀气腾腾。

"你觉得那是一个合法的国家吗？"他语气生硬地问。

我猛然从一天的疲惫中惊醒，意识到我不该在一位埃及人面前提"以色列"。近代，以色列与埃及、叙利亚矛盾重重，1967年6月初，犹太人先发制人，出动全部空军，对埃及、叙利亚、约旦等国发起大规模突然袭击，用短短六天的时间占领了埃及西奈半岛、叙利亚戈兰高地、约旦河西岸、耶路撒冷和加沙地带，奠定了今日以色列的国家版图。

在中东旅行就是这样，你不知道什么时候会无意中踩到雷点，把原本其乐融融的氛围糟蹋成不欢而散。

为了缓和气氛，我只好以最"游客"的说辞搪塞，我告诉艾哈卜，我深知埃及与以色列的恩怨，我之所以说出那个名字，只是因为给我颁发签证的是以色列政府。艾哈卜挺直了身子，眼神凌厉，他跟我细数起以色列与阿拉伯世界的恩怨，在他看来，犹太人占领巴勒斯坦是殖民行为，发动战争是侵略行为。

"犹太人与阿拉伯人自古以来就是不共戴天的仇人！"艾哈卜气得涨红了脸。

我犹豫了一会儿，不知该不该继续这个话题。阿拉伯人与犹太人的矛盾并非与生俱来。伊斯兰教先知穆罕默德刚开始传教时，建立了一个新的团体——乌玛（Umma），这个团体中不仅有第一批信徒和新的追随者，也有犹太人。阿拉伯国家对待犹太人的态度也并非高度一致，近代以来，约旦、阿联酋等国与以色列就比较交好。

况且，中东地区的冲突并非仅仅是民族问题，它的背后，往往有大国推波助澜。1956年，美国政府突然撤销对阿斯旺水坝[1]的资金支持，纳赛尔[2]一怒之下宣布将苏伊士运河[3]收归国有，

---

1 废除帝制后，为了解决一系列问题，埃及新政府决定在阿斯旺的尼罗河上修建一座水电大坝。这座新的水坝能够储蓄足够多的水量，增加全国可耕作面积，并产生足够的电量支持埃及的工业化，向全国提供生活用电。该工程于1970年竣工。
2 贾迈勒·阿卜杜尔·纳赛尔（1918—1970），埃及第二任总统（1958—1970年在任），被认为是历史上最重要的埃及领导人之一，是20世纪50年代阿拉伯世界无可争议的领袖。
3 苏伊士运河于1869年通航，是连接亚洲和欧洲最短的水上航线。

试图利用运河收入支付建设水坝的开支。然而，苏伊士运河国有化触动了英国、法国的利益，因为运河公司在法国是一家上市公司，英国政府是最大的股东，再加上英法仰仗运河运输石油和货物，于是他们联合犹太人，对埃及发动了第二次中东战争[1]。

仇恨只是表象，错综复杂的利益博弈才是本质，倘若利益达成一致，"敌人"也能握手言和。1978年，埃及前总统萨达特[2]与时任以色列总理贝京签署《戴维营协议》[3]，就埃及和以色列的和平问题达成协议。

我小心翼翼地提起《戴维营协议》，希望政府层面的和解能够动摇艾哈卜的仇恨，但他不屑一顾："我觉得《戴维营协议》是耻辱！"说完，他气得把没喝完的果汁扔进了垃圾桶。我赶紧给他又买了一杯果汁，连连道歉。重新喝上果汁，艾哈卜终于平静了下来，他和我聊了会儿家常，就把我送到了地铁站。

回去的地铁不如早上那般拥挤，但每到一站，就有老妇人拿着小商品进来吆喝几句，一刻也不得安宁。面对这样的埃及，我很难想象这曾是阿拉伯世界最强大的国家。

1952年，以纳赛尔为首的"自由军官组织"推翻了穆罕默

---

1 第二次中东战争又称苏伊士运河战争，是英法为夺得苏伊士运河的控制权，与以色列联合，于1956年10月29日对埃及发动的军事行动。
2 穆罕默德·安瓦尔·萨达特（1918—1981），一位务实的政治家，1970年任埃及总统，1981年10月6日阅兵时遇刺身亡。
3 戴维营协议，埃及和以色列达成的关于和平解决中东问题的原则性协议，于1978年9月17日在美国华盛顿签署。协议要求以色列从1967年六日战争中占领的埃及领土——西奈半岛撤出，实现双边外交承认。这是中东现代史上的分水岭，它打破了一个多世纪以来阿拉伯人反对犹太人的坚定态度。萨达特和贝京因此荣获1978年诺贝尔和平奖。

德·阿里王朝[1]近150年的王权统治，施行世俗统治。这是自法老时代以来，埃及第一次由埃及人自己统治。在高瞻远瞩的纳赛尔和务实的萨达特当政期间，上百万埃及人的生活水平得到了提高。"阿拉伯之春"爆发的前十年（2001—2011），埃及国民生产总值翻了一番[33]，埃及也成为第一个允许女性提出离婚的阿拉伯国家。

如今，人口爆炸让埃及不堪重负，青年失业率居高不下，连旅游业这个支柱产业也因动荡的局势而一蹶不振。

从地铁站辗转回到家后，伊兹拉问我这一天过得怎么样。我瘫倒在沙发上，目光呆滞，疲惫得几乎说不出话。伊兹拉读懂了我的表情，她关上家里所有的窗，把持续了一天的聒噪隔绝在外。

1　穆罕默德·阿里王朝，1805 年由穆罕默德·阿里创建。在法鲁克一世统治时期，埃及民族主义分子对王室的腐败无能、英国的侵占以及 1948 年第一次中东战争日益不满。1952 年，法鲁克一世被迫逊位，把王位让给他六个月大的幼子福阿德二世，国家政务实际由纳赛尔领导的自由军官组织主理。1953 年 6 月 18 日，纳赛尔废除帝制，宣布成立埃及共和国。

17... 套路与珍宝

1

到开罗的第三天，我计划前往金字塔。金字塔附近的骗子多如牛毛，出门前，伊兹拉嘱咐我一定要保持高度警惕。

我在吉萨站下车，向地铁出口走去。一位快步向前的埃及青年突然回过头来，问我是不是去金字塔，我点点头。他指了指地铁出口，告诉我可以坐小巴直达景区，我谢过他的好意。他向前走了几步，又回过头来，吞吞吐吐地说，他正打算开车去接他的姐姐，可以顺路把我捎过去。他自称是沙姆沙伊赫 [1] 的潜水教练，最近正在休假。

上车后，他跟我聊了会儿埃及的潜水行业。转过一个弯，他像是突然想起了什么，慢吞吞地告诉我，金字塔有两个入口，游客入口拥挤不堪，门票高昂，相比之下，本地人入口不仅价格低

1　沙姆沙伊赫，位于西奈半岛南部的沙漠城市，濒临红海亚喀巴湾，日照充足，以美丽的珊瑚礁闻名于世，深受潜水爱好者的喜爱。

廉，景色也比主入口好。

"你可以骑着骆驼穿越沙漠去看金字塔。"

我欣喜自己遇到了一位本地通，毕竟在外旅行，本地人时常能给出更好的建议。我向他追问细节，他拍着胸脯打包票："跟着我走，骑骆驼只要200埃镑。"

我这才反应过来自己被骗了，一般来说，骑骆驼只需100埃镑。不过，金字塔10公里开外的地铁站就埋伏着演技浑然天成的骗子，实在超出了我的预料。我拉下脸，命令他把我送回地铁站，他愣了一下，企图为自己辩解。我面露凶光，嚷嚷着要报警，他没辙，只好把我送回地铁站。

我回到原点，坐上了开往金字塔的小巴。没过多久，司机把车停到路边，示意我下车。金字塔的尖角在树丛间隐隐约约，看上去还有一段距离。我走到小巴门口，问司机为何不把我送到售票处，他指了指金字塔的方向，挥挥手让我下去。我的脚还没落地，一群司机就一窝蜂拥了过来，仿佛一群嗷嗷待哺的小狗。

"三座金字塔之间距离9公里，特别远，你需要包我的车，我给你优惠价！"

"我走路就行了。"

"里面是沙漠，你走不了的。"

"我去过沙漠，我走慢点就行了。"

"景区不让人在沙漠里走路。"

我拨开人群，落荒而逃，心想：世界上还有这样的景区？

我顺着公路向金字塔步行。在一个上坡处，一群脖子上挂着名牌的男人突然冲了出来，指挥我向左拐弯，大叫道："步行通道！步行通道！步行的人走这里！"

我左转进去，一股马粪味扑面而来。三堵矮墙围出一个小院子，十几匹褐色的马儿排排站着，东张西望，十几辆马车挂着五颜六色的装饰，停在一旁。我转身离开，男人们跟在我的身后纠缠不休："里面有9公里，特别远，没有马车你寸步难行，我给你优惠价！"

历经"搭便车""出租车""马车"这三关后，我终于站在了金字塔的售票处前。售票处只开放了一个A4纸大小的窗口，像是乡村景点边临时搭建的岗亭。我环顾四周，不禁起了疑心：这到底是真的售票处，还是又一个"骗局"？我不敢问任何人，生怕再次落入圈套，只好打开手机，搜索金字塔售票处的图片。一番比对，我才确定这是货真价实的售票处。

我拿着门票走向胡夫金字塔，一位身穿警察制服的男人突然挥了挥手，把我引导向一位脖子上挂着工作牌的中年男子，男子礼貌地要求查看我的门票，示意我跟着他走。没走几步，他就自说自话背诵起了金字塔的历史，我赶紧让他打住，说我不需要导游。他微微一笑，含着胸，温柔而谦卑地解释："我不是导游，我是景区的工作人员。你这个门票是包含讲解的，你看，每一位游客身边都有一位工作人员，我们给你们讲解，为你们拍照，不收取额外的费用，你放心。"

环顾四周，大部分游客形单影只，身边根本没有"工作人员"，但他毫不在意自己正在睁眼说瞎话，继续自顾自背诵历史，不过，历史才开了个头，他就把我带到一处角落，指着两头趴着休息的骆驼说："我给你优惠价！三座金字塔之间有9公里，非常远，只能骑骆驼。"

至此，我终于搞清楚了金字塔周边的套路——每一个用英语与我搭讪的人，最终目的都是让我掏钱解决那9公里的路程。

我转头离开，向金字塔走去。短短几步路间，十几个男人如苍蝇般先后来到我的身边，他们时而礼貌，时而愤怒，仿佛我不骑骆驼是对金字塔天大的不敬。我麻木地从胡夫金字塔走向狮身人面像，麻木地合影，又麻木地回来，满心只想找个没人的地方躲起来。

傍晚，游人散去，我终于找到了一家正对景区的肯德基。夕阳缓缓落入地平线，浓重的晚霞在碧蓝的天空画出几道优美的曲线。站在肯德基三楼的落地窗前，可以望见关门后空无一人的胡夫金字塔和狮身人面像。被人狂轰滥炸了一下午后，这片刻的宁静实在难得。

古埃及总共延续了三千年，是人类历史上存在最久的政治实体。为了彰显永恒的权力并获得永生，法老不惜耗费巨大的财力和物力，组织数以万计的劳工日复一日工作20年，才建成了眼前的胡夫金字塔。如今，相当于40层楼高度的胡夫金字塔算不上什么庞然大物，但在建成后的三千多年间，它一直是世界上最高的建筑。

一条公路、几棵树、一些栅栏和无处不在的人工痕迹把景区分割得支离破碎，其中的陵墓不是被洗劫一空，就是成了研究对象，或被放进博物馆的橱窗供人欣赏。

三千多年间，王朝不断更迭，权力频繁易主。在历史的车轮之下，唯艺术有可能接近权力所渴求的"永恒"。当艺术褪去宗教和权力的外衣，坦诚地展现在眼前时，它的力量和美感足以穿越时间，震慑或宽慰后人。就像眼前这背靠沙漠的胡夫金字塔，虽历经数千年，它的庄重依旧令人肃然起敬。

2

我拿着艾哈卜帮忙买的票上了火车，如他所说，没有人核验身份和车票信息。一等座车厢一尘不染，座椅宽敞，窗帘整齐地收在车窗两侧。售卖小食和饮料的列车员见我是外国人，礼貌地用英语告诉我，有什么需要请随时联系他。火车穿行在夜色中，车厢里仅有的几位乘客把座椅放倒，睡得舒坦极了。天刚蒙蒙亮，火车就停在了卢克索火车站。预订卢克索的青年旅舍时，我在"有空调"和"有电扇"的房间里选择了带空调的四人间。

我从火车站步行至附近的青年旅舍，迷迷糊糊办了入住，进了房间。房间里没有人，四张床排成一排，床上铺了白色的床单，像是一间简朴的病房。空调遥控器被固定在了墙上，我随手按下开关，就躺下了。

不一会儿，房间如同被寒潮突袭，冻得我直哆嗦。我起身调节温度，定睛一看，遥控器上只有一个开关按钮，既不能调节温度，也不能调节模式和挡风板的角度，抬头一看，这台空调根本没有挡风板，18℃的冷风正肆无忌惮地吹向整个房间。看来，我只能找床被子渡过难关，可床上既没有被子，也没有毯子，用来"盖"的只有一层薄薄的床单。我下楼求助老板，但前台没有人，也没有留下电话。

摆在眼前的局面尴尬极了。不开空调，不出二十分钟，我就会热出一身汗；开空调，不出二十分钟，我就会被冻得瑟瑟发抖。最糟糕的是，空调遥控器被固定在了墙上，无法放在手边随时开关。如此周密的安排，像极了一盘精心策划、用来整人的大棋。

好不容易熬到中午，老板终于耷拉着两个大眼袋出现了，他有气无力地告诉我，他不提供毯子和被子，如果我想退房，钱是不会退的。思前想后，我只能退而求其次，搬到只有电扇的单人间，但这房间同样没让我省心。5月的卢克索，白天气温接近40℃，晚上也凉快不到哪里去。吊顶电风扇的叶片松松垮垮地垂着，一转起来，就像是吹响了战斗的号角，挡位越高，刺耳的号角声越是响亮。房间的窗户正对着一条热闹的街道，一到晚上，昼伏夜出的埃及人就集体出动，仿佛跟随号角压向前线的浩浩大军。摆在我眼前的有三个选择：忍受人声，忍受电风扇的尖叫，忍受酷热。一番权衡后，我决定关上窗户和电风扇，用血肉之躯对抗高温。

第二天清晨5点多，渐渐升高的气温如期而至，把我从睡梦中唤醒。白色的床单浸润着汗水，黏糊糊的，像是梅雨天里总也晾不干的衣物。我辗转难眠，干脆早早起床，踏着初升的旭日前往卡纳克神庙。

清晨的神庙空无一人，入口处，两排公羊头斯芬克斯端坐在两旁，姜黄色的泥砖砌起高高的第一塔门。穿过巨庭和第二塔门，眼前是世界上最大的多柱大厅。134个纸莎草石柱直冲云霄，中央两排柱子直径3.57米，高达21米，粗壮高大如千年古树。柱子之间不过两步路的间距，朝阳被拒之门外，淡淡的天光从头顶流泻而下。若不是屋顶已然坍塌，大厅势必更加局促、昏暗，这种压迫感和神秘感正是神庙想要营造的氛围。置身其中，人的渺小被无限放大，神的伟岸和崇高也因此而倍加彰显。

多柱大厅的尽头屹立着古埃及唯一一位女法老哈特谢普苏特女王立的方尖碑。碑尖沐浴在旭日之中，闪闪发亮，如同法老渴求的永恒权力一般耀眼。

埃及的神庙象征创世之岛。古埃及人认为世界最初是一片海洋，海洋中有一座岛屿，神灵降落至岛屿，创造了世界万物。神庙的柱子以植物为原型，象征创世之岛上的植物。除了常见的纸莎草柱之外，还有莲花柱头、棕榈叶柱头等。在神庙中，古埃及人以法老的名义举行宗教仪式。

一位身穿灰色长袍的埃及人从石柱间探出头，招了招手，眼里亮晶晶的，仿佛有什么秘密要与我分享。他神神道道地穿过石柱，把我领到一座浮雕前，让我凑近观看。形如鸭子、鸟兽的符号在阳光的照耀下凹凸有致，生动活泼。

"好看吗？"他在一旁问。还没等我回答，他就伸出手，理直气壮地向我要起了钱。我不敢相信世间竟有如此糊弄人的赚钱方式，便用英语问他这座浮雕到底有什么名堂。他摇摇头表示听不懂英语。我耸耸肩，转身离开，他跟在我的身后穷追不舍，不停地念叨着："钱！钱！钱！"直到我大声喝止，他才不情愿地罢休，继续寻觅下一只待宰的羔羊。

3

尼罗河是埃及的生命河。每年夏季末，尼罗河如期带来洪水，为冬季种植小麦备好丰沃的土壤。正因如此，这片几乎无雨的大地得以确立定居的生活方式，孕育出别具一格的文明。古埃及文明是人类历史上最早形成"风格"的文明之一，三千年间，在中央集权的统筹下，古埃及艺术一脉相承，几乎没有发生什么变化。

古埃及人从日出日落中得到启示，认为人的死去就像暮日西沉。他们把法老的墓葬区建在尼罗河西岸，其中最引人注目的当数国王谷。大约从公元前2100年开始，国王谷便一直是王室安葬的地点，这里有63座富丽堂皇的陵墓，著名的图坦卡蒙墓也是其中之一。

光秃秃的黄色山丘间，一个个带锁的铁门通往地下陵墓。国王谷不允许拍照，游客只能跟随导游参观指定的三座陵墓，大部分陵墓早已被盗墓贼搜刮殆尽，只剩一具空壳。

导游打开拉美西斯九世之墓的大门，光线从户外涌进深不见底的墓道，墓道两旁，壁画从黑暗中慢慢浮现。

古埃及艺术和建筑之所以独特，基于一个与现代迥异的观念——对死后永生、对永恒的强烈渴望。他们制作木乃伊，为的是当灵魂回归时能找到主人；他们修建金字塔，为的是展现法老永恒的权力，赋予他通往冥界的通道；他们画画，为的是最大化记录死者的信息，以便他在冥界继续生活。为了详细记录死者信息，他们选取最有特色的角度。他们刻画侧面的头部、正面的眼睛、正面的身体、侧面的四肢，人物仿佛浮于二维纸片，看上去扁平而不真实。

不真实的人物和动物形象布满墓道两侧和天花板，五颜六色，仿佛天外来客留下的浓墨重彩。符号般的彩色象形文字密密麻麻地排列着，像是渗出墙面的咒语。导游暂停解说，把时间交还游客，人们久久地驻足，恍惚间仿佛跌入了另一个时空。

　　　　　　　　　　　　　　　　看不见的中东

4

卢克索荒诞的住宿经历让我对下一站——阿斯旺的住宿选择尤其谨慎，我不再信任青年旅舍，也不信任小旅馆，仔细比对后，我预订了一家中档快捷酒店。酒店位于尼罗河边。宽敞的前台窗明几净，简约现代，几位出差的商务人士正在大厅的沙发上投入地办公。

办完入住，服务员替我把行李拿到房间。我环顾空无一物的墙面，问他空调在哪里，他拉开窗帘，指了指安装在窗户正下方的窗机空调。窗机空调的款式很老，像是从旧货市场辗转流落至此的古董，与周围全新的家具格格不入。我找到遥控器，按下按钮，窗机空调哆嗦了几下，仿佛正在热身，随后，"哐——哐——哐——"的巨响从风口传来，形成了酷似战斗机轰炸的立体声效。我惊呼不妙，赶紧找来酒店经理，问他可否更换房间，他耸耸肩说，酒店的"空调"都是这个款式，换到哪里都一样，但他向我强调房间的家具都是新的，床品非常舒适。我气得打算退房离开，经理提醒我，我的订单已经全额付款，即便我现在离开，他也不会退钱。

我打开订房软件，发现阿斯旺实在没什么住宿选择。低档、便宜的旅店都是20世纪招待所风格，墙面渍迹斑斑，床上用品又旧又脏，中档酒店只有我住的这一家，再往上，就只有贵得离谱的五星级酒店了。一番权衡后，我只好在这里住下。

每天出门前，我都事先开启窗机空调，祈求回来时能享受一两个小时的清凉，但晚上回来时，窗机空调早已被服务员关闭。我只好再次开机，去楼下大厅坐上一两个小时。回来后，我在

"战斗机"的轰炸下完成洗漱，随即关掉机器，趁着温度还算适宜，尽快入睡。虽然午夜一定会被热醒，但能舒服地睡上几个小时，我也知足了。

一天半夜，我被酒店前台的电话叫醒。在警队的护送下，来自世界各地的游客们坐上小巴，前往280公里外的阿布·辛拜勒，参观埃及最著名、最壮观的建筑之一——拉美西斯二世大神庙。

游客们在车上东倒西歪，打盹儿补觉。天亮后没多久，面包车停在了停车场，大家揉着眼睛，拖着疲乏的身体不情愿地下车，跟随人群向神庙走去。

在几乎垂直的姜黄色山体上，四座高达20米的巨型法老雕像端坐在神庙的入口，他们双手搭在膝盖上，面无表情，平视前方。在法老的凝视下，游客们的身体像是被通了电，一下子从困倦中惊醒。

幽暗的大厅里，八座奥西里斯神模样的拉美西斯二世雕像站在两侧，他们高达10米，双手交叉在胸前，居高临下，像是在守卫神庙，又像是在监视人类。墙上、天花板上、柱子上布满壁画和浮雕。

不同于我们的线性时间观念，在古埃及人的理解中存在两种时间，第一种是循环的时间，它如同日升日落、四季轮回、尼罗河水的定期泛滥一般，永远周而复始，循环往复。另一种是诸神的时间，在这个时间里，一切都已画上休止符，他们永恒地存在于当下，永远不会消失。踏进神庙，便是踏入永恒。

不过，权力当然不是永恒的，神庙也不是。为了解决缺水缺电问题，减少对农业的依赖，走上工业化道路，1960年，埃及政府着手在阿斯旺修建水坝，拉美西斯二世神庙的原址无法幸免，也被水坝工程列入了淹没名单。为了挽救文明和艺术的珍宝，自1964年起，埃及、意大利、瑞士、德国、法国的考古专家齐心协力，开展了一场史诗般的搬迁行动，他们花费约4000万美元，耗时四年，把神庙切割成2000多块大石，迁移至比原址高65米的人工假山上。

回到酒店，我打开窗机空调，下楼沿着尼罗河散步。不一会儿，一位身穿白色长袍的男人盯上了我。

"坐帆船吗？我给你优惠价！"

我摇摇头，绕过他的身体，径直向前走去。他不罢休，几个箭步追了上来。

"为什么不坐帆船？我给你优惠价！"

我加快脚步，不停地摇头拒绝。

"为什么不？为什么不？为什么不？"他仿佛复读机上身，跟在我的身边喋喋不休。我勒令他闭嘴，他假装听不懂，继续重复相同的话语。

穷追不舍了一路后，他终于决定放弃，但放弃前，他突然回忆起了英语"闭嘴"的意思，质问我为何措辞如此凶狠。我狠狠地瞪了他一眼，快步离开。走了好一段路，他骂骂咧咧的声音才消失在身后。

不一会儿，另一位埃及男人含着胸走上前，问道："坐帆船吗？我给你优惠价！"

在河边散步的幻想灰飞烟灭，我赶紧掉头逃回酒店。从酒店的窗外望去，尼罗河如同一条灰蓝色的丝带，把干旱的大地一分为二。河床不宽，对岸的灰黄色沙丘一览无余，小型帆船迎着微风徐徐航行，在水面上划出一道白色的弧线。骄阳的热量仿佛能定格时间，把尼罗河拖入不徐不疾的轮回之中。

5

参观完尼罗河沿岸的古埃及遗址，我的身体已被掏干挖空。穷追不舍的埃及人加在一起，如同一张疏而不漏的天网，逼得我无处可躲。根据计划，我还要前往沙漠小镇和港口城市，但它们的吸引力对我来说远不及古埃及文明遗产，思前想后，我决定尽快逃离。于是，我火速购买了阿斯旺回开罗的火车票和开罗回上海的机票。

到此为止，我的中东之行似乎落下了帷幕，仅剩的两站——叙利亚和伊拉克——在2017年年中仍处于内战之中。

这"最后一站"结束得过于仓促，简直算得上是落荒而逃。直到抵达开罗机场，我还在为货币兑换点拒绝把我的埃镑换回美元而与工作人员针锋相对。

◁ 巴格达夜市中的棋牌桌座无虚席，男人们点上一个水烟或一杯红茶，
全身心投入战斗，一位老爷爷仔细地用圆珠笔记录输赢。

清晨，一个伊朗家庭来到拉什特市的里海边戏水，连身穿黑袍的女性也不例外。

卖羊蹄的流动小贩。拥有一千多年历史的伊朗大不里士巴扎是世界上面积最大的室内市场，也是中东地区最古老的市场之一。

伊朗地铁设有女性乘客专属车厢，男性乘客禁止入内。

傍晚，伊斯法罕的谢科洛夫拉清真寺沐浴在夕阳之中，人们在伊玛目广场的喷泉边席地而坐，谈天说地。

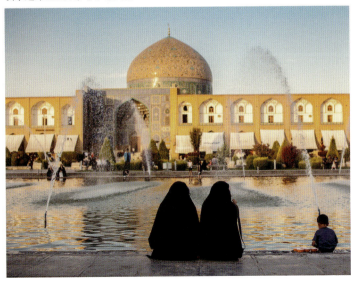

在伊斯法罕聚礼清真寺内午休的伊朗人。

伊朗禁止人民在公共场所演奏音乐，但一到周五（伊朗一周唯一的休息日）夜晚，就有男青年带着吉他到三十三孔桥下弹唱，琴声和歌声在桥洞形成的天然音场中回荡，过路人安静地坐下聆听。

卡尚的布鲁杰尔迪
古宅穹顶

伊斯法罕谢科洛夫拉
清真寺穹顶

亚兹德的聚礼清真寺
穹顶

伊斯法罕沙阿清真寺内部

伊斯法罕沙阿清真寺入口处的蜂窝状立体穹顶。
伊斯兰教禁止偶像崇拜，清真寺无法使用人物绘画和造
像进行装饰，但波斯人的创造力没有因此而枯竭，相反，
他们以花草和几何图案为灵感，用线条、形状和色彩构
筑起另一个万花筒般的世界。

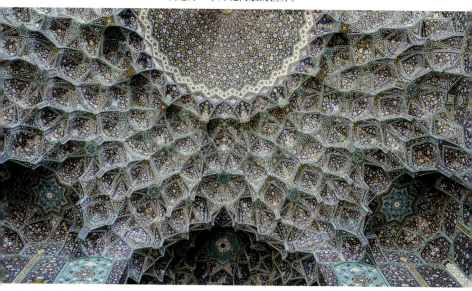

土耳其境内底格里斯河畔的小镇哈桑凯伊夫曾是丝绸之路上的贸易中心。河对岸建在绝壁上的洞穴曾是人们的住所。

老人把哈桑凯伊夫的洞穴改造成了石屋。

土耳其内姆鲁特山上的公元前 1 世纪文化遗址，身首异处的雕像迎接着清晨的阳光。

伊斯坦布尔的金角湾边，一个男孩正在抛撒鱼饵。对岸的苏莱曼尼耶清真寺沐浴在日落时分的金光之中。

伊斯坦布尔夕阳下的圣索菲亚大教堂（2020 年 7 月 10 日，土耳其总统埃尔多安宣布圣索菲亚
将作为清真寺重新开放）

从伊斯坦布尔苏莱曼尼耶清真寺俯瞰金角湾

博斯普鲁斯海峡边的餐厅门口，一只狸花猫原地起立、伸长脖子，看着厨师摆弄冰柜里的鱼。

在犹太教中，耶路撒冷的橄榄山是末日审判时耶和华降临的地点，犹太人相信，葬在这里可以优先进入天堂。从这里可以远眺圆顶清真寺。

位于耶路撒冷圣殿山的圆顶清真寺

清晨，零星的犹太人来到橄榄山念诵经文，凭吊故人。

周五傍晚，犹太人从四面八方汇聚到西墙。

耶路撒冷雅法路上即兴跳舞的犹太青年们

普珥节当天的雅法路上，孩子们盛装出行。

迁居至阿依达难民营的巴勒斯坦人画下家乡的模样，既是为了寄托对故土的思念，也是为了警示后代，希望他们不要忘记曾经的家园。

巴勒斯坦伯利恒的隔离墙。自 2002 年 6 月起，以色列沿着 1967 年六日战争前的巴以边界线修建了一堵安全隔离墙，旨在将约旦河西岸的巴勒斯坦与以色列彻底隔离，阻止巴勒斯坦激进组织的成员袭击以色列。

阿依达难民营里物资匮乏的小卖部

巴勒斯坦中部城市纳布卢斯，沙发主玛丽姆的父亲端上一大盆羊肉抓饭。

玛丽姆的妹妹没有书桌，只能趴在地毯上或弓着背坐在沙发上写作业。

约旦月亮峡谷中的一个贝都因家庭

月亮峡谷

尼罗河

古埃及拉美西斯二世建造的哈索尔神庙，内部布满雕刻图案。

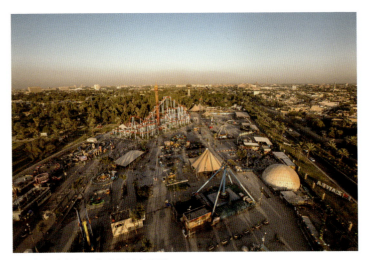

位于伊拉克首都巴格达的国家公园

女人们带着孩子去巴格达卡德米亚圣陵外热闹的市场逛街购物。

因拍照而受母亲大肆责骂之后，巴格达女孩巴图央求我为她的衣柜拍一张照片。她花了两小时整理衣柜，把最喜欢的浅色衣服都挂了起来，把不喜欢的深色衣服叠好，放在下方，一双金色的休闲鞋和粉色的高跟鞋被摆在显眼的位置。

伊拉克卡尔巴拉市一家婚纱礼服店门口，身穿黑袍的女性对着橱窗流连忘返。

底格里斯河日落，伊拉克巴格达

幼发拉底河日出，伊拉克纳西里耶

底格里斯河与幼发拉底河在伊拉克东南部的古尔奈交汇，当地人驾着月牙般细长的小船在河面穿行。

美索不达米亚沼泽一度水草丰茂、飞鸟成群，在许多研究者看来，这里是《圣经》中伊甸园的所在。我们坐上 15 岁的沼泽阿拉伯少年的船，穿梭在沼泽和芦苇之间。

在伊拉克的沙漠戈壁边卖瓜的商贩

伊拉克北部城市埃尔比勒，在街头踢球的孩子们

伊拉克北部城市埃尔比勒附近的达拉沙克兰难民营建于 2013 年 9 月，接收的难民主要是来自叙利亚首都大马士革和东北部哈塞克省的库尔德人。难民营的主干道两旁有各种小店铺。

达拉沙克兰难民营主干道上的一家小卖店

放学回家的叙利亚孩子

叙利亚首都大马士革老城的鱼店

清晨，大马士革老城的馕店门口排起了长队。每个人离开时，手上都托着厚厚的一沓馕。

大马士革古城中心的哈米迪亚集市始建于罗马时代，黑色铁皮顶棚因岁月流逝，布满小孔，阳光穿过小孔，如同夜空中的点点繁星。

作为重要的交通枢纽和仅次于阿勒颇和大马士革的叙利亚第三大城市，霍姆斯在内战爆发后迅速成为叙利亚政府军与反政府武装争夺的焦点，城市里大量房屋被炮击摧毁。

在叙利亚的海港城市拉塔基亚，我跟随沙发主蕾姆参加一场订婚宴，盛装出席的亲友们在宴会大厅跳了一晚上舞。

在拉塔基亚观看阿勒颇伊蒂哈德俱乐部与拉塔基亚特斯云俱乐部的足球比赛。

2012 年 7 月,叙利亚反对派武装进攻阿勒颇城区,长达四年半的阿勒颇战役就此打响。如今,阿勒颇老城的大部分区域已沦为废墟。日落时分,小贩在阿勒颇城堡外的广场上支起摊位。

几个叙利亚人坐在阿勒颇老城的废墟间聊天。

在阿勒颇一栋被炮火炸毁的大楼里，一家位于中间楼层的童装店重新装上落地窗，在面向街道的窗边放了六个人台展示儿童服装，若无其事地照常经营。

戴头巾的穆斯林奶奶牵着戴圣诞帽的小女孩赶往大马士革老城,参加圣诞活动。

沙特曾是世界上唯一一个禁止女性开车的国家。沙特人说,实际上没有法律明确禁止女性开车,但女性无法考取驾照,开车上路属于无证驾驶。2018 年 6 月,沙特解除了这项禁令。

2018 年 4 月 18 日，沙特首家商业电影院在利雅得正式开业。

为沙特人照料骆驼的苏丹人

沙特的内志地区从未被西方殖民过，因此，这里保留了诸多贝都因人古老的生活习惯。如今，虽然沙特的生活已经极尽现代化，但每到周末，沙特人喜欢去郊外的贝都因帐篷聚会聊天，喝阿拉伯咖啡，吃椰枣、烤馕。

在贝都因帐篷里，我一入座，一个小男孩立刻给我倒了杯阿拉伯咖啡，拿来了一盒椰枣。

18... 巴格达

1

坐上伊拉克航空从迪拜飞往巴格达的班机时，我感到久违的紧张。近年来，伊拉克和叙利亚战火不断，位居"世界上最危险的十个国家"行列。我本不必冒险，但阿拉伯历史上最辉煌的倭马亚王朝[1]和阿拔斯王朝[2]，都城分别是如今的叙利亚首都大马士革和伊拉克首都巴格达，孕育两河文明的底格里斯河和幼发拉底河主要流经的区域也在这两个国家。这里既是古代文明的摇篮，也是近代中东的焦点。

为了前往这两个国家，我费了不少周折。持有以色列签证无法入境叙利亚和伊拉克。2017年底，见局势大体稳定，我挂失了

---

[1] 倭马亚王朝（661—750），阿拉伯帝国的第一个世袭制王朝，也是穆斯林历史上最强盛的王朝之一。
[2] 阿拔斯王朝（750—1258），阿拉伯帝国的第二个世袭制王朝，在该王朝统治时期，中世纪的伊斯兰世界达到极盛。

护照，但直到新护照到手，我都难以做出任何决定。最妥帖的方式当然是一次走完两个国家，但2018年年初，叙利亚政府军与反政府武装在大马士革东郊的东古塔地区发生交战，联络了一阵子的叙利亚人劝我暂缓行程。我只好作罢，先前往局势大体稳定的伊拉克。

网上几乎找不到伊拉克的旅行信息。自1980年以来，伊拉克连续经历了两伊战争、海湾战争、伊拉克战争，2011年美军撤离后，伊拉克政府又深陷与"伊斯兰国"的内战。2017年7月，随着政府解放第二大城市摩苏尔，局势才逐渐好转。

对我来说，时常出现在国际新闻头版头条的"巴格达"几乎等同于"爆炸"。要如何在这个信息匮乏的国家安全出行，我一筹莫展。网站上的沙发主几乎清一色男性，今天来机场接机的艾哈迈德是我找的第一位男性沙发主，虽然他声称与母亲同来，但我还是抑制不住焦虑。

飞机上一半的座位都空着。后座的小男孩时而发出冲破云霄的嘶吼，时而发出大提琴般的低吟，时而把我的椅背当作沙包，拳脚相加。

一个多小时后，窗外出现了黄色的荒原，随后，公路把荒原切割成形状各异的区块，积木般的建筑伫立其间。几片人工湖被树木包围，泛着湛蓝的波光。伴随着后座小男孩卖力的表演，我昏昏沉沉地降落在了巴格达国际机场。

刚走进机场，眼前就出现了五个办理入境手续的窗口。几乎所有人都是回国的伊拉克人或长期外派的外国人，开放的两个窗口很快放行了所有乘客。一番询问后，我填好表格，把护照和办理落地签的批文一并交给工作人员。半个多小时后，工作人员姗姗而回，递上贴好落地签的护照。我去窗口盖了章，正式进入伊拉克。

出关后没走几步就是行李提取处。大厅里空无一人，我的登山包孤零零地倚靠在行李转盘边。红褐色的地砖和灰色的天花板上下夹击，把本就不高的空间挤得更加压抑。笔直的灯带呆板地纵横在头顶，照亮了白色圆形花坛里几株垂头丧气的植物。

沙发主艾哈迈德告诉我，他的车不能进入机场，我必须坐"公交车"到机场外的停车场，不过，他没有告诉我该坐哪辆"公交车"，仿佛这是个不必解释的常识。我向保安打听在哪里乘坐"公交车"，不懂英语的他径直把我带向一辆出租车。出租车司机的一双小眼睛亮得仿佛捕食的老鹰，他毫不留情地在手机上按出35美元的天价，用破碎的英语说："公交车，没了。"

巴格达机场被称为全球最危险的场所之一，2003年伊拉克战争爆发后，这里时常遭到爆炸袭击。虽然我认定司机在骗我，但四周没有别的车，我也不想久留，只好咬着牙上车。

出租车只开了十分钟就到了停车场。艾哈迈德一眼认出了我，他用发胶把头发塑成凤梨状，国字脸，身材微胖，笑起来憨厚和善。我光顾着与他寒暄，一时忘记了天价出租车的事，等我回过神来，司机早已溜之大吉。

了解了事情经过后，艾哈迈德义愤填膺地告诉我，出于安全考虑，伊拉克的机场只允许私家车停在机场外指定的停车场，乘客必须凭机票换乘免费摆渡车进入机场，其间要接受几道严格的安全检查。同理，离开机场也必须乘坐摆渡车。

"都怪我没向你解释清楚，害你被骗了钱。"艾哈迈德懊恼地直摇头。他那戴着头巾的母亲也激动地用阿拉伯语谴责黑心司机。三个人一起同仇敌忾，暂时缓解了我的焦虑。

连接机场到巴格达市区的高速公路被认为是世界上最危险的道路之一，作为军事用品补给通道，这里频遭汽车炸弹、人体炸弹、枪击扫射等袭击，一度是交火的重灾区。

笔直、宽阔的六车道上几乎没有车辆，两旁的缓冲带铺满草皮，矮小的椰枣树一字排开，柏油马路平坦得如同台球桌，地面上的白色标志线被磨得只剩隐约的轮廓。艾哈迈德双手把着方向盘，皱着眉头，一言不发。

没过多久，他就拐进了一条小巷。与刚刚那体面的公路相比，这里简直像是沙漠乡村。轮胎轧过坑坑洼洼的路面，扬起漫天尘土，路边的土色房屋被烈日晒得了无生气。艾哈迈德长舒了一口气，重新露出笑容："我们安全了。"

2

在小巷里拐了几道弯后，艾哈迈德把车停在一个篮球场大小的广场边，广场被黄色的砂土覆盖，寸草不生，十来个彩色的儿童滑梯散布其中。艾哈迈德打开广场边一扇漆成白色的铁门，笑着说："欢迎来到你在巴格达的家。"

四方的院子里铺了白色的水磨石地砖，几盆蓬勃向上的仙人掌沿着蜜色的围墙一字排开，雪白的床单搭在塑料凳子上，正在接受烈日的炙烤。院子的角落有一片被砖块和碎石围出的草地，草地边种了几棵树。一只白头褐身羊从树丛里探出脑袋，它的耳朵很长，像是耷拉在脸颊边的双马尾辫子，一双眼睛微微下垂，慈祥得宛若年过八旬的老太太。艾哈迈德说，这只羊是全家的好朋友，它聪明伶俐，经常进屋视察工作。除它之外，院子里还住

看不见的中东

着三只橘猫，它们身手了得，总是翻出围墙四处溜达，直到饿了才回家享用大餐。

推开院子里的白色方格铁门，是一条干净朴素的走廊，走廊两旁的房门通向不同的房间。艾哈迈德把我领到右手边的客厅，让我稍事休息。看得出来，为了迎接我，他们把客厅精心整理了一番。沙发和桌布的每个褶皱都被小心翼翼地抹平了，茶几上摆了一束粉色的塑料假花。紫色和白色相间的地毯像是刚刚清洗过，没有一丝污垢。沙发对面的展示柜陈列着艾哈迈德的毕业证书、奖杯，以及他从世界各地带回的纪念品。作为一名土木工程师，他的文凭和工作是全家人的骄傲。

艾哈迈德再次走进客厅时，两位妹妹紧随其后。她们都有一头浓密的棕色卷发，皮肤是健康的小麦色。22岁的拉赫曼身形丰满，婴儿肥的脸蛋上，一双大眼睛如月光般温柔，18岁的巴图比姐姐瘦了一圈，鹅蛋脸，笑起来青涩甜美。她俩对着彼此眨了眨眼睛，嘴角按捺不住笑意。拉赫曼率先开口与我打招呼，巴图紧随其后，她们像是提前演练过，说起英语像是在背诵课文。艾哈迈德告诉我，这是两位妹妹第一次见外国人，为此，她们兴奋了好几个星期。

羊闲庭信步走进客厅，像是国王在自己统治下的疆土微服私访。围着羊聊了一会儿后，两位妹妹终于放松了下来。拉赫曼抬头看了眼时钟，问道："你下飞机后还没吃过东西吧？你想吃什么？我给你做饭。"

"你们不需要斋戒吗？"我反问。根据伊斯兰教的规定，每年伊斯兰历的第九个月是斋月，这期间，每天从日出后到日落前的这段时间不得进食，不得饮水。我到巴格达的这天距离斋月结束还有三天。

"我们要斋戒，但你不是穆斯林啊，你刚到巴格达，是客人，我们怎么能让你饿着？煎鱼和薯条你爱吃吗？我这就去给你做。"说罢，拉赫曼不顾我的一再推辞，拉着巴图一起走进对面的厨房。

艾哈迈德看出了我的内疚，宽慰我说："住在这里，你就是我们家的一员了，我们有责任照顾好你。"

正方形的厨房非常宽敞，长长的料理台上整齐地摆放着食材和十几个倒扣的玻璃杯。拉赫曼熟练地起油锅，巴图在一旁帮忙切西红柿。不一会儿，她们就端来了煎鱼、薯条、黄瓜沙拉和西红柿切片，还配了两片柠檬和一个辣椒。煎鱼外脆里嫩，薯条炸得恰到好处，与餐厅的水准不相上下。

见我把食物一扫而空，拉赫曼露出了欣慰的笑容。她刚把餐盘端走，灯突然暗了，空调也停了，所有的电器声戛然而止。艾哈迈德淡定地告诉我，伊拉克每天要停电十几次甚至几十次，每次停电一般只持续一两分钟，无须担心。家里如果同时看电视、开空调，或同时开两台空调，一定会跳闸。我问起停电的原因，他想了想，解释说："我们国家建造电网时没有考虑到这么大的用电需求。你就想象一下高速公路吧，建造时只考虑了平均时段的车流量，一到高峰时段就会拥堵，彻底歇菜，可是，高速公路已经建好，也没法扩建。一到夏天，用空调的人家多了，电路达到峰值，就会跳闸。"他刚解释完，嘀嘀的声音此起彼伏，空调重启，电灯也又亮了。

由于只能开一台空调，一到晚上，一家人就横七竖八地在客厅的地毯上打地铺。

"如果你觉得不自在，可以睡在两个妹妹的房间里，我们可以试试开两台空调。"艾哈迈德提议。

两个妹妹的房间位于走廊尽头，房间里有一个衣柜、一个梳妆台和一张单人床。床单、窗帘、凳子都被装点成淡淡的粉色，床头摆着一只米色的绒毛玩具熊。家具有些陈旧，梳妆台上的镜子边缘布满细小的裂纹。在无须空调的季节，巴图睡在床上，拉赫曼在床边打地铺。

第一天晚上，与一家人道晚安后，我回到房间，躺到床上。空调正在卖力地运转，发出"嗞嗞嗞"的低吟。不一会儿，空调的指示灯熄灭，房间一片沉寂。一分钟后，指示灯亮起，空调风口再次传来孱弱的风声，但没支撑过一分钟，就又跳闸了。反反复复了十几次后，艾哈迈德过来敲门，问我可否把空调关掉。

"如果你觉得热，欢迎随时来客厅睡觉。"他睡眼惺忪地说。

我本指望利用空调的余凉入睡，但我显然低估了巴格达的夏天。6月中旬的巴格达，正午气温接近50℃，晚上也超过30℃，空调一关，凉爽很快被吞噬干净，我宛若一具被热浪裹紧的木乃伊，找不到半点方法给自己降温。不一会儿，床单和枕套就被汗水浸湿了。我不好意思去客厅打扰已经安然入睡的一家人，只好不停地深呼吸，用意志对抗高温。直到天快亮了，我才迷迷糊糊睡着了一小会儿。

3

第一次走进艾哈迈德家的厕所，我着实困惑了很久。厕所里没有卫生纸，没有垃圾桶，只有一个塑料细口水壶。根据传统，阿拉伯人便后使用水壶里的水和左手手指清洗屁股。相较于纸，水的清洁效果更好，得益于此，阿拉伯人中患痔疮的比例很低。可是，我从没真正弄懂过细口水壶的用法，究其原因，除了对用手指清洁屁股有技术上的不解和心理上的排斥，还有一个后续操作问题——用水洗完后，我要用什么把屁股擦干呢？如果不擦干，不会长痱子吗？

我环顾空空如也的厕所，只在门后看到了三条浴巾。用别人的浴巾擦自己的屁股总是不合适的，但我对自己使用细口水壶的技术没有信心，实在不想糟蹋自己的毛巾。我当然可以使用自带的卫生纸，但厕所里没有纸篓，我又不确定他们的下水道可否消化卫生纸，万一我天天扔纸进去，堵了人家的马桶，岂不是大家都尴尬？

思虑再三，我只剩一个办法——擦完屁股后，把纸放进小袋子，扎紧袋口，趁没人注意时扔到家里最常被清理的垃圾桶里。为了完成这个计划，我不得不四处搜集塑料袋，并认真观察一家人的行为规律，以免鬼鬼祟祟扔垃圾时被逮个正着。

艾哈迈德家的厕所不是个例。在伊拉克南部旅行的半个多月里，无论住平房还是别墅，厕所里始终只有细口水壶，没有纸篓，这又给我带来了另一个迫在眉睫的问题——来月经时，我该如何处理卫生棉条呢？

我本想找个机会问拉赫曼，但她哪怕更换外衣都会锁好房门，我只好作罢，以免这个"隐私"问题吓到她。思前想后，我只好采取同样的策略——把卫生棉条用纸包起来，放进小袋子，神不知鬼不觉地扔进垃圾桶。

4

到巴格达的第一天晚上，艾哈迈德提议带我去夜市转转。我上车时，他正在往一把手枪里塞子弹。

"你出门还带枪？会出事吗？"我小心翼翼地试探，心里已经打起了退堂鼓。

"最近比较太平，应该没事。平时出门当然不带枪啦！我带枪是因为带着你，我得确保你的绝对安全，你等会儿一定要跟紧我哦。"

艾哈迈德的车是一辆气派的宝蓝色SUV，轮胎附近的铁皮被撞瘪了，挡风玻璃的右上角围绕一个小小的圆点向周围裂开，像是被子弹袭击过。

路上车水马龙，斋戒的人们踏着夜色和晚风，一股脑儿涌上通往市区的道路。大部分车都破了相，不是铁皮被撞得凹凸不平，就是玻璃被子弹袭击过，再不济也全是剐蹭痕迹。我问艾哈迈德大家为何不修车，他看了眼玻璃上的裂纹，耸耸肩："没必要修的，谁知道修完还会出啥事呢？花那个钱干什么？可以开就行啦！"

我们被堵在了一座桥上，车窗外，平静的底格里斯河宛若剔透的镜面，倒映着远处的摩天轮，近处的河堤边荒草丛生，只有几家工厂发出些许微弱的光亮。

快一个小时后，艾哈迈德才把车停到阿布·哈尼法清真寺附近的停车场。这是巴格达最大的清真寺，一串串白色的霓虹灯顺着两座宣礼塔垂挂下来，像是夜空中撑起的两把巨伞。

我跟着艾哈迈德拐入小巷，与他的教授朋友会合。教授戴着细框眼镜，头发花白，发际线已经退到了头顶。他皱着眉头与艾哈迈德耳语了几句，艾哈迈德的手碰了碰放在裤子后袋的手枪，教授若有所思地点了点头，随后，他转过头来，刻意舒展了眉头，露出不自然的微笑，嘱咐我跟紧他们。夜市这类人员密集场所是恐怖袭击最青睐的目标之一。我努力控制自己不往坏的方向多想，事已至此，担心也无济于事。

路上清一色都是男性，我披着长发穿梭其中，如同走秀。人们的目光随着我的步伐缓缓移动，只要我回以注视，他们就像中了大奖一样，兴奋地上前询问能否合影。我打量了几眼果汁摊，摊主老爷爷赶忙递上一杯刚刚榨好的混合果汁，我从口袋里掏出一张纸币，老爷爷摆摆手，念叨着"免费"，露出慈祥的笑容。

狭窄的街道两旁满是饭店、果汁摊、甜品店、水烟店、茶水店。烤肉店老板把塑料桌椅摆到户外，搭了个烧烤架子，上方挂着一条条羊腿。一家只有十来个座位的网吧里坐满了青年男子，他们死死盯住电脑屏幕，沉浸在游戏之中。户外的棋牌桌座无虚席，男人们点上一个水烟或一杯红茶，全身心投入战斗，一位老爷爷仔细地用圆珠笔记录输赢，等着一夜鏖战后再算总账。

我们在一家大排档坐下，点了些烤肉和茶水。老板特意过来打了个招呼，额外赠送了我几串烤肉。一块挂在柱子上的电视屏幕正在播放世界杯足球比赛。艾哈迈德和教授舒了口气，用阿拉伯语聊起最近的工程项目。不一会儿，桌上就摆满了飘着香气的烤肉和冒着白烟的红茶。

5

我虽年长艾哈迈德两岁，但在他心中，我是另一位需要他妥善照顾的"妹妹"，他郑重地告诉我，巴格达并非绝对安全，没有他的陪伴，我不能独自出门。好在他的工作项目已经告一段落，每天早上只需去单位处理一些琐事，就可以回家带我外出。

一天，艾哈迈德问我想几点出门。6月的巴格达酷热难耐，通常来说，本地人只愿在天黑后出门，但晚上不适合拍照，于是我提议下午1点。艾哈迈德皱了皱眉头，欲言又止。

阿拉伯男人普遍爱美，他们不仅会做各种发型，还会根据脸形精心修饰胡型，艾哈迈德也不例外。出门前，他用发蜡把头发打理得服服帖帖，连一丝碎发都不放过。

汽车刚开出去不远，就被堵在路上。艾哈迈德这才告诉我实情——下午1—2点是伊拉克的下班高峰时间。我再次向艾哈迈德确认，以免自己听错。他轻描淡写地重复了一遍，仿佛这是无须多言的常识。我告诉他，中国的下班时间一般是下午5—6点，但对于大城市的年轻人来说，加班是家常便饭。当我解释完"996"的含义，正开着车的艾哈迈德突然转过头来，眉毛挑得很高，一双不大的眼睛完全撑开了。他一反平日的冷静，惊呼："5点下班我就觉得难以想象了，竟然还要加班？中国人的勤劳真是名不虚传啊！"

重重地做了几个深呼吸后，艾哈迈德告诉我，伊拉克人偏爱找政府单位的工作，他们一般早上9点上班，下午1点或2点下班，有的私营企业工作时间稍长，4点或5点下班。我对他描述的生活无言以对，每天只上四到五小时班，在我看来几乎等同于不上班。我告诉艾哈迈德，大城市的中国人不仅要加班，还要花至少一到两小时通勤。艾哈迈德的眼睛越瞪越大，似乎不敢相信中国人和他生活在同一个地球。他绞尽脑汁想象挤地铁、上班、加班、回家、洗漱、睡觉的生活，不停地摇头叹气。

聊天间，我们经过了几个检查站，每个检查站都搭了高高的铁皮顶棚，建有一个小岗亭，持枪士兵们在此驻守，检查往来车辆。每当经过检查站，艾哈迈德就摇下车窗，向士兵问一句好，随后径直离开。他说，如今的检查站相比半年前已经大幅减少，但即便如此，沿途路过十几个检查站也是家常便饭。

与检查站一样遍地开花的是布雷默墙。2003年美军进入伊拉克后，保罗·布雷默出任伊拉克重建和人道救援办公室的最高行政长官，这种便携式钢筋混凝土墙据说得名于他。铁灰色的墙体高约3.7米，墙顶有一圈圈带刺的钢丝，主要作用在于保护易受攻击的建筑物。如今，部分布雷默墙上满是涂鸦，有滚滚向前的坦克，轻松诙谐的"V"手势，也有喷绘的大幅标语。

几片刚打完地基就被弃置的工地出现在车窗两侧，我问艾哈迈德那是不是烂尾楼，他摇摇头："我也不知道。你得了解，伊拉克人不像中国人那么勤奋，你们要建什么，很快就能建好，我们嘛，拖拖拉拉，一个楼盖十来年都很正常。"

经过几幢崭新的高层现代公寓时，艾哈迈德一脸嫌弃地告诉我，伊拉克人喜欢住带院子的平房，不喜欢高层公寓。我这才想起一个困扰已久的问题。伊拉克的男性沙发主从不在个人页面提及自己是独居还是与家人同住，这让我一度非常担心安全问题。艾哈迈德考虑了一会儿，恍然大悟，他告诉我，几乎所有伊拉克人都与家人同住，他们意识不到需要画蛇添足交代一句。

汽车经过一个环岛，环岛中央的雕塑是巴格达这座城市的建造者 —— 阿拔斯王朝第二任哈里发曼苏尔。

"巴格达"意为"神的赠赐"。762年，曼苏尔选中这个底格里斯河边的小镇作为都城，亲自把它设计成以皇城为圆心的圆形城市。此后的五个世纪，巴格达堪称世界上最繁荣富足的城市，也是知识和文化的中心。在综合学术机构"智慧宫"里，大量希腊化时代和印度的经典名著被翻译成其他语言。五百年后，欧洲兴起的文艺复兴也得益于"智慧宫"在东西方文明交流中做出的贡献。巴格达见证了伊斯兰文明的黄金时代。

如今，巴格达的历史遗迹所剩无几，这片土地的征服者们历来喜欢在占领后焚毁一切。最令巴格达人闻风丧胆的洗劫来自蒙古人。1257年，正率军横扫亚洲草原的旭烈兀[1]逼近巴格达，次年占领巴格达，宫殿、清真寺、市场、图书馆、房屋无一幸免，全都化作了焦土。

巴格达几乎没有红绿灯，大的路口靠警察指挥交通秩序，小的路口则全凭司机自觉。

虽然基础建设有待完善，但在沦为中东战场之前，伊拉克一度被誉为中东第一强国。不同于大部分有油无水或有水无油的中东国家，伊拉克的地理条件和资源得天独厚 —— 既有底格里斯河和幼发拉底河，又有可以带来巨大财富的油田。20世纪70—80年代，随着石油价格节节攀升，伊拉克成为海湾地区第二大产油国。根据世界银行发布的数据[34]，20世纪80年代，当中国人均国民总收入只有220美元时，伊拉克的已经高达3930美元。丰厚的

1　旭烈兀（1217—1265），成吉思汗之孙，伊利汗国的建立者。

石油收入使得政府有能力开展改革，推行免费教育、免费医疗，提升识字率，保障女性的受教育权。当年的巴格达曾以高识字率、世俗的价值观和两性平等著称，穿着短裙的时髦女郎在街头随处可见。

艾哈迈德说，虽然伊拉克与伊朗、科威特爆发过战争，遭到过长达13年的国际制裁，但真正的剧变要从2003年的伊拉克战争说起。当时，萨达姆政权被推翻，权力出现真空，35万 [35] 被遣散的复兴党 [1] 和军队成员加入失业大军，什叶派、逊尼派、库尔德人三足鼎立，一时间，巴格达深陷混乱。2003年4月初，盗贼们带着链锯闯入伊拉克国家博物馆，数以万计的美索不达米亚平原珍宝被他们从墙上砍落、从底座敲下、从砸碎的陈列柜中取走，部分考古档案被毁坏，博物馆被迫关闭。2004年初，前所未有的宗教派系对立爆发，安全状况急剧恶化。2006年年中，巴格达爆发全面内战，街头爆炸频发，大量基础设施遭到破坏，物价飞涨，失业率飙升，收入一落千丈，女性地位一夜回到了解放前。

艾哈迈德与检查站的士兵打了个招呼，把车开进绿区 [2]。绿区毗邻底格里斯河，道路宽阔，绿树成荫。美军入驻伊拉克后的几年间，巴格达堪称人间屠场，自杀式汽车炸弹司空见惯，只有绿区这个严加戒备的"小美国"飞地大抵安全。

艾哈迈德告诉我，有一天，他坐面包车出门，突然，一架美军飞机飞过，一颗炸弹在不远处爆炸，所有人都被吓得缩成了一

---

1 复兴党全名阿拉伯社会主义复兴党，创建于叙利亚，在多个阿拉伯国家有分支。复兴党曾是伊拉克的执政党，萨达姆曾任总书记。
2 绿区也称"国际区"，曾是复兴党总部和萨达姆宫殿的所在地。2003年美军入侵伊拉克后，这里成了伊拉克重建和人道救援办公室的所在地。

团。一分钟后，美军又扔了一颗炸弹。爆炸一结束，他就跟着车上的其他人一起下车，飞奔着逃离了现场。

说这些时，艾哈迈德的语气不喜不悲，像是在叙述一个发生在别人身上的故事。他告诉我，那段时间，许多家庭都有亲人因爆炸或受伤后缺乏治疗而去世。2004年的一个下午，他的父亲出门办事，不幸在一场街头爆炸中意外身亡，当时，艾哈迈德还在上中学。从那以后，作为家里唯一的男性，他亦兄亦父，承担起了顶梁柱的责任。工作后，家里的全部开销都由他负担。这些年，经济状况逐渐好转，每年他都会给自己安排几次出国旅行。比起倾诉战争的残酷，艾哈迈德更喜欢向我展示他从威尼斯买回的面具、从罗马买回的角斗场模型，也喜欢与我分享旅途见闻。如他所说，无论遇到怎样的困境，生活总要继续。

6

一天晚上，艾哈迈德邀请我参加教授组织的烧烤家宴。

教授的家是一个面积超过1000平方米的大别墅。气派非凡的铁门徐徐打开，一个可容纳几十人举行派对的大院子赫然现于眼前，院子里有几棵参天大树，男人们正在树下架烤炉、烧炭火，烤鸡翅。一见到我，他们纷纷停下手里的活儿，上前与我握手问好。他们之中，有在德国定居的工程师，有去英国留过学的教师，有从事跨国贸易的商人。

戴着头巾的女人们从厨房端来沙拉和甜点，摆在院子里的大长桌上，随后，她们就集体消失了。教授说，她们会在室内的餐厅用餐。

我和十几位男士围坐共餐。提起中国，他们绘声绘色地赞美起"Yiwu"，教授告诉我，许多伊拉克商人会去义乌进货，那里的东西真的很便宜。

　　不远处突然传来一记爆炸声，所有人都缩了一下肩膀，抬起头四下张望。越过围墙向天空望去，一丛红色的烟花正在空中盛开，绽放出流星般长长的尾巴。教授放下鸡翅，眯起眼睛，看得出神。一阵沉默后，他告诉我，他的妻子死于2010年的一场街头爆炸，那些年，爆炸声总是意味着袭击和死亡，每当熟悉的方向传来爆炸声，他就心惊胆战地拨通电话，确认亲朋好友是否安全，如果电话无人接听，他的心就像是被灌了铅，沉得透不过气。

　　"那些年，我都忘了爆炸声还可能是烟花了。"他喃喃自语。

　　一发发烟花直冲云霄，发出噼里啪啦的响声，洒下雨点般细密的火花。所有人都放下了食物，安静地望着天空。直到烟花燃尽，也没有人舍得打破沉默。

　　　　　　　　　　　　　　　　　　　　　看不见的中东

19... 姐妹与照片

1

到巴格达的第三天正值开斋节前夜。开斋节是穆斯林庆祝斋月结束、阖家团圆的重要节日，相当于我们的春节。这天晚上，为了给节日做准备，艾哈迈德、妈妈和舅妈打算出门购物。我不愿放过外出的机会，也跟着一起上了车。和过去两天一样，没有人提议带上拉赫曼和巴图，她们放下还没洗完的碗，并肩站在院子里，向我挥了挥手。

抵达购物街后，艾哈迈德把我们三个女人放下，独自理发去了，我跟着妈妈和舅妈开始逛街。双车道马路边停满了车。为了招揽生意，路边的服装小店、化妆品小店、杂货店纷纷在店门外支起摊位，把本就不宽的人行道挤得水泄不通。穿着短袖的年轻男人、穿着黑袍的中年妇女穿梭在玩具摊、睡衣摊、饰品摊、杂货店之间，所有商品都像是从义乌批发的，有的衣服上也确实印着中文。

路边一家卖化妆品的店铺小到只能容纳十来个人，妈妈硬是突破了左右夹击的顾客，挤到柜台前，打量起口红、粉饼和眉笔。见我也钻到了身旁，她指指柜台，对我说"拉赫曼""巴图"，要为两个女儿挑选化妆品。她从不同色号的眉笔里挑出五六支，一一涂抹到手背，在灯光下反复端详。见她这么纠结，我指了指咖啡色，竖起大拇指。她的嘴角微微上扬，对我点点头，似乎很高兴有人出谋划策。结完账，我主动从店员手里接过塑料袋，妈妈和舅妈相视一笑，对我竖起大拇指。

妈妈在路边的一个睡裙摊前停下脚步，她的手指划过五颜六色的长裙，挑出一件袖口带花边的粉色裙子问我："巴图？"两个妹妹把房间布置得如此粉嫩，一定深爱粉色。我点头表示认可，妈妈笑着让我转过身，把裙子贴到我的后背，判断尺码。

妈妈全神贯注地穿梭在不同的摊位间，为全家人购置衣裤、鞋子、项链、耳环、手链、化妆品。当我的手上提了大大小小十几个塑料袋时，妈妈开始琢磨给我买衣服和首饰。我拼命摇头，做了个背包的动作，指指商品，指指后背，模仿哈巴狗吐着舌头的表情。一番推拉之后，妈妈坚持给我买了一条猫头鹰项链，好在价格便宜，我就当纪念品收下了。

买齐所有物品，已是深夜1点。妈妈和舅妈这两位体重严重超标的中年妇女坦然走进一家冰激凌店，买了三份白、粉、咖啡色相间的冰激凌。她俩吃得飞快，仿佛渴了三天的沙漠旅人终于找到了清泉。我很想跟上她们的速度，但实在力不从心。

等我好不容易吃完，理完发的艾哈迈德才回来与我们会合，他让妈妈和舅妈去车里等着，把我带到一家男士服装店。服装店的老板正准备打烊，见我们推门而入，便让出一条通道。艾哈迈德指了指几款衬衫和裤子，用右手托着下巴，严肃地问我怎么搭配比较好看。我指出一个组合，他满意地点点头，让老板包装起来。

回到家时，已是深夜2点，拉赫曼和巴图正坐在客厅里，一脸期待地迎接我们。我把十几个塑料袋堆到沙发上，打算洗洗睡了。待我洗漱完回客厅一看，两位妹妹正在兴味盎然地拆塑料袋，她们把动作放得很慢，仿佛那样就能延长快乐的时间。每打开一个塑料袋，她们就在对方的身上来回比画，提出自己的看法，讨论这件衣服或饰品更适合谁、应该如何搭配。

把所有东西都检阅了一遍之后，拉赫曼和巴图开始用妈妈新买的化妆品在脸上描摹。

"这么晚了还化妆？"我打着哈欠问。

"只是试试！"巴图扬起声音，笑得合不拢嘴，一双眼睛弯成了月牙。

拉赫曼告诉我，最近正值暑假，她们没什么暑假作业，每天除了做饭洗碗做家务，就再没什么事可以做了。每当我和艾哈迈德外出，她和巴图就只能在家画，或在客厅里发呆、打瞌睡。刚刚我们出去购物时，她俩已经睡过一觉了。

说话间，拉赫曼已经为巴图扑了粉底、抹了眼影、涂了口红。她们蹦蹦跳跳地回到房间，把妈妈前两天给她们买的行头都拿来了客厅。巴图拿起一条金色的项链在脖子上比画，问我好不好看，我点点头。她又取出一件白色的碎花衬衣举在身前，问我美不美。拉赫曼紧随其后，把一件长款蓝色马甲套在睡裙外，问我是不是很有气质。我把所有衣服和饰品都夸了一遍后，她们才意犹未尽地把衣物捧回卧室。

过了一会儿，她俩拿出吸尘器，开始清理客厅的地毯。见她们没有要休息的意思，我便回房睡觉了。

2

平日里，拉赫曼和巴图10点多或11点多才起床。虽然前一晚折腾到三四点，但开斋节当天，巴图8点多就醒了。她蹑手蹑脚地打开房门，坐在梳妆台前。我听到动静，睡眼惺忪地和她打了个招呼。她正在往手臂和腿上挤脱毛膏，待毛发软化后，她借着微弱的灯光，用剃刀仔细刮毛。

我侧躺在床上望着她，她害羞地低下头，轻声问我："你要剃吗？"

我答曰不要，转头继续打盹儿。

10点多，房间外传来脚步声，全家人都起床了。他们敲了敲门，走进房间，由妈妈起头，挨个儿与我贴脸、拥抱，送上正式的祝福。巴图祝我实现所有梦想，拉赫曼祝我环游世界，妈妈祝我嫁个好男人，艾哈迈德与我握了握手，祝我伊拉克之行顺利愉快，有所收获。

客厅的餐桌上已经摆好了巴格达的传统开斋节早餐——千层饼"卡黑"（kahi）配糖水，用纯天然牛乳做的奶油芝士"勾玛"（goma）。奶油芝士的口感细腻顺滑，像是化到一半的冰激凌。包裹了厚厚糖水的千层饼软塌塌的，咬下去齁甜齁甜。艾哈迈德把桌边的苹果酱、蓝莓酱递给我，说这是亲戚亲手做的，让我尝尝。我的口腔已被糖水占满，尝不出其他甜味。一家人狼吞虎咽，千层饼很快被疯抢一空。

饭后，艾哈迈德告诉我，全家人计划今天一起去市中心最大的国家公园游玩。我点点头，迅速洗脸刷牙，整理背包。待我准备就绪，回客厅一看，所有人都懒洋洋的，没有一点儿要出发的意思。

洗完碗，两位妹妹回到房间，找出直板器。拉赫曼把巴图的头发分层，逐层拉直，架势一点儿也不逊色于专业理发师。拉完后，巴图对着镜子左照右照，摆出各种姿势和表情，对自己的一头直发相当满意。拉赫曼宠溺地看了妹妹一眼，坐下来给自己拉直头发。阿拉伯女性大多天生卷发，发质毛糙，正因如此，她们尤其迷恋顺滑的直发。

捯饬完头发，姐妹俩坐到院子的台阶上。巴图凝视着拉赫曼的脸，用两只手把质地坚硬的细绳撑开，划过脸上时再轻轻收起，在两股细绳的共同作用力下，拉赫曼脸上的细毛被夹断、脱落。我问是不是很疼，拉赫曼说有一点疼。那些我得戴上眼镜、凑得很近才看得到的细毛，都逃不过她们的法眼。

艾哈迈德正在院子里发动汽车，我问是不是要出发了，他摇摇头说，他只是去附近买条底格里斯河的烤鱼作为午餐。我闲着无聊，便跳上了车。

街上冷冷清清，连人影都没有，所有店铺都拉着卷帘门，地上垃圾零落。我们转悠了好一会儿，才找到一家营业中的烤鱼摊。鱼被剖成两半摊在烤架上，老板边抽着烟，边往鱼肉上刷酱汁。不一会儿，一阵白烟缓缓升起，酱汁的甜香扑鼻而来。

回到家时，鱼还热乎乎的。我坐在餐桌边垂涎欲滴，但不知该如何下手。平时吃饭，我们要么徒手用馕把菜包住，一起送进嘴里，要么用勺子吃饭。但眼下，桌上只有烤鱼和面包。

"尝尝看！这个烤鱼可好吃了！"艾哈迈德搓了搓手，催我开动。

"可是，要怎么吃呢？"

他愣了一下，惊呼："你没吃过鱼吗？你们那里没有？"

我扑哧笑出了声："我当然吃过鱼啦，我的意思是，我该去厨房拿个叉子吗？"

艾哈迈德徒手掰下一块鱼肉，哈哈大笑说："直接上手！"

艾哈迈德的手上沾满油汁，我也照葫芦画瓢，把手伸向鱼肉。清甜的酱汁均匀地包裹着鱼肉，外酥里嫩，非常入味，与土耳其那些干巴巴的炸鱼简直天壤之别。我很快就忘记了双手的油腻，沉浸在烤鱼的美味之中。

饭后，本该洗碗的两位妹妹顾不上一片狼藉的餐桌，又回房间继续打扮去了。妈妈耸耸肩，笑了笑，着手开始做清洁工作。

在剃毛、拉头发、拔毛之后，拉赫曼和巴图终于开始化妆了。阿拉伯女孩喜欢化夸张的眼线和眼影，妆前看上去青春洋溢的20岁女孩，妆后一下子年长了至少5岁，戴上头巾后，会再增加5岁。当她们全副武装出门，基本和在家时判若两人。

姐妹俩凑到镜子前，用妈妈新买的化妆品认真在脸上描绘，时不时看看对方的进展，互相指点评论。

"你真的不化妆吗？你不用不好意思，我们的化妆品你都能用，我也可以帮你化。"见我杵在一边看手机，拉赫曼反复向我确认。我直摇头。

"中国女人不化妆吗？天啊，我根本不敢相信世界上竟然有不化妆的女人！你为什么不化妆？"

我告诉拉赫曼，中国女人有化妆的，有不化妆的。我不化妆一方面是觉得化妆品太黏了，化了不舒服，对皮肤不好，另一方面是因为我觉得外貌并不重要，毕竟人总会变老变丑，与其绞尽脑汁、费尽心力让下坡路走得慢一点，不如脚踏实地、另寻一条上坡路。人的时间和精力有限，我想把时间花在其他感兴趣的事情上。

拉赫曼想了想，叹了口气说："我们阿拉伯女人凑在一起，就喜欢化妆和谈论化妆，我们也不知道要过多少年才能像你这样不在乎外貌。"

化完妆，姐妹俩开始挑选衣服。她俩共享一个移门衣柜，无法同时挑选，拉赫曼只好先帮巴图出谋划策。

巴图打开衣柜，取出一条金色的长裙和一双金色的皮鞋，她说，金色看上去高贵、优雅，是她最喜欢的颜色。说罢，她皱起眉头，一脸惆怅地看着裙子。我问怎么了，她告诉我，她很喜欢这条裙子的颜色，但裙子太长了。说完，她低声抽泣起来。妈妈和拉赫曼闻声赶来，轻抚她的肩膀，劝她别太执念。她们那已经出嫁的姐姐正巧带着丈夫前来"拜年"。看到巴图小声啜泣的样子，姐姐径直去厨房找来了一把剪刀。剪刀在长裙上划开口子，露出刺眼的毛边，原本长及小腿的裙子被一直剪到了膝盖上方。巴图提起裙子反复打量，终于雨过天晴，露出满意的笑容。

可是，这样一条前凸后翘的无袖短裙过于性感，连穿在罩袍里的资格都不具备，巴图只好在短裙外面套上花色的衬衫和牛仔裤。这样一来，金色的裙子就被完全遮住、变得多余了。不过，对这位花季少女来说，穿上她喜欢的衣服才是最重要的。为了搭配衬衫，巴图找来了一件长款白色外套，在牛仔裤外，她又穿了条粉色的宽松长裙。至此，她里外总共穿了三身衣服。

拉赫曼也穿戴整齐了，她在白色长款外套外又搭了件蓝色的长款马甲。室外的气温超过40℃，光是看着她们里三层外三层的衣服，我就热得冒汗了。

穿戴整齐后，姐妹俩把一堆项链和耳环摊在床上，开始搭配。艾哈迈德有一点不耐烦了，进来问她们还要多久。姐妹俩眼巴巴地看着哥哥，希望他可以帮忙出个主意，到底搭配哪条项链比较好看。

终于搭配完毕，她们打开冰箱，取出提前准备好的水果、沙拉、三明治、点心、零食，说这是去公园野餐的食物。至此，所有准备工作大功告成。时间已是晚上6点，距离她们起床已经过去了十个小时。

虽然打扮得足够精心，但她们忙活了一整天的成果所剩无几——剃毛后光滑的手脚被长袖长裤遮住，拉直的头发被盘起、用头巾盖住，美丽的裙子不见踪影，连项链都被压在了头巾之下。

3

国家公园的停车场车位已满，我们转了两圈，才在路边找到停车位。不远处的公园大门口，安检正在有序进行。我和妈妈、姐妹俩走进不透明的小屋子，小屋里挤满了女人，大家前胸贴着后背，一个个上前接受女性工作人员的搜身。这是进入巴格达所有大型公共场所前必需的步骤。

国家公园很大，有动物区、儿童区和游乐园。节日的公园格外热闹，小径两旁满是售卖饮料、爆米花、薯片、棉花糖、玩具的摊位，也有水烟店和茶馆。举家出行的人们急匆匆赶往游乐园，孩子们高举塑料枪和塑料剑，你追我赶。结伴而来的单身男性集结在小型广场，跟着舞台上的音乐一起摇摆。

我们来到一片草坪，铺上地毯，摆开食物。微弱的灯光只够勉强看清食物，姐妹俩那精心描绘的脸庞淹没在了夜色之中，看不真切。

艾哈迈德说要带我去坐摩天轮，拉赫曼不顾母亲的反对，执意同行。摩天轮缓缓升空，巨大的游乐园尽收眼底。七彩的灯光勾勒出一条爱心形状的通道，入口处挤满了自拍的人群，跳楼机笔直下坠，过山车、旋转木马、大摆锤、海盗船被灯光勾勒出轮廓，闪耀在夜空之中。电力稳定地运行着，与频繁跳闸的日常生活仿佛处在两个平行时空。

摩天轮升至最高处，整个巴格达浮现在眼前。目之所及只有一幢高楼，星星点点的灯光点缀着大片漆黑的街区，一条通亮的主干道延伸向远方，消失在无边的黑暗之中。

回到草坪上，艾哈迈德兴致高昂，开始与我赛跑。我们像两阵风一样蹿出草坪，草坪上的女人们盯着我们跑了几个来回，咯咯咯地笑着。

伊拉克女人外出时总是长袍加身，自然不方便做任何运动，实际上，她们根本不被允许在公共场所运动。拉赫曼告诉我，曾有一位骑车上街的巴格达女孩引发了全国热议。传统社会认为骑车会导致处女膜破裂，影响生育功能。这位女孩承受不住铺天盖地的舆论压力，只好出国避风头，回国后，她便和光同尘，再也不敢做"出格"的事了。

4

开斋节后的那天，是我在艾哈迈德家的最后一天。虽然与两位妹妹相谈甚欢，但我没有提出合影的要求。在伊拉克，"抛头露脸"的女人容易遭遇性骚扰或性侵。在传统社会看来，这种女人是放荡的、不自爱的，哪怕被侵犯，也是她们咎由自取。因此，伊拉克女性几乎从不在社交平台上分享照片。

这天下午，巴图拉着我的衣角撒娇："我想和你合影，好不好呀？好不好呀？"

"只要你可以，我当然没问题啦。"

她的眼珠子转了几圈，决定不戴头巾。我再三向她确认，她噘起嘴说："哎呀，你又不会把照片发出去的，不要紧的啦！"

我深知问题的严重性，严肃地向她承诺，我不会把合照分享到网络上，也不会给任何人过目。

我们在院子的一角站定，举起手机。面对镜头，巴图笑靥如花，两侧苹果肌微微鼓起，洁白的牙齿在脸上划出一道弯月。她揉了揉一头棕色的卷发，把它们抚弄到一边，遮住半张脸，嘟起嘴、鼓起嘴、咧开嘴，做出各种表情。羊听到声响，也过来凑热闹。我和巴图默契地蹲在羊的两侧，羊仿佛知道我们在干什么，也跟着一起看向镜头，露出慈祥的微笑。

拉赫曼正巧来院子里收衣服，她看到巴图在镜头前穿着短袖、露出头发，吓得愣在了原地。她警惕地看了一眼屋子，招了招手，把巴图叫过去，小声问："你确定要这样吗？"

巴图跺了跺脚，一脸不耐烦："哎呀没事的啦！她不会把照片发出去的！我只是想留个纪念。"

　　　　　　　　　　　　　看不见的中东

拉赫曼僵着脸，一言不发地进屋了。

不一会儿，她又出来了。她戴了头巾，穿了件无袖上衣，画了个简单的眼线，表情比刚刚松弛多了。我们仨一起在院子里与羊合影，她俩那极富胶原蛋白的脸蛋在阳光下生机勃勃，仿佛早春时节破土而出的嫩芽。

把院子拍了个遍后，姐妹俩决定回屋再换一套衣服。刚进屋，她们就撞见了准备出门的妈妈。妈妈瞟了一眼手机上的照片，气得把钱包扔在了地上，她揪起巴图的耳朵，把她拎进房间。

妈妈像是一辆脱轨的火车，完全失控了。噼里啪啦的词句从她的嘴里喷射而出，眼泪混合着鼻涕一起飞流直下。巴图坐在床的边缘，咬着嘴唇，看着地面，强忍住已经在打转的眼泪。艾哈迈德听到声响，飞奔过来支援，帮巴图说好话。

根据事后艾哈迈德的翻译，母亲一直在重复："你怎么敢拍露出头发的照片？我辛辛苦苦把你养到18岁，你怎么敢拍这么风骚的照片？你不想想，万一手机被偷了、掉了，照片泄露出去，你以后还要怎么嫁人？你的一辈子都会完蛋的！"

作为外人，我的处境实在尴尬，我拿出手机，当着妈妈的面把刚刚拍的所有照片一删而空。妈妈深吸了几口气，转过头来，从僵硬的肌肉里挤出一个微笑，温柔地拍了拍我的肩膀，让艾哈迈德转告我，这不是我的错，不是我提出要拍照的，是巴图自己不检点。说完，她又声泪俱下地骂起了巴图。

我杵在其中，左右为难，只能假装去客厅喝水。拉赫曼正面无表情地坐在沙发上，看到我进来，她勉强挤出一个苦笑。我们并肩坐着，她第一次跟我谈起梦想。拉赫曼喜欢画画和建筑设计，但自打记事起，就没有人问过她喜欢什么、长大后想做什么。比起上学，她更重要的任务是尽早学会做饭、帮妈妈分担家务、照顾任性的妹妹。她从没跟任何人提过的梦想是成为一名建筑师。

沉默了一会儿后，拉赫曼望着窗外，回忆道："你知道吗？美军进入伊拉克后，巴格达经常发生爆炸，那时我还很小，什么都不懂，我问爸爸那些声音是什么，爸爸告诉我，是有人在过生日。"说完，她转过头来，面无表情地看着我。

妈妈急促的脚步声打破了快要凝固的空气。她冲进客厅，指着拉赫曼的鼻子大吼大叫，说她拍照时虽然戴了头巾，但穿的却是无袖上衣，简直不知廉耻。拉赫曼被骂了一分钟，眼眶就快兜不住眼泪了。她没有像巴图那样顶嘴，妈妈很快就回房间继续骂巴图了。

妈妈一走，拉赫曼的眼泪像是泄闸的洪水，汹涌而出，她双手发抖，靠在我的肩膀上低声抽泣，仿佛担心声音一大，就会再次招来怒气冲天的妈妈。直到我的肩膀被泪水浸湿，拉赫曼的情绪才逐渐平复下来。她吸了吸鼻子，用餐巾纸抹去泪痕。房间里，妈妈的骂声也停止了，家里陷入前所未有的静默。

大概是为了缓和气氛，拉赫曼打开手机相册，找出了一组照片。照片上，她的社交账号主页出现在罗马角斗场前、威尼斯水城边。她骄傲地告诉我，艾哈迈德"带"着"她"去过很多地方。每到标志性景点，艾哈迈德就会拿出手机，用两位妹妹的账号主页与景点合影。拉赫曼的手指缓缓划过照片，在每一张上都停留很久，仿佛在回味一场属于自己的旅行。

下午晚些时候，巴图终于调整好了情绪。她到客厅戳了戳我，问道："既然拍不了合影，那你能不能帮我的衣柜拍一张照片？"我连忙答应。

巴图回到房间，花了两小时整理衣柜，她把最喜欢的浅色衣服都挂了起来，把不喜欢的深色衣服叠好，放在下方，一双金色的休闲鞋和粉色的高跟鞋被摆在显眼的位置。最后，她在衣柜周围挂上了一圈星星点点的LED灯。

看着相机屏幕上装扮一新的衣柜，巴图重新露出了笑容。

20... "残疾"的女人

1

巴格达的长途汽车站像是个巨大的加油站，开往各个城市的面包车整齐地排列在灰色的顶棚之下。油价约0.5美元一升，哪怕车门敞开，司机也不吝把空调调到最低温度。车上只有我一位女乘客，艾哈迈德向司机确认了我的目的地和车费，拜托大家照顾好我。出发前，一位蓄着络腮胡的年长男性带领全体乘客向真主祈祷。

面包车刚刚驶出汽车站，前排的男士就转过头来，笑着递上一个苹果，他用右手反复拍向嘴唇，示意我赶紧吃。拐弯时，身旁的青年把身体绷得笔直，与我的手臂保持至少一拳的距离。在小卖部停车时，司机不忘给我捎上一瓶冰镇果汁。相比于这人情温暖，沿途的风景实在叫人失望。天空蒙着一层薄薄的沙尘，泛着淡淡的灰色，窗外除了电线杆和快被晒蔫了的灌木丛，就只剩一马平川的沙漠和戈壁了。

我在卡尔巴拉检查站前的五星级酒店下车，等待玛瓦达来接我。玛瓦达是我在伊拉克找到的唯一一位女性沙发主，她的存在，对我来说是一颗定心丸。

伊拉克女性几乎不可能成为沙发主，她们不被允许独自出门，交际圈只有亲戚和女性朋友，对陌生人避而远之。即使有心使用沙发客网站，也能说英语，但她们无法分享照片，也就难以取得陌生人的信任。无论从什么角度看，敢于分享照片并接待沙发客的玛瓦达一定非同一般。

等了好一会儿，路边才出现了一位矮小、穿着黑袍、戴着黑色头巾的女性。在空无一人的五星级酒店门口，她毫无疑问就是玛瓦达。见我没戴头巾，玛瓦达拉着我拐进小巷。她告诉我，卡尔巴拉是什叶派圣城，女性外出必须穿黑袍，好在她家不在市区，我这么穿也无伤大雅。她的语速不疾不徐，说起话来自信、老练。

玛瓦达的家是一栋两层楼的小别墅，楼下是两个客厅和父亲的房间，楼上是她的房间。

步入客厅，我仿佛误入阳光明媚的地中海小岛。主客厅的三面墙分别刷成了明黄、淡橘、蓝绿，地上铺了两排柔软的坐垫，几盆绿植挂在楼梯的扶手边，姿态优雅，郁郁葱葱。一旁的小会客厅整个刷成了天蓝色，摆了一组宝蓝色的天鹅绒沙发，连墙上的挂画和头顶的电风扇都是蓝色的。

嵌了大块彩色石头的白色水磨石组成通往二楼的楼梯，踩着它们上楼，犹如踩着五颜六色的大颗糖果。玛瓦达的房间不大，也刷成了天蓝色。房间里除了必要的家具，就只剩床头柜和书桌上一摞摞的书了。玛瓦达不喜欢化妆，总是素颜朝天，她更喜欢把时间花在阅读上，因为书籍可以带给她心灵的滋养和持久的快乐。

换完衣服下楼的玛瓦达仿佛变了一个人，她穿着白色T恤和蓝色短裤，脸圆圆的，留着一头披肩长发。她说起话来总是眼角含笑，像是个满腹鬼点子的精灵。

我们刚喝上茶，玛瓦达的父亲就走进了小会客厅。父亲个子不高，头发半白，小腹微微隆起，鼻子又宽又大，鼻尖肉肉的，像极了《名侦探柯南》里的阿笠博士。他是一名工程师，工作中时常与外国人打交道，能说一口流利的英语。

父亲说要弄点吃的，问我要不要一起吃一点，我点点头，心生困惑。

“您会做饭？抱歉，我从没见过会做饭的阿拉伯男人。”

父亲哈哈大笑，眨巴着一双大眼睛说：“那你今天要第一次吃上阿拉伯男人做的饭了，恭喜你啊！我和玛瓦达的妈妈离婚了，如果不会做饭，我不就活活饿死了吗？”他拍了拍自己的小肚腩，噘着嘴，一脸委屈：“饿死这个死法可太惨了。”

父亲带我来到厨房，打开冰箱。冰箱从上到下塞满了蔬菜，像个小型蔬菜仓库。父亲说，阿拉伯人不注重营养搭配，吃得太多、太甜，他年纪大了，食物以蔬菜和水果为主。说罢，他拿出黄瓜、番茄、胡萝卜、生菜，拌成一碗沙拉。

2

伊拉克有两个什叶派圣城——卡尔巴拉和纳杰夫，哪怕是爆炸频发的时期，这两个城市也大体安全。父亲允许玛瓦达独自外出，如果天黑前回不了家，只需提前向他"报备"。

傍晚，玛瓦达提议一起去城里转转。她拿来黑袍和头巾，帮我穿戴整齐。黑袍的腹部和袖口镶有圆形的小亮片，头巾上画着水墨风格的大片花瓣。

黑袍和头巾总是会虚报年龄，哪怕五官再立体、妆容再精致，一旦裹起头发、遮蔽身体，气质就会发生翻天覆地的变化。没了长发和衣着的加持，我的东方女性面部特征袒露无遗。扁平的五官分布在一张鹅蛋形脸上，任凭黑袍上的亮片和头巾上的花瓣如何力挽狂澜，也阻止不了镜子里的我迈入40岁的大门。

进入圣城的核心区域前需要过一道安检。在一个密不透风的小房间里，女性工作人员认认真真地把我从上到下摸了一遍。房间的角落里摆了一只板凳，墙上挂着一面书本大小的镜子，镜子旁的置物篓里放着几把破旧的梳子。一位妆容精致的年轻女子摘下头巾，把略显凌乱的长发梳理整齐，再熟练地戴上头巾，对着镜子莞尔一笑。

走出小房间，身穿黑袍的女人从四面八方涌来，吓得我死死抓紧了玛瓦达。

"万一被人流冲散，我要怎么找到你呢？"我问。

玛瓦达晃了晃挎在身侧的粉色小包，让我记住包的式样。

"也可以记住鞋子的颜色和款式，但对你来说好像太难了。"玛瓦达眨了眨眼睛，调皮地说。

卡尔巴拉的侯赛因清真寺是伊斯兰教什叶派圣地。侯赛因清真寺大得惊人，我们光是绕着外墙就走了好久。夜幕降临，灯光把镀金的穹顶和高耸的宣礼塔勾勒得金光灿烂，装饰着花朵藤蔓图案和阿拉伯书法艺术的天蓝色大门美轮美奂，庄重典雅。清真寺外的广场挤满了来自世界各地的朝圣者，他们拖家带口，在广场上铺一块地毯或塑料布，席地而坐。有的人住不起旅馆，晚上就睡在这里。

我犹豫了好一阵子，小心翼翼地问玛瓦达能否与她合影。

"当然可以！"她笑着凑近我的自拍镜头。

"那，我可以把照片发到网上吗？"

"当然可以啦！"

虽然玛瓦达对拍照和分享毫不在意，但她坦言，亲戚朋友经常打着"为你好"的名义要求她删除照片，以免被不轨之徒盯上，坏了名声。起初，她据理力争，质问他们为何一味地禁止受害女性抛头露面，却不去批判施暴的男性，不把施暴的男性绳之以法。渐渐地，她发觉大家并不在乎是非对错，也无意理性地讨论问题，他们只是人云亦云，盲目地维护现状罢了。从那以后，再有人让她删除照片，她就左耳进、右耳出，敷衍几句了事。时间一久，亲戚朋友也就拿她没辙了。

晚上，玛瓦达刚在社交平台分享与我的合影，朋友就打来了电话。他礼貌地夸赞了一番照片，随后话锋一转："但是，你最好还是把照片删掉吧。"

玛瓦达向我挑了挑眉毛，指指手机，用口型示意我——"看，来了来了！"她故意提高嗓音，假装有急事要忙，匆匆挂了电话。

"你看，这就是我们无处不在的社会压力。没有人认真思考为什么只有女人不能分享照片，也没有人真正关心女人的权利和自由，他们只是想强迫我接受和服从罢了。"她耸耸肩，把手机扔到一边。

3

一天，玛瓦达的脸上突然掠过了一个诡异的微笑。她告诉我，卡尔巴拉有一种只在早上5点多供应给男人的早餐，问我想不想尝试一下，我点点头。她和父亲交换了一个眼神，狡黠一笑。

第二天一大早，我们披星戴月地出发了。路边的小店刚刚开张，摆了六七张白色的桌子。父亲点了两份早餐，我问为什么是两份，玛瓦达揉了揉困倦的眼睛，说她不吃。她起这么早陪我过来，自己却不吃，让我对这个早餐的杀伤力肃然起敬。

陆续有男性顾客推门而入，不一会儿，店里就坐满了。老板在厨房忙前忙后，很快就端来了两个白色的大碗。我的碗里有两个水潽蛋，水灵灵的蛋黄仿佛随时都会冲破蛋白，四处横流，蛋白上淋满了油，倒映出小店的白炽灯光。拨开水潽蛋，下面是满满一碗掰成碎块的馕。

我咬了一口鸡蛋，又吃了一块馕，终于明白玛瓦达为什么不吃了。浓稠的油顽固地附着在鸡蛋上，随着蛋白和蛋黄一起侵入口腔。馕像是在味道怪异的油里泡过很久，无论外表还是内里都被浸得透透的。几口下去，我仿佛被压舌板死死压住了舌根，随时都可能吐出来。

父亲的碗里铺着一个硕大的煎蛋，淋了一层浅浅的油，下面同样是浸润着油的碎馕。我问他为何不点我这款，他摇了摇头说："你这款太油了，我吃不了。"

见我鼻孔撑大，他马上补充道："但你这款是卡尔巴拉的招牌，你应该尝尝。"说罢，他津津有味地往嘴里塞起了碎馕，眯起眼睛，沉浸其中。

他吃完时，我才吃了不到半碗。哪怕馕已经被掰成了硬币大小，我也难以一口吞咽。我把馕送到嘴边，小心翼翼地咬下边缘，慢慢咀嚼。鸡蛋上的油渗了下去，仿佛燃烧的火堆里又添了一把柴，越烧越旺，越来越油。胃里油水横流，翻江倒海。我屏住呼吸，每一口都犹如一首悲壮的史诗。

虽然我一直在吃，但馕仿佛开启了无限繁殖模式，无论如何都见不到碗底。好不容易吃完四分之三，我觉得算是勉强完成了任务，可以告老还乡了。到家后，我一直躺到中午才缓过神来。

4

玛瓦达的母亲是一位小学英语老师，离婚后，她独自居住在一套一室一厅的老公寓里。公寓采光不好，全靠两盏顶灯提供照明。深褐色的老式家具挤在狭小的客厅和卧室，厨房和卫生间设施简陋。

母亲斜躺在沙发上，把电视音量调到最小，眯着眼睛，有一搭没一搭地看着。在母亲面前，玛瓦达更放松了。

玛瓦达今年22岁，在伊拉克，她已被归入"晚婚"的行列。她告诉我，有的女孩15岁就嫁作人妇，偏远地区更早，童婚泛滥成灾。开明的家庭会在订婚前组织家庭聚会，让女孩当着家人的面与父母选定的男孩见面，倘若女孩执意反对这桩婚事，父母不会勉强。但是，大部分家庭不会在意女儿的意见，她们被草草婚配，上赶着组成家庭，早早就开始生儿育女。

处女膜被认为是未婚女孩最重要的身份证明。玛瓦达告诉我，倘若新婚当晚没有见红，女孩会被退婚，家族也会因此而蒙羞。

世界银行发布的数据显示，2018年，伊拉克女性的劳动参与率只有11.91%[1]，近三十年来，这个数字从未超过20%。受制于婚育和社会现状，伊拉克女性即便外出工作，从事的也多半是门槛低、前景黯淡的工种。

然而，玛瓦达不甘于此，她为自己制订了详细的职业规划，按部就班地积累实习和工作经验，梦想着未来大展宏图。四个月前，她获得了心仪公司的面试机会。她做足准备工作，一路过关斩将，杀到了面试的最后一轮。本以为胜券在握，但面试结束后，老板向她坦言，招聘女性是一个冒险的决定，谁都不知道把女性培养成独当一面的员工后，她会不会突然辞职回家，结婚生子。对公司来说，这样的选择得不偿失。他抱歉地拒绝了玛瓦达，录取了一位工作经历和能力都不如她的男性。

"我当时很伤心地问妈妈：'为什么？为什么我生在了这里？你们用开放、自由的方式把我养大，让我有了广阔的视野和远大的志向，可是到头来我却发现，自己的人生空间竟然这么小。'"说到这里，玛瓦达的眼角闪过一滴眼泪。为了不让妈妈察觉到异常，她假装揉了揉眼睛，挤出一个苦笑。

我理解玛瓦达的感受。当井底之蛙并不痛苦，痛苦的是明明知道井外有一个大千世界，却怎么也逃不出井底。

---

1 女性的劳动参与率指的是女性经济活动人口（包括有工作的和正在找工作的人）占15—64岁女性总人口的百分比。数据来源：https://data.worldbank.org.cn/indicator/SL.TLF.ACTI.FE.ZS?locations=IQ。

5

15岁那年，玛瓦达参与了一个国际组织关于伊拉克家庭暴力的社会调查。根据不完全统计，伊拉克有超过五分之一的女性遭受过家庭暴力。

玛瓦达与同伴们曾挨家挨户上门普及家庭暴力的概念和自救方法。她本想为受暴女性提供帮助，却不料碰了一鼻子灰。有的受暴女性对她的科普嗤之以鼻："你有病吧！我的妈妈被打，我的姐妹也被打，被打很正常，你们不要干涉我的家庭生活。"

从那时起，玛瓦达渐渐意识到了社会问题的复杂和困境。当暴力以"家庭"的名义被遮蔽在看不见的角落，当受害者与施暴者站在一起，哪怕她有一腔热血，也无处使力。如今，距离玛瓦达参与调查和科普已经过去了七年，但观念和现状没有任何改变，大部分人依然认为家庭暴力是外人不能插手的"家务事"，男人这么认为，女人也这么认为。

为了让我深入了解伊拉克的家庭暴力问题，玛瓦达给我介绍了一位在国际组织从事家庭暴力调查研究的朋友。阴差阳错，我没能与这位朋友见上面，但在邮件里，她向我详细解释了遭受家庭暴力的伊拉克女性所面临的困境：

> 伊拉克没有非常令人信服的家庭暴力数据，我们的数据主要来自法院和医院等机构，这意味着这些数据代表的仅仅是被检举的案件，但可以想见，大多数案件没有被揭发，许多家庭暴力根本不为人所知。

　　　　　　　　　　　　看不见的中东

为什么在伊拉克，家庭暴力很难被揭发呢？因为法律大大增加了女性举报家庭暴力的难度。一般来说，当一位女性遭遇家暴，无论是来自父亲、兄弟还是丈夫，她首先要去政府部门登记，再去另一个政府部门提供证据、配合调查。随后，案件会被移交到法庭，原告和被告都需要出庭。但是，案件的审理至少需要几个月的时间，在这期间，社会不向受害女性提供庇护所，这就意味着，在伊拉克这种以家庭为单位居住的国家，受害女性不得不回到家中，与施暴者继续生活在一起。这期间，她轻则受到施暴者的言语威胁，被迫撤销案件，重则被变本加厉地殴打。迫于现实压力，敢于去报案的女人凤毛麟角。

如果施暴者是你的父亲或兄弟，那么案件就更为复杂，因为直系亲属通常会以"这位女性违反或挑战了社会规范"作为施暴的"合理"借口，比如：你拒绝与父母指定的男人结婚，你想独自旅行，你想违背父亲或兄长的意愿穿自己喜欢的衣服，等等，甚至在某些家庭，你想上大学都会成为被家暴的理由。

在父权家长制社会中，女性任何忤逆男性的行为都可以成为被家暴的"合理"理由。在我们的法律中，父亲有权对子女采取纪律处分，这实际上意味着"殴打"并不违法。……

父亲和兄长的施暴听上去逃无可逃，但想要逃离丈夫的家暴，似乎还有离婚这一条路，可这位朋友马上就写到了离婚的困难：

在伊拉克，女性无权向丈夫提出离婚，离婚是独属于男性的权利。如果女性被殴打，证据确凿，并且丈夫无法给出"合理"的理由，那么在经历极为漫长的诉讼流程后，或许可以被判离婚，但这个过程困难重重，因为你得去医院验伤、收集证据、提起诉讼，案件审理期间，你还得继续与丈夫在一起生活。每件事都令人绝望。

法律和传统共同筑起一堵看不见的高墙，女性被困其中，无从抗争，无处可逃。

玛瓦达告诉我，在伊拉克，离开了家庭的女人被认为是"残疾的"（disabled），她们没有收入来源，不被培养独自生存的勇气和技能，仿佛一出生就被棍棒打断了腿。纵然家里的施暴者阴晴不定，不时拳脚相加，但外面的世界也如同洪水猛兽，令人望而却步。

6

为了在成长过程中给予玛瓦达最大的自由，父亲受尽了亲戚的诟病。所有亲戚都认为他不该让玛瓦达独自出门，不该允许她在网络上分享照片，不该供她上大学。面对流言蜚语，父亲只好捂紧耳朵，充耳不闻。

然而，父亲的开明终归是有限的，他不可能不顾现实，给予女儿远超社会接受程度的自由。大一时，玛瓦达获得了美国学校提供的奖学金，但父亲对她独自出国留学忧心忡忡，最终，他擅自替女儿做主，放弃了这个机会。大学毕业后，父亲只允许玛瓦达在全是女性的环境中工作，她最初获得的两三个工作机会都被父亲拒绝了。后来，父亲做出让步，允许玛瓦达与男性一起工作，但倘若她要去别的城市出差，父亲就会开车接送、全程陪同，决不允许女儿独自在外过夜。

每当父亲站在玛瓦达的对立面，母亲总是跳出来维护女儿，她支持女儿独自旅行、做自己喜欢的工作。虽然母亲遭受的来自亲朋好友的指责远远超过父亲，但她总是乐于做玛瓦达最坚实、最有力的后盾。

我问起父母为何愿意承受如此巨大的社群压力，玛瓦达说，除了他们本身比较开明外，更重要的原因在于她自己。

玛瓦达有一位比她大6岁的姐姐，她的性格远不如玛瓦达这般独立果敢，时至今日，父母依然把姐姐当成孩子看待，承担着帮助她、保护她的责任。但玛瓦达不是这样的女儿，她从小就表现出了极强的理性、坚韧和强大，父母拿她没辙，只好步步退让。长大后，随着她拥有越来越卓越的工作能力、越来越清晰的理想和越来越强的自信心，父母也就越来越确定这个女儿是值得信赖的，是有能力为自己的人生负责的。他们终于相信，给予玛瓦达自由并不会把她推向深渊，而是会助她走上康庄大道。

玛瓦达的自由，很大程度上是她用超常的努力和持续不断的抗争换来的。

玛瓦达羡慕独自旅行的女性背包客，希望自己有朝一日也能背上行囊，独自去一次别的城市。世界很大，她不想被束缚在一个小小的角落。

7

两年后，我鼓起勇气向玛瓦达咨询困扰已久的问题。

"为什么伊拉克人家里的厕所没有纸篓？难道伊拉克女性在月经期间使用的是可以反复清洗的布条吗？"

玛瓦达发来语音，哈哈大笑："你的问题太好笑了！我们和你们一样，也用卫生巾，但我们会把它们收在一个袋子里，以免让父亲或兄弟看到。你是不是觉得很可笑？都21世纪了，竟然还要对月经遮遮掩掩！但没办法，我们的社会就这副德行。"

说完，她兴奋地向我请教起了埃及旅游的问题。她告诉我，她成功入职了某知名跨国企业，从那以后，父亲便彻底放手了。如今，她独自在巴比伦租房居住，经常独自开车去别的城市出差，她的同事几乎都是男性。她计划再修一个微生物学硕士学位，如果有机会，她打算尝试调任去这个公司位于迪拜的中东总部。

我怎么都没想到，短短两年间，这位矮小的伊拉克姑娘不仅背起了行囊，独自去别的城市出差，而且在不久的将来，她还会独自去别的国家旅行，甚至搬去别的国家居住、生活。这是我在伊拉克听到的最动人的故事。

21... 巴比伦

　　为了避免在正午的烈日下游览巴比伦，天刚蒙蒙亮，我就跟着玛瓦达和她的父亲一起出发了。车程只有一个多小时，但玛瓦达准备了瓜子、薯片和一个装满饮料、冰块的小箱子，把我眼中的近郊游渲染成了隆重的长途旅行。

　　汽车刚驶离卡尔巴拉检查站，玛瓦达就脱下了黑袍，她穿了一件黄色的泡泡袖上衣，配了一条黑白相间的竖条纹裤子，看上去轻盈活泼。

　　如今的巴比伦遗址并非汉谟拉比国王在位时期的古巴比伦城，而是建在古巴比伦遗址上的新巴比伦城遗址。公元前605—前562年，新巴比伦第二任国王尼布甲尼撒二世在位期间，国力极盛，东起扎格罗斯山、西至地中海的广阔疆域都在他的统治之下，他投入极大力量兴建的巴比伦城算得上是当时世界上最繁华的城市。古希腊历史学家希罗多德曾如此评价巴比伦："就其壮丽而言，她是我们所知道的任何其他城市难以相比的。"希罗多德是否真的到访过巴比伦，众说纷纭，但哪怕只是道听途说，也足以证明当时的巴比伦早已名声在外，令人浮想联翩。当耶路撒冷只有几千居民时，巴比伦这个国际大都市已经自称有25万居民了。

一个小时车程后，死气沉沉的沙漠被甩到身后，人造的沟渠出现在路边，椰枣树越来越茂盛，堤岸两旁野草丛生，绿意盎然。

检查站的三名士兵拿着我的护照反复核对，还打电话叫来了领导，好在有玛瓦达的父亲从中斡旋，一番沟通后，他们没有为难我。

这天正值开斋节假期，遗址里空无一人，两位工作人员笑容满面地奉上一本满是拼写错误、讲述尼布甲尼撒二世故事的英语小册子，并自告奋勇陪同我参观讲解。

遗址的入口是尼布甲尼撒二世修建的伊什塔尔门的复制品。伊什塔尔是巴比伦神话中掌管爱情、生育和战争的女神。门的外壁用艳丽的彩釉砖砌成。巴比伦人把不易处理的黏土塑形、灌模、浸泡，再把颜料制成的釉彩涂抹到砖上，放入炉中烧制，最后，他们将砖块拼贴成色彩饱满、形态生动的原牛、蛇龙等浮雕。在以蜜色为主的美索不达米亚平原，这座色彩艳丽、气势恢宏的蓝色城门如同沙漠中一汪湛蓝的清泉。可惜的是，原版的伊什塔尔门只剩下地基和散落的砖，如今，只能在德国的帕加马博物馆瞻仰美轮美奂的重建品。

步入遗址，崭新的蜜色砖块垒起的城墙伫立在道路两侧，这是巴比伦著名的"游行大街"。尼布甲尼撒二世的铭文如此描述"游行大街"："这是圣道，供信仰马尔杜克的人们使用。"马尔杜克是巴比伦的主神，意为"暴风雨之子"，被巴比伦人尊为"万王之王"。

幼发拉底河曾自北向南穿城而过，把巴比伦分为老城和新城。"游行大街"贯穿老城，每逢盛大的节日或新年，纯金制作的马尔杜克神像途经游行大街，城墙上的神兽如仪仗队般夹道欢迎，尽显巴比伦城的繁荣富庶。

遗址的挖掘工作远没有完成，大部分遗迹仍深埋于地下。管理员指着城墙底部凹凸不平的几层旧砖告诉我，这才是原始的遗迹，而旧砖上那些令人生疑的巨大城墙，都是萨达姆时期重建的。一位建筑历史学家称，萨达姆的重建是"劣质的拼凑，而且常常在规模和细节上出错"。[36]

步行了一会儿，我们来到一处低于地面的道路，道路前后安置了带锁的铁门。管理员说，这是一段完整的原始城墙，但很遗憾，今天是开斋节假期，这里不对外开放。

我凑近铁门，打量这段长度不足10米的道路。道路的宽度不过一车的距离，时间如同一把漫不经心的刻刀，在蜜色的城墙上挖走几块砖块，留下几道裂痕，把表面打磨得坑坑洼洼，高低不平。城墙的最上方缺东少西，像是一块块被咬了几口的长方形蛋糕。神兽浮雕在城墙上微微凸起，整齐地排列在两旁。

或许是见我看得太入迷了，管理员犹豫了一会儿，拿出钥匙说："欢迎你来到伊拉克，来到巴比伦，这或许是你一生中唯一一次来这里的机会，请进吧。"

我和玛瓦达蹦蹦跳跳地跑下阶梯，早已忘记了高温和暴晒。

城墙上，保存完好的原牛和蛇龙浮雕近在咫尺。蛇龙混合了各种动物的特征，它的头、颈和身躯被蛇鳞覆盖，舌头像蛇一样分叉，头部长角，颈部修长，前脚像猫科动物，后脚像鹰爪，尾巴细长，末端是蝎子尾部的蝎针。对于蛇龙的来历，说法不一。

发现伊什塔尔门的考古学家罗伯特·考德威认为蛇龙是对某种真实动物的描绘，但更多学者认为这是一种想象的神话动物。

看着栩栩如生的动物形象，管理员不禁为我描绘起了全盛时期巴比伦的面貌：当尼布甲尼撒二世东征西战之后凯旋，或逢盛大节日来此游行时，长长的仪仗队穿过蓝色的伊什塔尔门，走过庄重的"游行大街"，蛇龙和原牛如守护神般列队欢迎。

两河文明是"泥"的文明，这里最早的容器用泥制造，最早的书写材料是泥板，最早的建筑材料是泥，最终埋葬了这段文明的，也是泥。

穿过萨达姆重建的城墙，我们来到两处被泥沙埋在地下的宫殿遗址。北宫的城墙早已面目全非，残缺的砖墙如同随意塑形的橡皮泥，凌乱不堪，杂草丛生。不远处，已经被废弃的萨达姆行宫兀自傲然挺立。另一边的南宫遗址经过重建，崭新得令人出戏。宫殿外，砖块搭建起错综复杂的低矮迷宫。管理员告诉我，当敌人在此迷路时，国王和士兵便可以从高处监视或射杀他们。

遗址边，一头脚踩敌人的铁灰色雄狮在此坚守了2600年。据说，这里曾有120尊石狮，但如今只剩下这一尊了，而把巴比伦遗址重建得不伦不类的萨达姆也曾被称为"巴比伦雄狮"。

至于巴比伦最著名的空中花园和巴别塔，早已不留痕迹。地势平坦的美索不达米亚平原王朝更替频繁，许多城市在战火中被付之一炬。依靠仅存的遗迹和文字资料，很难还原出文明的全貌。空中花园或许真的是尼布甲尼撒二世为米底王妃修建的"家园"，或许是亚述古都尼尼微，又或许只是口耳相传的传说。巴别塔或许是马尔杜克神庙的七层大寺塔，或许只是《旧约》里的神话故事。

被尼布甲尼撒二世灭国并沦为奴隶的犹太人曾诅咒巴比伦"必将成为旷野、荒漠，必将无人居住，一片荒凉，成为野兽的巢穴"。随着波斯征服者居鲁士的到来，古代两河流域全部被并入波斯版图，两河文明就此画上休止符，退出历史舞台。

1899年，德国考古学家罗伯特·考德威发现了巴比伦城，这片遗址得以重见天日。然而，近代的巴比伦遗址屡次遭到战争和人为重建的破坏，一度对外关闭。动荡的局势令人无暇顾及文明的珍宝。如今，遗址的部分泥砖上刻着游客到此一游式的签名，路边随意堆砌着楔形文字泥板，游客可以抚摸任何感兴趣的东西。这样的现状令人担忧。2009年，伊拉克文化部部长接受《纽约时报》采访时哀叹："大部分人民和官员不尊重遗迹，他们认为历史遗迹只是一堆没有任何价值的砖罢了。"

回到萨达姆重建的城墙边时，一位长发艺术家提议用乌德琴[1]为我演奏一曲。不同年代风俗不一，但人们对音乐和舞蹈的热爱贯穿古今。苏美尔时期的王室陵墓出土过竖琴、里拉等乐器，巴比伦时期又发现了风笛、七弦琴、鼓等乐器。艺术家蹲在城墙边，手指快速扫过琴弦。乌德琴音色短促、深沉，像是一位老者在沙漠中低吟。仅有的几位刚到的游客也聚集过来，跟着琴音一起打着节拍。

回卡尔巴拉的路上，我们再次路过幼发拉底河。玛瓦达的父亲本想带我品尝新鲜的幼发拉底河烤鱼，但开斋节期间，河边零星的几家饭店都关门歇业了。

幼发拉底河是西亚最长的河流，曾孕育了乌鲁克、乌尔、巴

1　Oud，一种阿拉伯弦乐器，有"中东乐器之王"之称。

比伦等城邦。然而，千年时光不过转瞬之间，开天辟地的文明可以强大到四处征战、所向披靡，也可以脆弱到毁于旦夕、没于尘土。如今，幼发拉底河沿岸的城镇和乡村大多破败萧索，但迟滞的发展倒像是延缓了时间的流逝。有那么一些瞬间，电线和电塔消失在视野中，孩子光着脚、赶着牛步行在椰枣树下，热风不再吹拂，水草停止摇曳。在这静止的时间里，我仿佛瞥见了巴比伦时代一些遥远的片段。

22... 一场婚礼

1

准备伊拉克的行程计划时，另一个什叶派圣城纳杰夫的沙发主海德告诉我，他的婚礼将于6月底举行，倘若我愿意，他希望我帮忙拍照、拍视频，顺便体验伊拉克的传统婚礼。我不愿错过这么好的机会，于是，我把已经做好的计划全盘推翻，确保在婚礼的前一天赶到纳杰夫。

玛瓦达的父亲把我送到汽车站，替我找了一辆开往纳杰夫的共乘出租车，并吩咐司机直接把我送到海德的家。

司机根据地址，把车停在了一栋别墅前。别墅大得惊人，院子里甚至种了一棵两层楼高的椰枣树。我按下门铃，无人回应。正打算打电话给海德时，一辆过路车突然倒了回来，停到我的跟前，车里的女人摇下车窗，问道："海德？"我连连点头。她开门让我上车，绕到大别墅的背后。原来GPS的定位出现了偏差，这才是海德真正的家——也是一栋带院子的大别墅。院子可以停两辆车，种满了花花草草，摆了一个秋千摇椅。

海德从别墅的侧门出来迎接我，他蓄着浓密的络腮胡，头发打满发蜡。他在马来西亚获得博士学位，如今正在纳杰夫的一所高校工作，他那新婚妻子是一位曾留学英国的博士。

走进别墅内部，一条长长的走廊通向客厅，两旁挂着镶在金色画框里的风景画。

海德带着我经由旋转楼梯上到二楼，打开一扇房门。这不是一个房间，而是一个会客厅。两组蓝色的绒布沙发面对面摆着，墙上贴着印有浅绿色椰枣树的墙纸。会客厅的尽头是两间卧室、一个厨房和一个卫生间。海德告诉我，这栋别墅的一楼有一个大厨房、一个大客厅和几个小客厅，二楼和三楼共有四套两室一厅一厨一卫的独立套间。他那两位已婚的兄弟及家眷都住在这里，海德与妻子婚后也将住在这里。虽然海德有自立门户的想法，但在伊拉克，儿子很难拒绝父母同住的要求，直接提出分居是不合适的，海德只能一边旁敲侧击，一边努力经营事业，让父母相信他具备离开原生家庭的能力。

海德一家是非常传统的伊拉克大家庭，每到三餐时间，所有家庭成员都会前往一楼的大客厅一起用餐。海德嘱咐道，一旦我离开这个套间，就必须穿长袖、长裤，并戴上头巾。他们不要求外国女性把头巾戴得如阿拉伯女性那般严丝合缝，但我至少要戴，以示对家庭的尊重。

海德把我带到会客厅尽头右侧的房间，说这是为我安排的住处。房间很大，堆满了儿童玩具，还摆了一个儿童滑梯。我放下登山包，祝贺海德新婚快乐，他没有露出笑容，而是坐到了我的对面，双手撑在膝盖上，眼神凌厉地问我："你觉得婚姻是什么？"

我自觉如何回答都不合适，便反问他："你觉得是什么？"

"我觉得婚姻是责任 —— 对父母的责任，对社会的责任，与爱和快乐无关。"他言简意赅。

婚礼前夜，家里的客人络绎不绝。一楼的大客厅四周摆了一圈红色的沙发，地上铺了几块花纹细密的巨大红色地毯，二十来位男女老少席地而坐，享用炸鸡和薯条外卖，晚到的亲戚无处落座，只能去对面的小客厅喝茶聊天。大客厅隔壁的厨房非常宽敞，两位儿媳穿戴整齐，为全家人准备餐食和茶点。

看得出来，大家对婚礼很是期待，小女孩提前换上了公主裙，拉着我到花园拍照，男人们换上衬衫和西装，要求我给他们合影，就连谨小慎微的伊拉克女人也建立起了对我的信任，破天荒要求我给她们拍照。

海德说，伊拉克婚礼分两天举行，第一天是男宾专场，第二天是女宾专场。男宾专场是新郎与他的男性亲朋好友欢聚一堂、载歌载舞的盛会，说罢，他打开今天男宾专场的视频，给我们传阅。视频中，十几位男士手挽着手，跟着音乐节拍迈着轻快的舞步。

我向海德确认女宾专场可否拍照、拍视频，他告诉我，女宾专场前有一个他参与的仪式，我可以拍他和新娘，他离开后，我自行见机行事，但无论如何，我都能拍摄新娘，新娘很希望被拍。

临睡前，海德告知我，婚礼于明晚9点开始，明天下午4点，他哥哥一家人会开车带我一起前往卡尔巴拉，因为新娘是卡尔巴拉人。

2

第二天上午10点多，海德上楼叫我起床吃饭。我穿戴整齐后下楼一看，大别墅已经人去楼空，女人里只剩下我和他们的祖母，其他人早就去沙龙做头发了。海德问我要不要也好好准备一下，我摇摇头。午餐是米饭和一碗墨绿色的糊糊，海德介绍是由菠菜捣成的泥。菠菜泥口感细滑，咸淡适宜，很适合下饭。

下午4点，我跟着海德哥哥一家人出发前往卡尔巴拉。虽然两个圣城都要求女性穿黑袍，但这天，我只需坐车、进入婚礼厅，再坐车回来，无须上街，于是我把黑袍留在了家里，毕竟穿着黑袍，戴着头巾，脖子上挂个相机，肩上再背个摄影包，简直像是穿着高跟鞋下地插秧。

同车的两位女士穿着黑袍，但看得出来，她们早已化好了底妆。她们把装满礼服和化妆品的十几个塑料袋塞进后备厢，上车后，她们两眼放光，语调高昂，仿佛正要奔赴一场王室的晚宴。

抵达卡尔巴拉后，经过一番寻找，他们把车停在了一扇黑色的大门前。大门上贴着两张浓妆艳抹的女人海报，怎么看都不像是宴会厅。

我跟着两位女士推门而入，绕过一道屏风，才知道这是一家美容美发沙龙。伊拉克大街上那些装了透明玻璃的理发店只为男性服务，女性沙龙都被隐藏在了密不透风的外墙之内，以防女人的头发被异性看到。

沙龙约有100平方米，打扫得一尘不染。进门的左手边是五个白色的化妆台，桌上整齐地摆着一簇簇假发、化妆品和发蜡，右手边是三台洗头椅和一个茶吧。沙龙尽头有一个贵宾室，工作人员正在给今天的新娘撒哈拉化眼妆。我在沙龙里转了一圈，小心翼翼地拍了几张照片，以免镜子里出现女人的身影。

两位同来的女士脱下黑袍，她们在头发上安置了四五个卷发筒，其中一位戴了个树叶形的皇冠和金色的耳环。她俩从塑料袋里翻出各色唇膏、指甲油、眉笔、腮红、眼影、美腿霜等，开始从头到脚美化自己。虽说是别人的婚礼，但她们的重视程度一点也不亚于新娘。她们拍拍我的肩膀，递上一瓶玫红色的指甲油，问我要不要涂，我摇摇头，谢过她们的好意。距离婚礼开始还有几个小时，为了养精蓄锐，我找了个角落里的沙发，躺下补觉。

一觉醒来，同来的两位女士正在为彼此画眼影，她们的卷发筒已经拆下，几簇刘海向内弯曲，像门帘一样挂在前额。

一位中年女士推门而入，脱下黑袍。她身穿黑色的职业女装和过膝裙，一头齐肩发染成了金色。她与所有人握手、行贴脸礼后，她的女儿——今天的新娘撒哈拉——终于从贵宾室走了出来。撒哈拉画了粗壮的眼线和夸张的紫色眼影，与我睡前看到的简直判若两人。她把老板叫来，指着自己那头微卷的金色头发，说这不是她理想中的发型。说着，她打开手机，找出几张图片供老板比对。几个工作人员凑上前来，七嘴八舌地劝她别太执着，否则有可能赶不上婚礼。撒哈拉不罢休，执意要求她们照着图片改进。

不一会儿，海德打电话给撒哈拉，说他已经到门口了。撒哈拉惊呼一句"海德到了"，沙龙里一下子炸开了锅。女人们仿佛被按下了快进键，满场飞奔着寻找自己需要的东西，她们凑到镜子前，手速飞快地整理发型、补妆、戴上配饰。同来的两位女士手忙脚乱地套上礼服，但她们身材较胖，拉不上拉链，只好向我求助。我一边叮嘱她们用力吸气，一边使尽全力拉上拉链。

海德又打来电话，让撒哈拉找个人出去向他拿钱，支付沙龙的费用。环顾沙龙，每个女人都穿着低胸礼服，做了精美的发型。眼看没有合适的人选，撒哈拉只好拜托我这个外人。我随手抓起一条头巾往头上一搭，冲了出去，从海德手里接过厚厚一沓现金。

撒哈拉的头发快改完了，但她突然发现自己的脚指甲还没上色。穿着礼服的女人们找来一瓶玫红色的指甲油，但礼服太紧，谁也无法弯腰下蹲，我见状，果断蹲下身代劳。

打仗般的半小时后，一切终于准备就绪。直到匆匆忙忙披上雪白的斗篷，撒哈拉还在对我连连道谢。

3

抵达婚宴楼时，门口已经停满了车，海德的男性亲戚正三三两两站在门口聊天。今天是女宾专场，男人的任务是接送女人。

穿着黑袍的女性亲朋好友们一窝蜂拥向楼梯，海德拍了拍我，吩咐我跟着他和撒哈拉一起坐电梯。我跟着他们来到一个搭着浅紫色幕布的简陋"影棚"。房间很小，角落里堆着杂物，看着像是宴会厅的储藏室。房间中央有两盏摄影灯，一旁摆着两把白色的椅子。

在视女性照片如洪水猛兽的伊拉克，室外拍摄婚纱照当然不可行，于是，伊拉克人想出了替代方案——在影棚的幕布前拍摄人像，后期修图时，再把背景合成上去。拍照时，新娘会脱下斗篷或黑袍，因此，摄影师只能是女性。

两位摄影师看到我的脖子上也挂着相机，面露不悦，她们指指我的相机，在胸前比画"叉"的手势，警告我不能在这里按快门。海德和撒哈拉在她们的指导下摆出婚纱照标准动作，我站在一旁观看，把幕布想象成向日葵田、欧洲城堡、阿拉伯宫殿。

拍完婚纱照，我跟着海德和撒哈拉来到宴会厅的大门外，独自先进去了解场地。宴会厅算不上富丽堂皇，除了专为婚礼布置的白色舞台和入口处的鲜花拱门，就没什么额外的装饰了。大厅中央铺了一条通往舞台的红色地毯，两旁约有20张坐满女宾客的长桌。海德的直系亲属——母亲和姐妹——穿着闪亮的礼服，顶着一头精心打理的头发，在密密麻麻的黑袍间来回走动，露出东道主耀眼的笑容。

一切就绪后，宴会厅的大门徐徐打开。由于现场只有女宾和自己的丈夫，撒哈拉已经脱下了包裹住全身的白色斗篷。她穿着长长的白色拖尾婚纱，头戴皇冠，手拿白色的捧花，挽着海德的手，沿着红地毯缓缓步行至舞台。两旁的女人们卷着舌头，发出尖锐的起哄声，撒哈拉的妈妈从袋子里掏出一把把黄色的花瓣，撒向两位新人。

刚刚站定，司仪就提醒海德，她们还没来得及关灯、播放入场音乐。海德和撒哈拉只好退回门外，在幽暗的灯光和《婚礼进行曲》的陪伴下重走一遍红毯。

司仪用诗歌朗诵般深情的声调宣布仪式正式开始。在众人的注目下，海德和撒哈拉交换戒指、喝交杯酒，再合力用一把道具剑切开白色的三层蛋糕。随后，他们走到红地毯上，在烟火棒和干冰的包围下翩翩起舞。穿着拖尾婚纱的撒哈拉试图抓住裙摆，以免被绊倒，很难集中注意力跳舞。

几支曲子后，海德那几位衣着光鲜的直系亲属加入了进来，围着撒哈拉扭动身体。几位身穿黑袍的女性也等不及了，她们站到红地毯上，跟随欢快的音乐打着节拍。撒哈拉被这么多人包围着，自在了不少，也更能驾驭拖尾婚纱了。她单手提着裙摆，动作幅度越来越大，很快就热得冒了汗。

海德离场前，一位女士送上一盒黄金首饰。阿拉伯人喜欢金子，巴扎的黄金区域总是倍受青睐。海德为撒哈拉取下银色的配饰，戴上金项链、金耳环、金手镯、金戒指。工作人员将一把道具剑递给海德，他手握"宝剑"，与撒哈拉跳了最后一支舞。

舞毕，司仪宣告："现在让我们欢送新郎，开始女性派对。"

交谈声渐渐变大，仿佛林中的小鸟欢聚一堂。大家鼓着掌，目送海德离场。

宴会厅的大门一关，所有女人像是接到命令的士兵，齐刷刷站了起来，麻利地脱下黑袍。画面一下子从黑白变为彩色，女人们身穿各色鱼尾修身礼服、低胸晚礼服或镶满亮片、水钻的短裙，戴着金灿灿的配饰，顶着一头妖娆的发型。

我收好相机，坐在一旁呆呆地看着。紫色、蓝色、绿色、红色的灯光如同悠然自得的热带鱼，跟随音乐节奏四处游走。平日里不苟言笑的女子纷纷走上红毯，手拉着手，跟随音乐扭动脖子、腰和屁股。

我正恍惚着，撒哈拉跑过来尖叫："你的相机呢？帮我们拍视频啊！"她刚换上一件镶满亮片的灰色修身礼服，活动起来比刚刚自如多了。我心想：大家穿得这么暴露，我拍视频真的合适吗？但新娘是今天的主角，她让我拍，我又怎能不从？我拿出相机，对准红毯上摆弄姿势的女人。

　　　　　　　　　　看不见的中东

一看到相机，几位金发女子突然拉下脸，逃出镜头。她们绕到我的身后，拍拍我，用命令的语气说："No photo!"

我理解她们的不满，毕竟她们不认识我，更谈不上信任，万一我把这些照片和视频发布出去，后果不堪设想。于是，我收起相机，与几位相识的姑娘一起到红毯上跳舞。没跳上多久，刚换上红色小礼裙的撒哈拉又跑过来问："你怎么又不拍了？"我只好再度拿出相机。

撒哈拉把我招呼到舞台上，让我拍一张她与母亲的合影。母亲愣在原地，犹豫地看了看女儿，又看了看我，双腿像是被粘在了地上，无法迈出一步。撒哈拉不停地招手让母亲过来，嘴角洋溢着天真的笑容。母亲自觉无法抗拒新婚女儿的要求，只好走到镜头前，苦着脸，僵僵地站着。

不一会儿，撒哈拉换上了粉红色的长裙，她和朋友们手拉着手，围成一个圈，左右摇摆。我正拍着视频，几位年轻女子走到我跟前，板着脸说："你只能拍她（新娘）。"可是，全场有大约200个女人，空间不大，人员密集，怎么可能只拍到某个人而不拍到其他人呢？

我一会儿被要求掏相机，一会儿又被勒令收相机，被折腾得都有点生气了。要知道，一边是在英国留过学的博士新娘，她不在乎分享自己的照片，也希望有人能够帮忙记录下人生中重要的一天。一边是几位之前见过我并信任我的姑娘，她们甚至要求我给她们拍摄穿着礼服的单人照。而另一边，是大批不认识我的女人，她们围成小圈，用厌恶的眼神偷偷瞥我，窃窃私语。我理解她们所有人的出发点，谁都没错，但我也没错。我举着并不轻便的单反相机，在没有稳定器和三脚架的情况下尽可能把画面拍摄得平稳，实在是非常消耗体力。被反复折腾了一个多小时后，我才想起来，在这所谓的"婚宴"上，食物竟不见踪影。

我正念叨着食物，就有人开始分发餐盒。纸做的餐盒上印着炸鸡图片，看起来类似肯德基的套餐。打开一看，餐盒里只有两个面包、一个沾满棕色肉糜的饼和几个味道不怎么好的袋装小菜。虽然餐食简陋得令人难以置信，但我总算可以借着"吃饭"的名义，不再重复"掏相机、收相机、掏相机、收相机"的机械运动了。

大部分人只匆匆吃了几口，就继续跳舞去了。临近晚上12点，司仪关掉了惨白的顶灯。宴会厅一片漆黑，只有红地毯的中央被彩色的灯光照亮。所有人都站到了灯光下，她们披头散发，高举双手，围着新娘舞动、尖叫，粉色、绿色、蓝色、紫色的灯光忽闪忽闪，打在她们那裸露的、已经渗出汗水的后背和肩膀上。快节奏音乐的煽动力不亚于酒精，她们摇头晃脑，沉醉在音乐和舞步里，连我的镜头都不怎么在意了。

海德的一位嫂子穿着黑灰渐变色的低胸修身礼服，头发染成了酒红色，两簇长长的卷发垂在两鬓。平日里，她一刻不停地在厨房忙碌，不是备餐就是洗碗，脸上从未闪现过一丝笑容。对于我的镜头，她总是表现出排斥和厌恶。但此刻，她眯着眼睛，嘴角高高扬起，随着音乐不停地晃动身体，双臂在幽红的灯光下左右摇摆。束在脑后的发髻被晃得松松垮垮，粗壮的金项链在脖子上来回弹跳。

突然间，音乐舒缓了下来，人们像是接到了命令，迅速回座位梳头、戴头巾，不一会儿，她们就把自己重新包裹在了黑袍之下。还没等我反应过来，宴会厅的大门再次开启，海德重新入场。撒哈拉的父亲把换上白色婚纱的女儿交到海德手中，婚礼宣告结束。女人们陆续离开婚宴厅，她们面部紧绷，嘴角下垂，眼神疏离而冷漠，同刚刚判若两人。

回程的车上，男人们打开车窗，探出上半身，他们的短发在晚风中飘扬，裸露的手臂伸出窗外，彼此招手，大声聊天，大肆欢笑。女人们端庄地坐在车里，一言不发，面无表情，与夜色一样沉静、收敛。

23... 探访两河文明

1

共乘出租车才离开纳杰夫不久，就遇上了沙尘暴，铺天盖地的黄沙席卷而来，如雨点般拍打车窗。除了前方车辆朦胧的双闪灯之外，什么都看不见。司机对此习以为常，他比画着"OK"的手势，告诉我无须担心。两个多小时后，出租车终于穿出沙幕，重见天日。

纳西里耶检查站的士兵要求查看我的护照。伊拉克的部分士兵并不识字，有时，他们郑重其事地盯着签证页若有所思，却意识不到自己拿反了，这名士兵也是如此，他一会儿正着拿，一会儿反着拿，研究不出个所以然，只好回岗亭向别的士兵求助。不一会儿，一名能说一点英语的士兵走过来，神色凝重地告诉我，我的签证过期了。

近年来，伊拉克几乎没有外国游客到访，部分公务员和士兵根本看不懂护照和签证。我指着签证上用阿拉伯语写的日期告诉他，签证的停留期是一个月，而我只待了十天。他挠了挠头，一脸困惑。思考一番后，他示意我拿着包下车，等待他请示上级。

我刚下车，共乘出租车就载着其他乘客扬长而去。我心里一沉，担心会被困在这前不着村后不着店的检查站，但事已至此，担心也无济于事，我提着包，跟随士兵走进岗哨边的一间小办公室。办公室是用瓦楞铁皮搭建的，放置了一张办公桌和几张座椅。我坐到正对门口的椅子上，打开手机，看起了世界杯足球比赛的文字直播。几名士兵进进出出，一会儿拿着我的护照拨打电话，一会儿交头接耳。

我看得很投入，没有察觉到时间正在飞逝，直到一个半小时的球赛结束，我才顿感不妙。没有士兵与我沟通，护照也不见踪影。我出去询问情况，两名士兵用蹩脚的英语遗憾地告诉我，他们不能放我进城，除非有本地人为我担保。

之前十天，我已经游览了三座城市，从未遇到过这种情况。但多说无益，好在我之前联系过一位纳西里耶的本地人穆罕默德。我拨通电话，把手机交给士兵。一番沟通后，穆罕默德热情地告诉我，他马上开车来检查站接我。等待穆罕默德时，一名士兵伸手向我索要25000第纳尔贿赂，约合人民币150元。我假装弄不明白他的意图，自顾自看手机。见我一副不谙世事的样子，又有本地人接应，他也就没辙了。

过了半小时，穆罕默德开车带着一位曾给美国军队做过翻译的朋友一起来到检查站。交涉了二十分钟后，穆罕默德用自己的证件为我做了担保，他告诉我，纳西里耶守卫森严，正因如此，这座城市一直以来都还算安全。

纳西里耶位于幼发拉底河畔。第二天凌晨4点半，我从酒店步行去附近的大桥上拍摄幼发拉底河日出。才在桥上站了不到五分钟，河边的小岗亭就对我闪起了警灯，一位身穿警服的大叔隔着几米对我耸耸肩，问我来这里干什么。我举起相机，指指东方，表明我只是来拍摄日出。他不耐烦地挥挥手，示意我赶紧离开。

我还没来得及反应，一辆警车已经停在了身旁，三名警察下车，神情严肃地要求检查我的护照。我递上护照，再次表明我只是想拍摄日出。他们盯着签证页看了一会儿，商量了几句，决定全程监督我。

天渐渐亮了，一抹橙色从地平线向上晕开，微风轻抚幽蓝的河水，漾起道道波纹。河岸两旁尽是低矮的建筑，一座斜拉桥立于视线尽头。不一会儿，一轮红日缓缓升起，往河水中注入橙色的微光。

三名警察围在我的身边，好奇地把头伸向相机显示器，我大方地向他们展示照片，他们满意地点点头，竖起大拇指。待太阳升到路灯的高度，我收起相机，对他们连连道谢。

2

当世界上大部分地区的人类还衣不蔽体、食不果腹时，文明的第一道曙光已经出现在了两河流域，苏美尔人在这片宽广、肥沃的平原上建立起乌鲁克、乌尔、尼普尔、拉格什、埃利都等城市文明，世界上最早的城市、法典、文字、契约、学校、图书馆、车轮都诞生于此。

如今，这些遗址湮没于伊拉克的荒漠之中。在全然没有旅游业的伊拉克南部，探访遗迹困难重重，不仅要花费高昂的包车费用，还要冒巨大的风险。相对来说，乌尔古城是最容易造访同时保存得最完好的遗迹之一。

从纳西里耶市中心开车到乌尔古城只需十几分钟。我去的那天正值开斋节假期，遗址不对外开放，不过，伊拉克是一个人情社会，穆罕默德告诉管理员我是远道而来的中国客人后，管理员毫不犹豫地打开了大门。

乌尔古城是古巴比伦的前身，是迄今为止发现的人类历史上最早的城市遗址之一。五千年前，西欧还处于石器时代，而乌尔已经有三万四千多居民了。苏美尔的每个政治实体都有一位主供神灵，乌尔主供的是月亮和智慧之神南娜。一条褪色的木栈道在沙漠上划出弧线，通往乌尔著名的月神庙。这座塔庙大约建于公元前22世纪，底层长64米，宽46米，是乌尔第三王朝第一位国王乌尔纳姆所建，这位国王颁布了目前发现的最早法典《乌尔纳姆法典》，古巴比伦正是沿袭了苏美尔文明，颁布了美索不达米亚平原集大成的完整成文法典——《汉谟拉比法典》。神庙是乌尔的宗教中心，是举行祭祀、祷告、仪式、庆典和制定政治经济政策的地方，苏美尔人相信，城邦的主神从天而降，首先会莅临神庙顶层的小神堂。

本是三层的月神庙如今只剩下巨大的基层。据估计，1500名劳工花上五年时间才能仅仅建好地基。塔庙用姜黄色的日晒砖搭起，墙体向内倾斜，如同分层的金字塔。据说在当时，方圆20公里内的农民都可以遥望到高耸的月神庙。

管理员带我来到神庙的正面，指着分布规则的长方形小洞告诉我，这些洞的作用是通风，让建筑内部的水分蒸发，防止砖块碎裂。他又带我来到神庙的侧面，指着泥砖上不规则的小洞说，这是海湾战争留下的弹孔，但好在它们没有影响神庙的完整。

正面的巨型台阶通向月神庙的高台，台阶两旁，日晒砖垒起向内微微弯曲的曲线，把视线引导向高处。高台上，碎砖零落一地，从这里望去，民居、小寺庙、广场的遗迹围绕着月神庙星罗棋布，微微起伏的小沙丘连绵成片，一条公路劈开荒漠，远处是影影绰绰的城镇。炙热的太阳烘烤着大地，空气闻起来毫无生机。

然而，在苏美尔时代，这里却是另一番景象。远古时期，两河流域是一片无人居住的沼泽洼地，苏美尔人来到这里，渐渐改变了狩猎、游牧的生活方式，他们在这里定居、挖掘沟渠、引水灌田、种植农作物，把村庄发展成了河流密布、绿树成荫的城市。20世纪初，乌尔遗址的发现者、英国考古学家伦纳德·伍利描绘了乌尔的一片繁华景象：4000公顷的谷物农田，环绕着这座广袤无垠的城市，来自波斯湾的商人源源不断地来到这里，带来货物，再将这里的食品出口到阿拉伯半岛。

管理员指着砖块上的黑色物质告诉我，这是沥青。四千多年前，苏美尔人已经懂得使用沥青做黏合剂，并为建筑和船只防水了。"防水"对于如今的荒漠来说简直是天方夜谭，但苏美尔人在泥板上书写的史诗《吉尔伽美什》中记录了一场大洪水，学者们普遍认为，这是《圣经》中大洪水故事的起源。

随着经年累月的灌溉，水分不断蒸发，地下深层的盐分慢慢到了地表。被盐覆盖的地面在阳光的照射下逐渐变硬，地面开裂，谷物难以生长，再加上幼发拉底河改道、气候变化、土地沙漠化等原因，苏美尔人最终退出了历史舞台。

正在乌尔录制节目的伊拉克国家电视台工作人员注意到了

我，他们邀请我在月神庙做一个简短的采访。在主持人看来，一位来自中国的游客居然知道乌尔，着实令人惊讶，因为"大部分伊拉克人并不知道两河文明，更不会专程来这里"。

<h1 style="text-align:center">3</h1>

接受完电视台的采访，我和穆罕默德一起包车，前往2016年被联合国教科文组织评选为世界遗产的伊拉克大沼泽。

硝烟弥漫的近代伊拉克总是让人联想到沙漠、石油和战争，但回溯历史，伊拉克并不总是这般了无生气或动荡不安。底格里斯河和幼发拉底河曾孕育了西亚最大的湿地——美索不达米亚沼泽，这片沼泽一度水草丰茂、飞鸟成群，在许多研究者看来，这里是《圣经》中伊甸园的所在。五千年来，世代居住于此的"沼泽阿拉伯人"划着小船穿梭于错综复杂的水道，住在用芦苇编织的房子里，靠打鱼为生。部分学者认为，沼泽阿拉伯人可能是苏美尔人的后代。

沿途两个检查站的士兵花了不少时间核查我的签证，好在都放行了。道路两旁黄沙漫漫，没有起伏，偶尔能瞥见几只阿拉伯单峰骆驼正在啃食荒草。晒得黝黑的老汉孤零零地坐在烈日下，守着一车斗西瓜。

司机找了好几位小贩打听，才找到了通往中央沼泽的路。一个拐弯后，青蓝色的河道出现在道路左侧，河岸边长满绿油油的芦苇，穿着白色长袍的男人划着月牙般细长的小船，悠然穿行。

岸边有几座用芦苇编制的简易小屋，这是沼泽阿拉伯人的圆顶建筑——"穆迪夫"（mudhif）的简易版本。沼泽阿拉伯人把芦苇秆捆扎成束，紧密排列在一起，固定到土里，支撑起房屋结构，再用芦苇封顶，盖上塑料布，一个简单的"街边小店"就利落地建成了。穿着黑袍的妇女慵懒地坐在小店里，售卖家人刚刚捕到的鲜鱼和自制的鱼干。沼泽阿拉伯人把遍布于湿地的芦苇应用到了生活的方方面面，除了搭建房屋，他们还用嫩芦苇喂水牛，用干芦苇烤面包。

到达三片沼泽中最大的中央沼泽后，穆罕默德找来了一位15岁的沼泽阿拉伯少年。少年身穿运动服，头戴黄黑相间的头巾，一双褐色的大眼睛深邃迷人。我们坐上他的船，穿梭在沼泽和芦苇之间。如今，沼泽阿拉伯人给船只装上了发动机，在宽阔的河段，已无须手动划船。发动机带我们快速穿过一片宽敞的河道，一位白袍的沼泽阿拉伯男人正在芦苇丛边捕鱼。穆罕默德告诉我，正午时分，天气炎热，鱼会游到水面附近，是撒网的最好时机。正在低头收网的白袍男人听到发动机的声音，起身与我们打了个招呼。

不一会儿，少年关上发动机，拿起桨，带我们拐入一片狭窄的水道。他放下桨，在船头坐下，任凭小船缓缓漂荡。高大的芦苇越过他的头顶，拂过我的身旁，鸟儿从芦苇丛中探出头，轻轻啼唱，绿色的河水清澈见底，清凉透心，微风掠过水面，吹起淡淡的涟漪。这种安宁的感觉，让我几乎忘了自己正身在伊拉克。

然而，近代以来，大沼泽并非始终这般水草丰茂。萨达姆统治时期，为了清理沼泽阿拉伯人和逃亡至此的政敌，他建造大坝，阻断幼发拉底河，蓄意排干沼泽。再加上土耳其大坝对幼发拉底河的截流，这片曾经约一万平方公里、面积是威尼斯和佛罗里达沼泽总和的地区，一度只剩下不到10%的湿地，大部分地区

看不见的中东

很快沦为荒地和沙漠，靠打鱼为生的沼泽阿拉伯人不得不逃离家园、另谋出路。

萨达姆垮台后，千疮百孔的沼泽迎来了转机。阻挡水流的大坝被摧毁，25万沼泽阿拉伯人重返故乡。生态的恢复并非旦夕之事，但经过不懈的治理，如今飞鸟回归，芦苇生长，沼泽终于重现了生机。

4

我在伊拉克南部城市巴士拉一顿打听，就是找不到听闻过库尔纳的本地人，无奈之下，我打了一辆长途出租车，让司机跟着导航行驶。库尔纳是两河的交汇处，发源于土耳其境内安纳托利亚的底格里斯河和幼发拉底河正是在这里缓缓交汇成阿拉伯河，向南注入波斯湾。

正午时分，地表温度接近50℃，酷热如同坚固的混凝土，狠狠地朝我拍来，热风灌进袖口，手臂像是被架在炭火上烘烤。和这如火的热浪相呼应的，是沿途的死气沉沉。村庄里看不见车，看不见人，如烧干的灰烬般了无生气，小卖店大门紧闭，土砖搭建的房屋仿佛暴晒后脱皮的皮肤，深一块浅一块。

再次看到人影时，出租车已经抵达了库尔纳的底格里斯河边。河床不宽，两岸的景致一览无余。河水泛着灰蓝色，水草沿着河岸连绵成片，零星的土色矮房散落两旁。除了一棵象征智慧的"亚当树"之外，河岸边就再没有什么人造景点了。亚当树被安置在白色的大理石高台上，张牙舞爪的树枝被剃了光头，不剩一片树叶。

出租车司机大概惭愧于这个"旅游目的地"竟如此落魄，便张罗着让我免费坐上当地人的小船。发动机的声音刺破凝固的空气，热风扑面而来，烫得我睁不开眼睛。绕过一处狭长的浅滩，小船驶进隔壁的幼发拉底河。及膝深的草丛歪斜在岸边，纹丝不动，望不到边际，鲜嫩的绿色抵不住烈日的暴晒，泛着惨淡的白光，几棵椰枣树寂寥地伫立在草丛之间。一个人气寥寥的游乐场趴在河岸边，五颜六色的充气滑梯上，手持金箍棒的孙悟空屹立在顶端，抬头挺胸，凝视着不疾不徐的底格里斯河和幼发拉底河。

两条河流曾携手浇灌出文明之光，见证了一代又一代人类的到来和离去。如今，她们像是步入暮年的老者，远离繁华，静默不语，在这萧瑟颓败的荒郊野外无声交汇。

24... "你多少钱？"

1

从南部回到巴格达后，为了从高处拍摄底格里斯河，我预订了一晚五星级酒店 —— 伊什塔尔水晶大酒店，这是巴格达最高的建筑之一。酒店的白色外墙上染了淡淡的灰色污渍，看上去欠缺维护。房间很大，开放式的门厅连接着卧室，地面铺了蓝色的地毯。一扇落地玻璃门通向阳台，打开百叶窗，底格里斯河近在咫尺。绵长的河床如同张开的臂弯，把巴格达拥入怀中，天空一碧如洗，把河水映得湛蓝，几座大桥横跨河床，河岸边栽满了树，滩涂上绿草悠悠。

相较于这独一无二的景观，酒店的设施实在令人不敢恭维。角落的墙纸已经鼓包，浴缸与墙面的接缝处有细小的裂痕，电视柜的柜门怎么也关不严实。

为了获得更高的视角，我坐电梯前往顶层。走进电梯，我又想起了卡尔巴拉的遭遇。

前几天，同样是为了从高处拍摄卡尔巴拉，我预订了一晚五星级酒店。酒店崭新得仿佛是从发达国家空降的，房间围绕着中庭的回廊排开，中庭下方的大堂视野开阔，摆了几组崭新的皮质沙发。由于顾客寥寥，前台工作人员给我升级了套房。套房极大，整整两面墙都是落地玻璃窗，米色的地毯纤尘不染，皮质沙发柔软舒适，不同组合的筒灯营造出温馨雅致的氛围。

放下登山包，我走进电梯，打算去十一楼的天台景观餐厅踩个点。电梯上升至十楼时，突然哆嗦了一下，楼层的数字灯全部熄灭，怎么也按不亮。我这才想起来还有"停电"这回事。透过透明的观光电梯，可以一览酒店的中庭。前台工作人员正气定神闲地处理事务，根本没把停电放在心上，来回走动的工作人员头也不抬，全然不关心被困在电梯里的顾客。我左顾右盼，脑中浮现出电影里的恐怖画面——电梯如跳楼机般快速下坠，重重地击穿地面，留下一个大坑。待救援人员赶到，电梯里的人早已不治身亡。我越想越不安，双手情不自禁地抓紧了栏杆。时间似蜗牛般缓缓向前蠕动，优哉游哉，漫无边际，仿佛故意拖延，放任我在焦灼中煎熬。

终于，熟悉的来电声传来，电梯突然抖了一下，像是骤停的心脏刚刚做完心肺复苏，重新恢复了跳动。我不停地按压十一楼的按钮，但电梯有自己的想法，它不急不慢，缓缓降到了一楼。待电梯停稳，我松了口气，再次按亮十一楼的按钮。电梯干劲十足，一路飙升，所向披靡，但一到九楼，它就元气尽失，再次因停电而原地歇菜。来电后，它又自说自话缓降到了一楼。我再次按亮十一楼的按钮，但这一次，电梯上到八楼就气绝身亡了。

反反复复了五次后，电梯终于一鼓作气冲到了十一楼。当电梯门缓缓打开，天台近在咫尺时，我感动得都想拥抱一脸错愕的服务生了。

巴格达这家酒店的设施远远不如卡尔巴拉，我做足心理准备，按亮楼层。电梯像是加满了燃料的火箭，一飞冲天，稳稳停在了二十层，顺利得令人难以置信。

二十层的走廊正对着底格里斯河，视野开阔，但窗户蒙了一层厚厚的污垢，怎么也打不开。我迅速跑到十九楼，幸运地找到了一扇打得开的窗户。由于土耳其建起大坝，底格里斯河的水位很低，河面寂寥，没有来往船只。傍晚，一轮红日缓缓落下，河水被染成了温暖的橙色，背光的房屋影影绰绰，泛着青灰色。

2

第二天中午，我退房离开，准备飞往伊拉克北部的库尔德自治区（以下简称库区）。

倘若在五星级酒店门口打车，大概率会被司机误认为待宰的肥羊。为了防止被骗，我径直走向酒店对面的检查站，拜托持枪士兵替我打车。在士兵的震慑下，司机想必不敢漫天要价。

士兵热心地拦下一辆出租车，司机是一位20岁出头的青年，有一头乱糟糟的短发。一番沟通后，他报了个合理的价格。士兵比了个"OK"的手势，挥挥手与我道别。保险起见，我坐到了后排。

伊拉克的出租车司机久不见外国人，如饥似渴，每当我打车，他们就像是十年没见过活人一般，兴奋地说个不停。虽然我一再表示听不懂阿拉伯语，但他们总是不顾客观规律，兀自放慢语速，自问自答。这位司机也不例外。我才坐上车，他就掏空了仅有的几句英语储备，转而用阿拉伯语滔滔不绝起来。我又热又困，实在不想与他继续客套。

察觉到我的敷衍后，他从后视镜看看我，耸耸肩问："多少钱？"

我不动声色，心里却警觉了起来：车费明明已经谈好了，他为什么这么问？难道想中途加价？

见我一言不发，他咕哝了几遍"马萨吉"[1]，同时拿出手机，打开网页，在视频网站上搜索。不一会儿，他打开了一个视频，举起手机，按下播放键。

我戴着墨镜，没有正眼瞧他，不想表现出兴趣，但余光还是瞥到了视频的内容——一位穿着性感的女人正在搔首弄姿，一边跳舞、一边脱衣服。司机指指视频，指指我，眼睛里写满兴奋，口口声声追问："你多少钱？你多少钱？"

我这才想起朋友的提醒——外国女人在伊拉克可能会被当成妓女。由于连年战乱，伊拉克游客稀少，女性游客更是屈指可数。在相当一部分伊拉克男性的眼中，出现在这里的外国女人只可能是妓女。

司机不停地打着响指，试图吸引我的注意，但我如同一尊铜像，保持着望向窗外的姿势，一动不动。他没有罢休，而是像吃了春药一般，脸涨得通红，双手在方向盘上来回地蹭，坐立难安。他趁着短暂的停车间隙转过身来，伸出右手，试图触碰我的大腿。我往窗边挪了挪，把摄影包放到腿上，挡住自己。他缩回

---

1 Massage 的音译，即按摩。

看不见的中东

身子，拍了拍副驾驶座位，示意我坐到前排。我对他视而不见、充耳不闻，同时打开手机地图，确认位置。出租车正在向机场方向行驶，没有偏离一丝一毫，看来这位司机有贼心，没贼胆。巴格达市区的检查站多如牛毛，这意味着，我随时都有机会向士兵求救。这么一盘算，我心里有了底。

司机像是荒原上独自发情的动物，唱了一路独角戏也没得到回应，终于消停了一会儿。驶上通往机场的高速公路后，他指着路牌，反复念叨着"机场"，向我表明他确实在往机场方向行驶。大概是隐隐意识到了不妙，他催促我先把车费付了，我假装不理解他的意思，一言不发。见我毫无反应，他又找出一个色情视频，举着手机给我播放。我忍无可忍，猛然大喝一声："闭嘴！我要叫警察了！"

他被我的气势吓得不轻，春药劲一下子抽离了身体。他缩起肩膀，驼着背，把右手举在耳畔，用蚊子般细弱的声音开始道歉。我的耐心已经消磨殆尽，如果我不让他付出点代价，难保他以后不会心存侥幸，继续骚扰其他外国女性。哪怕他在数十次、数百次的骚扰中得逞一次，也意味着一位女性遭受到实实在在的身体侵犯和心灵创伤。我在脑中写好了剧本，只等待一个恰当的时机。

司机把车停到最后一个检查站边，所有人必须在这里下车，换乘机场摆渡车，经过几道安检进入机场。出租车刚停稳，我就拿起登山包和摄影包冲下车，跑到了持枪士兵面前。士兵听不懂英语，一脸错愕。我打开谷歌翻译，打出几行字——"他一路上一直在给我看女人脱衣服的视频""他把我当妓女了""性骚扰"。

我一边在手机上打字，一边用混合了愤怒、委屈、无助的语气不停地说着英语，指着出租车大声控诉。士兵意识到了事态的严重性，不停地说着"OK"，示意我现在已经安全。

岗亭的另外两名士兵见状，把司机叫到跟前，质问他到底怎么回事。司机怯生生低下头，缩着肩膀，双手摆在身前，支支吾吾，不敢辩解。他心里一定惦记着车费，但士兵没有提钱的事，一通训斥之后，士兵就让他滚蛋了。

出租车从视野中消失之后，三名士兵笑着转过身来，比出"OK"的手势。他们热情地替我把登山包放进后备厢，把我送上了去往机场的摆渡车。

看不见的中东

25... 另一个伊拉克

1

南部的朋友们听说我打算前往库区，都笑着告诉我，库区是个自由、开放的好地方。

1991年2月，海湾战争结束，伊拉克军队遭到重创，库尔德人趁机发动反叛，惨遭萨达姆的残酷镇压。邻国土耳其对不断涌入的库尔德难民忧心忡忡，担心本国的库尔德问题随之受到影响，便提议在伊拉克北部设立安全区，保护伊拉克的库尔德人。英国采纳了土耳其的建议，同美国等国家共同在伊拉克北部划出禁飞区，库尔德人获得了事实上的自治权。2003年伊拉克战争爆发后，库尔德人的联邦自治地位被写入伊拉克宪法。高度的自治，使得库区在各方面都与伊拉克的其他地区大相径庭。

一个小时的航程后，我降落在了苏莱曼尼亚机场。根据沙发主拉曼的指示，我乘上摆渡车，来到秩序井然的机场到达大厅。大厅不过半个篮球场大小，放置了几排灰色的连排座椅，挂在墙上的电视屏幕正在播放新闻。我拜托工作人员打电话给拉曼，告诉他我的位置。不同于南部，这里所有的工作人员都能说基本的英语，有问必答。

拉曼是一位21岁的大学生。与那些肥胖、蓄着胡须、打满发蜡的中东男性不同，拉曼留着板寸头，身材清瘦，胡子刮得很干净，眼眸深邃清冷，像个纤尘不染的道士。打了个招呼后，他拿起我的登山包，带我去往停车场。

虽然年轻，但拉曼已经是个技术熟练的老司机了，不一会儿，他就把车停在了一个安静的街区边。拉曼与母亲、妹妹住在街区边一栋两层小别墅里，为了把房间腾给我，妹妹主动搬到了楼下，在母亲的房间里打地铺。

放下包，我走进隔壁的卫生间。卫生间贴了干净的白色瓷砖，马桶边摆着两卷卫生纸和一个纸篓，困扰了我半个多月的厕纸问题终于迎刃而解。

一楼的客厅不大，面对面摆了两个简单的沙发，打扫得一尘不染。才刚坐下，拉曼的眼睛就闪起了光，他绘声绘色地向我谈起中国武侠电影，抛出了一连串问题——"少林寺在哪里？""少林寺的学费多少钱？""要学几年？""学完可以飞檐走壁吗？""你会轻功吗？"

我告诉他，少林寺可以学功夫，但"飞檐走壁"只是电影特技。他抿起嘴，一脸失望，但还是认真记下了"河南"这个名字。

第二天上午，我起床下楼，妈妈和妹妹已经出门了。拉曼正在院子里逗一只三花猫，他把猫碗添满，去厨房准备早餐。

"你还会做饭？"

"你会吗？"拉曼从冰箱里拿出两个鸡蛋，反问我。我摇摇头。

"那如果我不做饭，我们俩就大眼瞪小眼，活活饿死吗？"拉曼笑了笑说。

他煎了两个鸡蛋，挖了点果酱和奶酪，又从冰箱上拿了一个比方向盘大一圈的馕。

拉曼出生于基尔库克。自1927年发现石油以来，基尔库克迅速成为伊拉克的石油开采中心，出口的石油占到伊拉克石油出口总量的40%。[37] 出于战略地位和经济利益的考量，基尔库克一直是伊拉克中央政府和库区政府争夺的目标，"伊斯兰国"也一度对基尔库克发起过猛攻。

虽然有很高的战略地位，但提起家乡，拉曼一脸嫌弃，他告诉我，基尔库克与库区首府埃尔比勒一样，是个千篇一律的石油工业城市，空气很差，到处都蒙着一层灰。在他看来，苏莱曼尼亚麻雀虽小，却是伊拉克最小资、最舒服的城市。

拉曼家附近的街区安宁雅致，一条不宽的坡道缓缓向下，通往主路，坡道两旁绿树成荫，一大簇粉色的紫薇花探出墙头。大街上，戴头巾的女人屈指可数，我穿着短袖T恤出门也无伤大雅。半个多月没有见光的手臂被微风轻抚，每一个毛孔都像是起死回生一般，大口呼吸着新鲜空气。

我对这宜人的气候和社会氛围赞不绝口，拉曼的感受却与我截然相反。他小心翼翼地贴着树荫步行，尽量不让自己暴露在阳光之下，但即便如此，绿豆大的汗珠还是顺着他的前额流淌下来。他皱着眉头，眯起眼睛，不停地念叨着："太热了！太热了！我快要热死了！"

虽然出生在伊拉克，但提起酷暑，拉曼满腹牢骚。太阳仿佛是露出獠牙的怪物，在他的身后穷追不舍。他早早就把移民俄罗斯列入了梦想清单，只因那里不热。燥热的午后，拉曼总是拉上窗帘，独自窝在房间里。苏莱曼尼亚的电力支撑不住空调的持续运转，他索性放弃空调，装了一台冷风机。冷风机战斗力惊人，一旦开启，房间里就像是刮起了龙卷风，吵得人心神不宁。不过，相比要命的高温，噪声对拉曼来说无关紧要。他坐在冷风机边的书桌前，写他擅长却不喜欢的代码，或弹奏他喜爱的钢琴和乌德琴。一旦跳闸，他就会再次念叨起俄罗斯。

完成了今天的代码工作，拉曼突然转过头问我："听说中国人数学很好，是这样吗？我可以考考你吗？"我点点头。

"12乘以4是多少？"

我一时难以确定他是真的在出题，还是在开玩笑。我给出答案，他的脖子向后一缩，瞪大了眼睛，惊叹我竟能回答得如此之快。我建议他不妨问一些两位数乘法，他将信将疑，哆哆嗦嗦说："12……乘以12？"

我立马给出答案，他狐疑地点开电脑上的计算器，输入数字，惊呼："中国人真的是行走的计算器啊！"

傍晚，拉曼开车带我前往可以俯瞰苏莱曼尼亚的戈耶山山顶。山体被一层枯黄的草皮覆盖，如沙丘般绵延起伏。夕阳西下，开车来此的库尔德人越来越多，有的人靠在车边独自喝酒，有的三两好友架起烧烤炉子，一边烤肉，一边观赏夕阳。

拉曼把车停到山顶，皱着眉头说，今天的空气质量不好。如他所言，城市被一层薄雾笼罩着，远处的山只剩朦胧的轮廓，看不真切。天空被浮尘映成了浅紫色，一道橙色的光带在地平线附近晕开。苏莱曼尼亚不大，一眼就能望到头。几条宽阔的道路渐渐被路灯点亮，隔开黑漆漆的街区。拉曼指着不同的方向，告诉我他家的位置和我们即将前往的夜市。

夜市附近车来车往，拉曼光是找停车位就花了好一会儿。下车前，他问我是否介意步行，因为夜市更适合步行闲逛，而非坐在车上走马观花。还没等我回答，他就自言自语道："我不该问的，你去过那么多地方，怎么可能走不动路呢。"

我点点头，笑着问他，难道库尔德女人走不动路吗？

拉曼像是被切中了要害，突然激动起来。他告诉我，库尔德女人非常矫情，如果你带她们走路，她们嘴上不说，心里却会暗暗记下，逮到机会就莫名其妙地发脾气。

"你永远猜不到她们在想什么。"拉曼摇了摇头，一脸嫌弃。

我告诉拉曼，媒体报道的多是英姿飒爽的库尔德女兵。为了不沦为"伊斯兰国"的奴隶，为了守护家园，她们扛起枪支，加入战斗。她们的勇敢曾令"伊斯兰国"的士兵闻风丧胆，在那些士兵看来，倘若死在女人的枪下，就无法进入天堂。拉曼纠正我，并非所有库尔德人聚居区都有女兵，她们的主要活动区域在叙利亚境内。虽然伊拉克库区比较开放，约三分之一的女性会外出工作，但在思想观念上，她们普遍保守。

"如果一个女人决定和你谈恋爱，你知道那意味着什么吗？"拉曼问。我摇摇头。

"意味着她已经把婚后生活都规划好了，一旦你提出分手，会被认为是不负责任。"拉曼愤愤不平，"两个人还没开始相处，就决定共度一生，这么草率的行为居然被认为是负责任的表现，你不觉得很荒唐吗？没有充分了解一个人就稀里糊涂走进婚姻，对谁都是不负责任的。都什么年代了，她们的观念还停留在上个世纪！"拉曼锁上车，斩钉截铁地说。

我们从宽阔的主路右拐，走进狭窄的街道。人行道上空挂着一串串小灯泡，果汁店、冰激凌店、烤肉店、水烟店、馕店遍布两旁。茶摊老板在不宽的人行道上摆了一排塑料椅子，男人们排排坐着，点上一杯红茶，悠闲地望着来往行人。

拉曼突然拍拍我的肩膀，有气无力地说："你为什么走得那么快？我们慢慢走好不好？"他脸上的每一个细胞都在显示，他已经被炎热打败，正濒临崩溃。果不其然，他马上就念叨起了精神支柱俄罗斯。我只好放慢脚步，陪他一起遥想西伯利亚的严寒。

突然，一阵欢呼声传来，十几位男士正凑在露天烧烤摊的一台电视机前，握着拳头，聚精会神地观看世界杯足球比赛，摊位上方，世界杯参赛国的小国旗挂成一排，迎风飘扬。拉曼说，伊拉克男人热爱足球，有时，为了维护自己支持的球队，球迷们会大打出手。

拉曼提议坐下吃点烧烤，休息一下。刷上蜜汁的烤羊肉香甜可口，配上解腻的生洋葱和红茶，相得益彰。吃完烧烤，我们继续沿街闲逛。男人们遍布大街小巷，女人的身影屈指可数。

拉曼在一家冰激凌店门口停下脚步，若有所思地望着橱窗。玫红、鲜绿、明黄的冰激凌样品仿佛夜色中的荧光衣，格外刺眼。拉曼问我要不要尝尝，我摇摇头，但他还是坚持买了两份。大部分伊拉克人没什么饮食禁忌和健康观念，对他们来说，不那么热的夜晚才是一天的开始。即便已是午夜，他们也能坦然地暴饮暴食。为了适应他们的生活习惯，我只能时刻做好进食的准备，并且把象征"吃饱了"的一句阿拉伯语——"感谢真主"——背得滚瓜烂熟。

2

次日上午，拉曼说要带我去红色警戒博物馆，我提议独自前往，以免他被烈日折磨，他告诉我，博物馆有空调，比待在家里舒服。

博物馆外停着几辆锈迹斑斑的坦克，坦克对面是一幢褪色的砖红色建筑，建筑外墙满是大大小小的弹孔，大部分窗户的玻璃不见踪影，只剩黑色的窟窿，有的墙皮已然剥落，赤裸的红砖暴露在外。这里曾是萨达姆时期秘密情报部门的办公室、牢房和刑讯室。

步入博物馆，通道两侧的墙体被密密麻麻的碎玻璃填满，繁星般的小灯泡在头顶闪耀，这是为了纪念安法尔行动而修建的镜厅。

为了消灭库尔德反叛组织并把基尔库克等重要的库尔德地区阿拉伯化，20世纪80年代末期，萨达姆发动了针对库尔德人的种族灭绝行动——安法尔行动。伊拉克军队采用地面攻击、空中轰炸、大规模驱逐人口、摧毁定居点、化学袭击等方式对库尔德人实施打击，其间，约有5万—18.2万库尔德人惨遭杀害，约4500个库尔德村庄被毁灭。镜厅的18.2万块碎玻璃代表18.2万名受害者，屋顶的4500盏小灯代表4500个被毁灭的村庄。

穿过展示库尔德人民族服饰、配饰等的第一栋建筑，拉曼带我走进阴森的第二栋建筑，这里展示了情报部门使用过的牢房和刑讯逼供室。幽暗狭窄的深灰色走廊旁是一间间牢房，房门的上方有一个与脸同宽同高的小门，安置了两道栅栏。灰色的水泥墙上，曾被关押在此的异见人士写下五次祷告的时间，写下自己的名字和年龄。隔壁的走道两旁有几个用铁栅栏隔出的大牢房，地上铺着破布和毯子，当时关押在此的人们肩挨着肩，席地而睡。厕所的墙砖剥落了一大块，一个发黑的蹲坑嵌在地面中央。介绍牌写道，有的女子在监狱诞下孩子，狱卒用孩子作为人质，逼迫她们承认自己没有犯过的罪行。一间刑讯室里，红色的灯光倾泻而下，一个人体模型的双脚被绑在棍子上，由两位狱卒倒吊起来，另一位狱卒面目狰狞，冲他挥舞鞭子。另一间刑讯室里，一个人体模型的双手被高高地捆绑在横梁上，一根电线缠住他的脖子，表明他正在遭受电击。

再往前走，安法尔大屠杀告一段落，紧挨着的是抵抗"伊斯兰国"的烈士纪念展。"伊斯兰国"横扫伊拉克期间，库尔德人顽强抵抗，顶住了攻势，展厅两旁陈列着在战争中牺牲的男女士兵和将领的照片。

走出展厅时，太阳正挂在头顶。拉曼望着天空，一言不发，仿佛还没从博物馆营造的严酷氛围中解脱。他没再抱怨酷热，也没再念叨俄罗斯。

晚上，拉曼开车带我去酒吧与朋友会面。伊拉克南部严格遵守伊斯兰教义，禁止饮酒和贩卖酒精，但库区没有这样的规定。

停好车，我们步行走上二楼。透过落地玻璃窗，灯光昏黄的酒吧一览无余。透明的高脚杯倒挂在吧台后方，百来种酒瓶整齐地排列在酒架上。调酒师舞弄着手中的酒，一杯杯五光十色的鸡尾酒被服务生端到桌上。九成顾客是男性，女性顾客屈指可数。拉曼推荐我点朗姆酒加红牛。

一台壁挂电视机正在播放世界杯足球赛。球员们气势汹汹地压向前场时，所有人都停止了交谈，屏息凝望电视。眼看球马上就要进了，突然，电视黑屏了，所有灯都熄灭了，我们仿佛眼看着一个巨大的泡泡被猛然戳破，消失得无影无踪。

服务生对停电早有准备，他们不紧不慢为每桌点上蜡烛，耸耸肩表示抱歉。顾客们没有抱怨什么，大家借着摇曳的烛光，继续各自的交谈。五分钟后，电器声嘀嘀响起，黑屏的电视机恢复了画面。比分显示，刚刚那个球进了，但我们连观看回放的机会都没有。

喝到晚上12点多，我们起身离开。拉曼径直走向他的车，我惊问："你喝了酒，还能开车？"

"我才喝了三杯，开车没问题的，你放心。"

我心里直犯嘀咕，旁敲侧击地告诉他，中国严禁酒后驾驶。还没等我说完，拉曼就把车开到了路上，他告诉我，喝两三杯酒之后开车在库区司空见惯，警察根本不管这种事。我不放心，但也没辙，只好紧盯路况。拉曼察觉到了我的不安，笑笑说："真的不用担心啦！"

3

如拉曼所说，库区首府埃尔比勒是个千篇一律的工业城市。登上市中心的城堡，古朴的蜜色平房、朴实的灰色水泥房、刺眼的彩色多层楼房杂乱无章地排列在一起，错落的水泥平顶中夹杂着几片刺眼的铁皮屋顶。城堡的另一头正对着中心广场，广场中央有一个喷泉，四周被草坪环绕，两旁是绵长的蜜色拱廊，狭窄的街道上挤满了轿车。

沙发主霍森是一位工程师，戴着黑框眼镜，一头干净的短发里掺杂了些许白发。他独自居住在埃尔比勒一栋两层楼的房子里，二楼堆满杂物，蒙了厚厚的灰，一楼的客厅里摆了一组浅褐色的转角沙发和一台电视，楼梯上挂着飞镖靶子。空闲时间，霍森喜欢玩飞镖解闷。

到埃尔比勒的当晚，霍森提议一起去餐厅吃饭。餐厅没有招牌，只有一扇仅够一人进入的窄门。推门进去，是一道狭窄的长廊，长廊贴着白花花的瓷砖，打着惨白的灯光，没有任何装饰，仿佛通往地下交易的现场。

从长廊的尽头出去，突然柳暗花明。眼前是一个偌大的庭院，摆满了桌椅，四周种满花花草草。霍森说，埃尔比勒有不少其貌不扬的餐厅，外地人很难找进来。他曾带许多沙发客来过这里，有的沙发客一踏进长廊便疑心四起，甚至怀疑他是人贩子。

我们找了个座位坐下，点了沙拉、烧烤和啤酒。听完我游历中东的旅程和写作计划，霍森突然直起身子，打开了话匣子。他提起我们共同认识的一位朋友，那位朋友每周五都去清真寺参加集体礼拜，家庭美满，孝敬长辈，完全符合家庭和社会的期望。

"但因为我们都是男人，都出过国，他对我没什么防备，所以他把在国外花天酒地的故事都告诉了我。"霍森凑近桌子，低声说。他列举了那位朋友如何在国外同时与几位女性交往、出入过多少色情场所的故事。

"作为朋友，我有责任帮助你更全面地了解伊拉克男人。"霍森呷了口啤酒，总结道，"以他为代表的一类人总是以信仰者自居，占据道德制高点，但实际上，他们表里不一。对他们来说，

看不见的中东

信仰只是融入传统社会、获得显赫名声的工具，一旦出国，他们就会迅速变成另一个人。他们不关心教义是什么，不思考人是否应该言行一致。在国内，'虔诚'对他们有用，出了国，'自由'让他们获益，仅此而已。我特别反感这种行为，我希望你把这一点写进你的书里。"霍森郑重地嘱咐我。

4

埃尔比勒附近有几个难民营，接收的主要是来自叙利亚的难民。我问霍森是否去过距离埃尔比勒42公里的达拉沙克兰难民营（Darashakran Camp），他说，他曾带一位沙发客去过，但被警卫拦下了。他建议我不妨去碰碰运气。

第二天一早，霍森开车把我送到市区外的公路边。安全起见，我本打算包车往返，但霍森认为在伊拉克搭车很酷，坚持建议我搭车前往。

道路两旁满是枯黄的野草，烈日当空，连个买水和乘凉的地方都没有。我对着过路车竖起大拇指，但他们都不去难民营的方向。好不容易有一辆送货的面包车愿意载我，但司机老头色眯眯的，望眼欲穿地盯着我裸露在外的手掌。我自觉情况不妙，便拒绝了他。不一会儿，一辆出租车正巧经过，车里载了三个人。我和司机谈好"顺风车"的价格，就上车了。酷不酷无关紧要，安全第一。

难民营的入口处有一个检查站，一位腰上别着枪的士兵走出来，耸耸肩，试图问我来这里的目的，但他听不懂英语，只好把我领进办公室。他拨了个号码，把听筒给我，电话那头的男人礼貌地用英语让我稍等片刻，说他过会儿就出来接我。

办公室的墙上挂着难民营的平面图，图上的数据显示，这个难民营占地面积646777平方米，有2480个帐篷、一个大型公共厕所和一个公共活动空间，这里的难民主要是来自叙利亚首都大马士革和东北部哈塞克省的库尔德人。透过办公桌上的七个监控屏幕，可以看到难民营各个区域的实时画面。

半小时后，一位工作人员把我带到一栋临时建筑。建筑被栅栏围着，顶部加了三层带刺的铁丝。里面各种办公室和会议室分布在走廊两侧。工作人员把我领进一间办公室，让我稍等片刻。办公室面对面摆了两排浅绿色的格子沙发，一张褐色的办公桌后方贴着联合国难民署、巴尔扎尼慈善基金会（The Barzani Charity Foundation，简称BCF）、埃尔比勒联合危机协调中心（Erbil Joint Crisis Coordination，简称EJCC）的标志。

五分钟后，一位蓄着胡子的经理走了进来。他看了看我挂在脖子上的相机，问我是不是记者。我向他解释了对中东的兴趣和游历计划，他点点头，向我介绍起他供职的巴尔扎尼慈善基金会。基金会是一个非政府、非营利组织，成立于2005年，总部位于埃尔比勒，旨在为饱受战争困扰的地区提供人道主义救助。如今，基金会与联合国难民署合作，负责管理埃尔比勒省内的11个难民营。

达拉沙克兰难民营建于2013年9月，刚建立时，来此的难民络绎不绝，冲突频发，很长一段时间，基金会不敢带记者参观，生怕记者遭遇不测。如今，情况有所改善。经理答应找两位工作人员带我参观，但他叮嘱我一定要跟紧他们，别到处乱跑。离开前，经理叹了一口气说："我们很希望社会各界可以多关注这里，多提供捐助，虽然难民们生活艰难，但你知道的，叙利亚的难民实在太多了，多到已经无法引起关注了。"

十分钟后，一位戴着头巾、不会说英语的女性工作人员和一位叫法卡尔的叙利亚姑娘走进来与我握手问好。法卡尔长发飘飘，一双眼睛温婉如玉。她来自叙利亚东北部，叙利亚内战期间，她同家人一起来到达拉沙克兰难民营，如今，她正在埃尔比勒上大学。最近正值暑假，她申请到难民营当一个月志愿者，学习这里的运营和管理方式。她告诉我，他们一家搬到这里时，难民营才刚刚建成不久。当时的设施极为简陋，用水用电难以保障，夏天酷热，冬日严寒。人们挤在帐篷里，每天都要排很长的队伍领取食物。一旦下雨，帐篷就到处漏水。这里只有一家医院，药品一度非常短缺。

五年间，在难民们的协助下，2172个帐篷已经被改造成正式建筑，其余308个还在改造中。人们以家庭为单位申请免费的平房，房子不大，一般只有一个客厅和一间卧室，但相比帐篷，生活质量算是有了质的飞跃。

说话间，我们已经走出了办公区。难民营的居住区被无边无际的枯草包围着，如同大海中的一座孤岛。大部分房屋用灰砖砌起后就没再粉刷外墙，有的人家在门口插了几根木棍，拉上白色的防雨布，组成一道"围墙"。每户人家的屋顶都摆了一个由联合国难民署分发的宝蓝色水箱。电线横跨天空，砂石路面干净整洁，每隔几米就有一个大号垃圾桶。

一栋白色的大型临时建筑被高高的栏杆围起，外墙上画了几幅五颜六色的儿童画。工作人员介绍完，法卡尔翻译，这是难民营的学校，提供从幼儿园到高中的免费教育。我问起为何重要建筑都被围了起来，法卡尔解释，难民们来自叙利亚的不同地区，信仰、观念不尽相同，再加上饥饿、贫困等原因，很容易爆发冲突。早年间，难民们互相斗殴或联合起来袭击难民营办公室、学校和医院的事件屡见不鲜，管理方不得不采取防护措施。

对女性来说，难民营尤其危险。这里的孩子接受的教育极其有限，工作机会稀少，年轻男性整天无所事事，把过剩的精力发泄到打架斗殴和强暴妇女上。部分家庭为了保住女孩的贞操，只好把女孩一直锁在家里。在传统的叙利亚人看来，失去贞操的女人是整个家族的耻辱。

五年间，难民营渐渐走上正轨，安全问题得到了极大改善，但作为难民，想要在埃尔比勒找到一份好工作却着实不易。在本地人看来，难民抢占了他们的工作机会，威胁到了他们的安全。求职过程中，对难民的隐形歧视无处不在。

许多难民曾住在舒适的大房子里，有体面的工作，衣食无忧。叙利亚内战爆发后，他们的生活突然被连根拔起，有的人家匆匆收拾行李，落荒而逃，有的人家房屋被整个炸毁，遍地瓦砾。为了重建生活，他们只好忍气吞声，接受同工不同酬的待遇。

"一下子沦落到这种境地，谁都不甘心的，但有什么办法呢？生活总要继续。"法卡尔平淡地说。如今，法卡尔的父亲在埃尔比勒找到了一份工作。虽然收入不足以支撑他们一家搬离难民营，但至少能保障基本的衣食。

正午的太阳挂在头顶，晒得人无处躲藏。我们在难民营的居住街区转了一圈，来到主干道上。这里是难民营的中心，道路两旁，蔬菜店、肉店、服装店、玩具店、五金店、修理店、小餐厅、理发店、鞋店一字排开。铁皮和木条被裁切成适当的形状，钉在一起，再搭一个铁皮屋顶，一家简陋的店铺就诞生了。蔬菜店最是热闹，妇女们穿着花花绿绿的长袍，戴着头巾，围在货架前挑选青椒、土豆、西红柿。

我在一家小卖店买了三瓶冰镇饮料，递给工作人员和法卡尔。法卡尔从口袋里掏出一张纸币，执意要塞给我。一番激烈的你来我往后，她终于收回纸币，接过饮料，笑着说了声谢谢。

5

从难民营出来，我又打了一辆车，前往雅兹迪人的圣地——拉利什。

雅兹迪人主要聚居在伊拉克北部山区，过着几乎与世隔绝的生活。2014年，"伊斯兰国"入侵雅兹迪村庄，对雅兹迪人实行了大规模的屠杀与迫害，成年男性和年长女性被集体枪决，年幼男孩被洗脑成好战分子，年轻女性和女孩沦为性奴，在市场上买卖。2016年，联合国将"伊斯兰国"对雅兹迪人的屠杀定性为"种族灭绝"。21岁就沦为"伊斯兰国"性奴的雅兹迪女性纳迪娅·穆拉德因公开控诉"伊斯兰国"的罪行，于2018年被授予诺贝尔和平奖，雅兹迪人也因此得到了广泛的国际关注。

雅兹迪人信奉雅兹迪教，他们相信，神创造了世界和七名天使，其中，掌管人间的是最重要的"孔雀天使"——塔乌西·美雷克（Tawusi Melek）。在诸如"伊斯兰国"这类极端穆斯林看来，雅兹迪人崇拜的天使曾拒绝向亚当跪拜，与《古兰经》中的撒旦相似，因此，雅兹迪人被他们视为"魔鬼崇拜者""不信神者"。

如同美国曾引用《圣经》中的某些段落来证明奴隶贸易的正当性一样，"伊斯兰国"也引用伊斯兰教法来证明屠杀和强暴"不信神者"雅兹迪人的正当性。

表面上看，当下的冲突起源于古老的恩怨，但实际上，纳迪娅的村子所在的辛贾尔镇位于连接伊拉克摩苏尔和叙利亚拉卡的47号公路上，这两个城市分别是"伊斯兰国"大部分高级官员的驻扎地和"伊斯兰国"的"首都"。极其重要的战略位置，再加上长期参战的士兵有发泄性欲的生理需求和直接感受胜利的精神需求，于是，古老的敌对和偏见被利用来树立仇恨。

快到拉利什时，公路上不见其他任何车辆。连绵的群山覆满枯草，牧羊人赶着羊群，在光秃秃的山头寻觅残根剩叶。汽车突然向左一拐，枯黄的山丘消失不见，两旁的斜坡满是枝繁叶茂的大树，雅兹迪人的住所隐匿在树丛之中。拉利什埋葬着雅兹迪教的核心人物、被认为是"孔雀天使"化身的谢赫·阿迪，拉利什也因此被奉为雅兹迪教的圣地。根据教义，雅兹迪人一生中必须花六天时间来此朝觐一次。

由于是洁净的圣地，在此生活与前来朝觐的雅兹迪人都光着脚。正午的地面烫得如同烙铁，商量一番后，村口的几位雅兹迪男士允许我穿着袜子进村。沿着石板路拾级而上，路的两旁是用形状各异的蜜色石头垒起的矮墙。大部分房屋都由石块垒砌，再用水泥封顶。锥形塔状的圣墓错落在山间，像是一把把半开的米色大伞。

如今的雅兹迪人倍受国际社会的同情和关注，然而，他们与世隔绝、固守传统的生活方式曾引发过不少争议。雅兹迪人不能与外族通婚，不能改变宗教信仰。普通雅兹迪人不准接受世俗教育，在雅兹迪领袖看来，世俗教育容易导致异族通婚，进而改变雅兹迪人的信仰，失去雅兹迪人的身份认同。教育的缺失，是导致雅兹迪人长期贫困的重要原因之一。

　　午后的拉利什异常安静，只有树影婆娑，发出"沙沙"的低吟。两位身穿白衬衫的男士迎面走来，看到我的相机，主动要求与宗教长者合影。虽然天气炎热，但长者在白色的长袍外又披了件米色的长款外套，头上裹着白色的头巾。他那簇卷曲的灰色胡须没过了脖子，一双眼睛警惕而疏远。他一再拒绝合影，但还是拗不过两位男士，只好面无表情地端着手，站在他俩中间。

26... 离境闹剧

1

2018年7月7日,我计划从埃尔比勒离境伊拉克。飞机凌晨4点才起飞。晚上,沙发主霍森提议去酒吧吃点简餐,凌晨1点半再送我去机场。我们选了一家安静的餐吧,就着啤酒和沙拉聊天。

去往机场的路上,霍森问我在伊拉克旅行是什么感受,我不假思索地告诉他,时间仿佛被拉长了,过多的人和事蜂拥而入,每分每秒都塞满了新鲜记忆,虽是短短一个月的旅程,却像是度过了漫长的一年。

坐上摆渡车,经过三道严格的安检,我终于走进了机场。埃尔比勒机场很小,换好机票后步行一分钟就到了海关窗口,海关窗口的不远处,候机厅的一排排座位近在咫尺。

海关工作人员低着头,翻来覆去查看我的签证,嘴唇紧紧地抿着。他敲了敲隔壁窗口的玻璃,指指护照,指指我,与女前辈耳语了几句。女前辈接过护照，埋下头仔细查看，她的两颊微微凹陷，两道法令纹深深地刻在嘴唇两侧。不一会儿，她把我叫到跟前，板着脸告诉我，她不能放我离境。我定了定神，想起朋友曾就这个问题给我打过预防针。

伊拉克分为中央政府和库区政府。在伊拉克、伊朗、叙利亚、土耳其的库尔德人聚居区中，伊拉克的库区发展得最好、最自治，自治到可以向外国人颁发签证。然而，持有库区签证不能进入库区之外的其他地区，持有中央政府签证可以进入库区。为了更全面地游览伊拉克，我选择办理了昂贵的中央政府签证。可是，持中央政府签证从库区离境存在一定风险。多年来，从未建立起主权国家的库尔德人一直试图谋求独立。一旦与中央政府关系紧张，库区海关便有可能拒绝为外国人盖离境章，借此彰显主权。在他们看来，一旦在中央政府颁发的签证上盖章，就意味着他们承认自己是伊拉克的一部分。这种情况时有时无，并不常见。经过权衡，我决定碰碰运气，毕竟从库区离境对我来说最省时省力。

女前辈的头微微昂起，不苟言笑。她指着签证上的一行字——"请在入境十天后去移民局办理离境签"——告诉我，我必须去库区的移民局办公室办理离境签。

巴格达移民局的官员曾告诉我，中央政府的单次入境签证无须办理离境签。更何况，这天是周六，移民局周一才上班，倘若移民局拖拖拉拉，把我那快要到期的签证拖到过期，我又会面临新的麻烦。我礼貌地说明情况，建议女前辈致电中央政府移民局确认政策。她用左手托着下巴，想了一会儿后说，她需要向领导确认。说罢，她拿着我的护照离开海关窗口，走进一旁的办公室。

仅有的其他几位乘客很快被放行了，工作人员像是提前结束了一天的工作，凑在一起交头接耳，时不时瞥我一眼。

十分钟后，一位牛高马大的工作人员从办公室走出来，死揪着那句"离境签"，说无法放我离境。我用同样的说辞向他解释，他愣了一下，拿着护照返回办公室。附近的三名巡逻警察听到风声，也过来凑热闹，他们用手比画着"OK"，让我少安毋躁。一名警察听完我的解释，热心地跑进跑出，替我说明情况。

过了一会儿，几位工作人员摇着头走出办公室，说我只能周一去移民局办理离境签。我又解释了一遍情况，但他们面色冷漠，看上去心意已决。女前辈把护照交还给我，见我还想解释，她不耐烦地挥了挥手，警告我："你赶紧去值机柜台把行李拿回来，不然你的行李可能会被送到开罗或米兰。"

她这么一威胁，我有点手足无措。我买的是经开罗中转、飞往米兰的机票，究竟是无法离境更糟糕，还是行李去了开罗更糟糕，我一时难以判断。一想到要与埃及人远程周旋，我就仿佛被灌了两斤白酒，头晕目眩。

见我踌躇不绝，女前辈进一步说："你现在去埃及航空柜台，或许还能办理退票，等飞机飞走，你就什么都做不了了。"说完，她扬长而去，重重地摔上了办公室的门。

我还没来得及思考应对策略，工作人员就把我托运的登山包送了回来。凌晨4点，飞机无情地起飞了。海关窗口附近，几位工作人员伸着懒腰，百无聊赖地发着呆。我捡起地上的登山包，搬到座位上，大脑一片空白。

一位从未出现过的工作人员突然走了过来，悄悄告诉我，早上9点经理会来上班，我可以向经理说明情况，改签埃及航空的其他航班。说完，他向我眨了眨眼睛，祝我好运。埃及航空并非每天都有飞往米兰的航班，明天恰巧没有，但无论如何，能够与经理面谈，总是聊胜于无。

我坐在海关边的椅子上闭目养神，平复心情。阳光渐渐升起，透过落地窗照进大厅。这天的朝阳，我本该在开罗欣赏。

早上6点，另一位工作人员走过来告诉我，今天是星期天，经理休息。说罢，他沉着脸，勒令我离开。

我岿然不动，没有要起身离开的意思。他见状，火冒三丈，不一会儿，他从机场外领来了两名警察。我问警察为何不允许我坐在机场的公共区域，他们彼此望了一眼，耸了耸肩，露出为难的表情。他们找来一位翻译，托他转告我："我们开车带你去埃及航空办事处改签机票，再送你回来等经理上班，就五分钟。"

我一夜没睡，脑袋像是一团松散的棉絮，轻飘飘的，眼皮不停地往下沉，视线里出现了叠影。见两名警察点头哈腰，面色和善，我卸下了警惕。

他们带我走出机场，让我坐上警车。工作人员一个劲儿地在警车边与他俩握手致谢，脸上洋溢着笑容，仿佛摘除了心腹大患。我盯着他们看了一会儿，突然间，我像是被浇了一盆冰水，一下子清醒了。埃及航空明明在机场就有办事处，为什么我却坐进了警车？我抓起包，想冲下车与他们理论，但警车的门被牢牢地锁上了。两名警察与工作人员挥了挥手，一言不发地上了车。直到这时，我都对人性抱有最后一丝希望，心想：别的航站楼或市区办事处也许能帮我处理退改签事宜。

警察把车停到机场外3公里的检查站，他们打开车门，勒令我下车，随后，他们从车里取出登山包，扔到了地上。谁能想得到，工作人员竟然联合警察，连哄带骗把我撵出了机场。

我怒气冲天，体内仿佛引发了一场核爆。噼里啪啦的控诉从我的喉咙里喷射而出，响彻整个检查站，把两名警察吓得愣在了原地。其他工作人员闻声赶来，询问情况。警察指着机场的方向摆手摇头，一脸心虚。他们找来一位翻译，向我解释，这不是他们的本意，是机场工作人员让他们这么干的。说罢，他们双手合十，弓着背，念叨着"对不起"。

我不关心这是谁的主意，只关心我能否再次进入机场。翻译坦诚地告诉我，哪怕我现在买一张飞往巴格达的机票，警察也不会允许我踏进机场半步。我质问原因，翻译闪烁其词，再次提起离境签。我如同一台复读机，向他解释签证政策，最后，我补充了一句："那些库尔德人只是为了刁难我，借此来彰显主权罢了，别以为我不知道！"

翻译向我眨了几下左眼，嘴角微微上扬。两名警察到检查站岗亭向士兵说明情况时，翻译压着嗓子，偷偷对我说："你说得对，就是这样。"

时间已是早上7点，奋战了一夜的我筋疲力尽，但还是不得不强撑起精神。既然无法从埃尔比勒离境，我只能前往苏莱曼尼亚，争取先飞回巴格达，再从巴格达离境。我捡起登山包，当机立断从检查站打车去汽车站。

虽然都是库区城市，但埃尔比勒和苏莱曼尼亚分别由库尔德斯坦民主党和库尔德斯坦爱国联盟控制。1994年，两党曾因权力分配、地盘争夺等原因爆发过内战。对于同一问题，两党的政治理念和应对态度不尽相同。总之，苏莱曼尼亚是我离境的最后希望。我积着一肚子火，坐上了开往苏莱曼尼亚的共乘出租车。

根据事后的分析，当时的情况很可能是这样的 —— 有传言称，在不久的将来，伊拉克中央政府计划收回库区对外国人发放签证的权力，部分库尔德人正愁无处发泄这股怒气。于是这群机场工作人员趁经理不在岗，利用手中的权力故意刁难我，一旦经理到岗、了解了情况，他们很可能吃不了兜着走，毕竟这种滞留没有合法依据。为了假装什么都没有发生，他们必须在经理上班前把我赶走。

虽然这种行为听上去像是幼儿园小朋友过家家，但在埃尔比勒却有过先例。后来，在这里留学、工作的中国人告诉我，即使是经常往返埃尔比勒的他们，也是时而顺利过关，时而被百般刁难，能否顺利离境完全仰赖时局和当班人员的心情。

2

伊拉克航空官网显示，苏莱曼尼亚飞往巴格达的当日机票已经全部售罄。朋友告诉我，伊拉克的飞机会预留几个空位给遣返人员，如果空位仍有剩余，我就能在最后时刻直接付费买票上飞机。

我找到机场的工作人员说明情况，他习以为常地告诉我，下午1点半有一班飞往巴格达的飞机，他会在起飞前半小时告知我有没有空位。

苏莱曼尼亚机场很小，只有几个柜台和几家小商店，只需短短十分钟，就能逛个遍。虽然一夜没睡，虽然距离起飞时间还有几个小时，但我过于焦虑，没有丝毫困意。各种问题在我的脑海中盘旋：我能顺利坐上这班飞机吗？如果座位已满，下一步我该怎么办？这里的工作人员会为难我吗？巴格达海关允许我离境吗？

我就这么呆坐在大厅，眼巴巴熬到了下午。

距离起飞时间只剩二十分钟时，工作人员依旧让我原地等待。我坐立不安，心里的最后一丝希望之火逐渐熄灭。

五分钟后，工作人员突然从背后拍了拍我的肩膀，指着柜台让我赶紧去付钱。我刷完卡，拿着机票向登机口一路狂奔。转过一个弯，一个护照检查台突然出现在通道尽头，如同一记重拳迎向我的脑门。我一个急刹车，跟跟跄跄收住步伐，担心又要止步于此。小心翼翼递上护照时，我心里盘算着应对策略。工作人员拿起护照，随意翻了翻，就挥挥手让我离开了。候机大楼外，摆渡车已经站满了人，我一跳上车，车门立马关闭，缓缓驶向飞机。

一个小时后，飞机降落在了巴格达机场，我悬着的心终于落了地。埃及航空的机票彻底作废，我只好花将近5000元另买一张机票。

当巴格达机场的海关人员一言不发在我的护照上盖了离境章后，尘埃落定，我终于大舒了一口气。坐在候机大厅里，倦意突然袭来，眼皮沉如千斤，四肢疲软无力。硬撑着坐上飞机后，我已经困得睁不开眼睛，还没等到飞机起飞，我就睡着了。

　　　　　　　　　　　　　　　　　看不见的中东

◁ 入夜后的大马士革老城张灯结彩，身穿短裙的时髦女郎穿梭其中。

27... 突然就到了大马士革

1

当我暂且搁置叙利亚、前往伊拉克时，眼前有两个选择。我可以花三天的时间快速游览几个叙利亚主要城市，以求最大化规避战争风险，也可以静观其变，等待一个看上去遥遥无期的深度游机会。反复权衡后，我选择了等待。所幸的是，离开伊拉克不到半年，我就等到了一个千载难逢的机会。在密切关注了两年形势后，我终于办好了叙利亚签证。

截至2018年11月，叙利亚反对派武装、"伊斯兰国"与巴沙尔·阿萨德政府之间的冲突已经持续了七年半，据估计，截至2017年底，叙利亚内战造成了约50万人丧生，1200万人被迫逃离家园。[38] 即使对我们这些远离战争的人来说，叙利亚内战也足够耸人听闻。在这里，"伊斯兰国"逐渐发展壮大，他们以瓦哈比主义为指导思想，对外输出血腥暴力，以反对偶像崇拜为由，大肆破坏文物古迹。

2018年下半年，叙利亚局势大体稳定，然而，有的地区尚在交战，有的地区被反对派、库尔德武装、"伊斯兰国"等势力控制，有的地区虽然已被政府军收复，却仍有残党遗留。复杂的局势导致准备工作困难重重，没有明确的可靠信息告诉我哪里能去、哪里不能去。一旦涉足禁区，轻则被军方赶回，重则被监禁、绑架甚至丧命。为了尽可能规避风险区域和风险行为，我必须充分了解实时战况，审时度势。

2018年11月27日，我再次来到已然雪虐风饕的莫斯科转机。有了伊拉克的旅行经验，这次启程，我心如止水。我计划先到黎巴嫩首都贝鲁特休整两天，与两年前的沙发主诺瓦见个面，我相信，来自叙利亚阿勒颇的她一定能提供可靠又实用的建议。

飞抵贝鲁特机场时，已近凌晨。过海关的人数不少，光是排队就花了半个多小时。黎巴嫩对中国公民实行落地签政策，一般来说，只要提供离境机票和住宿预订单，就能获得30天停留期。两年前，黎巴嫩海关没有过问任何细节就给我盖章放行了。

我递上护照，海关人员懒洋洋地翻了翻，双手很快定格住了。

"你去过叙利亚？"他抬起头，直勾勾地看着我。

"我还没去呢。"

"马上要去？去干什么？"话音刚落，他就翻到了伊拉克签证页。

我隐隐有不好的预感。这本刚换了一年的新护照上几乎全是阿拉伯国家的入境记录——阿联酋、伊拉克、摩洛哥，而欧洲申根签证在护照的最后一页，他还没翻到。

我答曰去叙利亚旅游，工作人员耸了耸肩，摊开手，露出难以置信的表情。

"旅游？为什么？"

一个没有入境记录的签证竟能招致怀疑，实在出乎我的意料。我镇定下来，向工作人员解释我对中东历史、文化、人文的浓厚兴趣。

"但那边在打仗啊！"他眯起眼睛，狐疑地打量我，似乎觉得我要么有隐藏的身份和目的，要么就是个彻头彻尾的傻子。

"内战基本告一段落了。"我简短回答。

他没有再问什么，一番犹豫后，他给我盖了入境章，写下一行阿拉伯文字。他拿着我的护照走进海关窗口边的小办公室，复印了两份。随后，一位个头不高的中年领导把我叫进办公室。

"你在贝鲁特有朋友吗？你是不是会在24小时内离开黎巴嫩，前往叙利亚？"领导皱着眉头问。

"我在贝鲁特有一位来自叙利亚的朋友，叫诺瓦，我会在贝鲁特住两天，然后坐小巴前往叙利亚首都大马士革。"

"把诺瓦的电话号码给我，我要问她几句话。"他命令道。

领导拨打了诺瓦的电话，但时间已是凌晨1点，诺瓦早已关机睡觉。

"我可以看一下你和诺瓦的聊天记录吗？"

我点点头，递上手机。他仔细翻看了最近一个月的聊天记录，没找出什么破绽。最后，他拨通酒店的电话，向前台确认我是否订了房间并预付了房费。得到肯定的答复后，他修改了入境章上的那行阿拉伯语，把护照还给我，面无表情地说："欢迎。"

我拿上登山包，在机场找了个安静的角落，一觉睡到了天亮。

2

早上醒来时才8点多，闲着无聊，我把入境章发给朋友过目，他一看，惊呼不妙："那个领导把一个月的落地签涂掉了，改成了24小时的过境签！"

我定睛一看，被划掉的文字里有阿拉伯语的"1"，新写上的有阿拉伯语的"24"[1]。领导既然确认我已预付房费，为何还要修改签证？他为何没有告知我修改后的停留期限？为什么他竟然对我说了句"欢迎"？他安的到底是什么心？

冷静下来一想，他应该是既不相信我的说辞，又找不到合理的遣返理由，只好用这种方法恶心我。如果我察觉到签证只有24小时，就不得不放弃无法退款的两晚住宿，赶紧离开黎巴嫩。如果没有察觉，我就会在离境黎巴嫩时因签证过期而被海关扣留。

虽然他用心险恶，但我已经没有多余的时间和精力去生气了，我必须马上做出决定。摆在眼前的选择无非两种，第一种是打车去黎巴嫩移民局与官员周旋，尝试延期签证，但黎巴嫩的打车费用极高，倘若被移民局拒绝，便得不偿失；第二种是放弃预付费的酒店，立刻离开黎巴嫩。

考虑半小时后，我选择了后者。虽然两天没沾床的我很想睡个好觉，也想与诺瓦一起捋一遍注意事项，但时间不等人，我只好打起精神，打车前往贝鲁特市中心的汽车站。

1　世界通用的"阿拉伯数字"最初由古印度人发明，后由阿拉伯人传向欧洲，再由欧洲人将其现代化。而现在阿拉伯人使用的数字，并非世界通用的"阿拉伯数字"。

一下车，一位大叔迎了上来，问我要去哪里，我战战兢兢地回答"大马士革"，他"哦"了一声，把我带到一辆商务车边，仿佛我去的是一个再平常不过的目的地。司机确认我有叙利亚签证，开了个合理的价格，并告诉我，再等两个人就可以出发了。

直到商务车坐满出发，我都没有缓过神来。计划中的两天休整期如同重要的缓冲地带，给了我踏足叙利亚前最后的喘息空间，但如今，我不得不越过缓冲区，把自己提前推向前线。

商务车开出了贝鲁特城区，在盘山公路上兜兜转转。窗外的景致对我来说犹如一张白纸，毫无吸引力。我集中精神平复心情，劝自己尽快接受现实，毕竟我还要面对黎巴嫩的离境手续和叙利亚的入境手续，倘若表现出焦虑和紧张，可能又会招致海关人员的怀疑。身旁戴着头巾的姑娘晕车了，正在一个劲地呕吐。刺鼻的味道把我拉回现实，我拿出一包湿纸巾递给她。

一个多小时后，商务车停在了黎巴嫩海关门口。我做了几个深呼吸，努力克制住焦虑，交上护照和出境卡。工作人员随手翻了翻护照，便盖了章。同车的人全部盖章完毕，我们就正式离开黎巴嫩了。

黎巴嫩海关到叙利亚海关之间有一段距离，沿途设有几个检查站。路上开始出现叙利亚总统巴沙尔·阿萨德的照片和"欢迎来到叙利亚"的大幅广告牌。

几分钟后，商务车停在了叙利亚海关外。入境大厅的窗口分两种：阿拉伯人和外国人（Arabs and Foreigners），所有国籍（All Nationalities）。我还没想明白这两者有什么区别，工作人员就把我招呼到了窗口前。他看了看我的签证，问我是什么职业。

叙利亚对"记者"这个身份极其敏感，因为内战期间，外国记者报道了多起叙利亚政府的负面新闻。我的"摄影师"身份很容易被理解为摄影记者,"自由撰稿人"身份又很难被新媒体不发达的社会理解。一番权衡后,朋友建议我自称教师,因为这是一个叙利亚人很容易理解的女性职业。这个身份在我看来破绽百出——为什么教师可以在非寒暑假期间到国外长途旅行?为什么教师在今年6月去了伊拉克?为什么教师要来叙利亚?

朋友轻描淡写地告诉我,叙利亚人不会在意这些细节,无须多虑。如他所言,海关人员没有追问任何关于"教师"的问题。一位"教师"在如此不寻常的当口做了一些如此不寻常的事,竟没有招致怀疑,实在令我大跌眼镜。

工作人员抄下酒店的电话号码,便盖了入境章,嘟囔了一句"欢迎"。走出入境大厅,我收到了中国移动的短信,并非告知我叙利亚的通信资费,而是告诉我,我所在的地区,中国移动不提供国际漫游服务。

3

一进入叙利亚,一切都不一样了。商务车才驶离海关不久,司机便收集起我们的护照,到岗亭登记。向前挪动了一小段后,士兵挥挥手让司机停车,检查后备厢的行李。不一会儿,司机踩下刹车,士兵拿着形同收音机天线的物品在汽车附近来回走动,据说那是测试军火的装置,一旦检测到枪支弹药,就会发出"嘀嘀嘀"的报警声。经过数道检查,司机才把护照分还给我们。

汽车提起速度,行驶在路况良好的柏油马路上,两旁是光秃秃的山脉,时值冬季,大部分灌木丛只剩枝干,零星墨绿色的常青树点缀在荒芜的山坡上。

在一个岔口边，司机突然停车，让我换乘另一辆出租车。同车的年轻女子指着出租车，用阿拉伯语告诉我："大马士革。"我把酒店名字给出租车司机看，用英语念叨着"直街"，司机一脸困惑，对街道的名字和酒店的位置一无所知。他把车缓缓驶进大马士革，一见到近处的路人，就摇下车窗，询问酒店的位置。我担心他绕来绕去，引发不必要的纠纷，但我没有移动网络，无法为他导航。问了不下十几个人后，他终于在一位会说英语的比萨店老板的领路下找到了酒店。他向我吐了吐舌头，对迷路表示抱歉，随后，他从后备厢取出我的登山包，笑着与我挥手道别。

比萨店老板的店就在隔壁。得知我是来自中国的游客，他的眼角藏不住喜悦。

"欢迎，非常欢迎！有游客来是好事，这说明我们的国家正在步入正轨。如果你在这里遇到困难，欢迎随时联系我。"他郑重地与我握了握手，让我记下他的电话号码。

我预订的酒店位于一条狭窄的小巷。入口的木门很窄，看着像是胡同里不起眼的招待所。我对酒店条件没什么奢求，只要有水有电、确保安全，我就知足了。

推门而入，一股淡淡的清香夹杂着潺潺水声，在空气中舒展开来。穿过不长的走廊，眼前是一个开阔的正方形中庭。中庭边种了一棵橘子树，枝繁叶茂，一直生长到了二楼的回廊外，壮实的橘子点缀在绿叶丛中，像是一盏盏温暖的小灯。中庭中央有一个椭圆形的小水池，四周沿着墙壁摆了几盆绿意盎然的盆栽植物，水声回荡在两层楼高的庭院里，清脆悦耳。

老板领着我上到二楼，打开一扇双开木门。房间不大，五盏小巧别致、造型优雅的壁灯、镜前灯、床头灯发出暖黄色的光，照在深褐色的木纹家具上，一扇褐色的木质窗棂雕刻了对称的花纹，窗前有一张写字台，写字台边有一张半圆形的小梳妆台，上方挂着一面圆形的镜子。老板问我对房间还满意吗，我连连点头，恍惚间以为自己正置身上海老洋房。

洗完澡，我躺到床上，心想：我终于到大马士革了，这里距离贝鲁特只有100多公里，本该是两个小时的车程，我却等待了整整两年。

4

诺瓦曾绘声绘色地向我描述，大马士革是世界上最古老的持续有人居住的城市之一，是最世俗的阿拉伯城市，城市里酒吧林立，夜生活丰富，年轻女性不戴头巾，夏天穿热裤。对于她的描述，我无从想象。所有的新闻都指向战争，而战争之外的生活，根本无人问津。

清晨的大马士革老城格外安静。推开酒店的木门，眼前是一个雪白的罗马拱遗迹。庞培[1]率军平定叙利亚一带后，罗马人重新设计了大马士革。如今的大马士革老城大体保留了古罗马城市的矩形格局，古罗马遗迹四散其中。古罗马时代，横贯东西的直街是全城的主街。直街不宽，两旁栽满了树，从树丛间望去，雪白的方形宣礼塔如同披上白纱的公主，优雅庄重，石砌建筑沿着

---

1 庞培（公元前106年—前48年），古罗马政治家、军事家，与凯撒、克拉苏并称罗马前三巨头。

石板路一字排开，铁艺路灯伫立在小巷两旁。天色慢慢变亮，几位店铺老板慢悠悠地打开六折木板门，橱窗里，镶着贝壳的褐色家具和首饰盒在朝阳下闪闪发亮。

我循着小麦的香味，步行到一家馕店门口。小小的窗口前挤满了人，每个人离开时，手上都托着厚厚的一沓馕。与中东其他国家一样，馕也是叙利亚人的主食。一位头发半白的大叔从窗口前转过身，右手托着20张新鲜出炉的馕。见我探头探脑，他笑眯眯地从一沓馕里取出一张递给我，其他大叔指了指馕，竖起大拇指，嘱咐我趁热吃。刚刚出炉的馕酥脆可口，清香四溢，正适合打开一天的味蕾。

临近上学时间，小学生三五成群地簇拥在小卖店门口，购买一种黄色包装的小包泡面。孩子们付完钱，店主从身后的货架上取出一个透明的一次性杯子和一个叉子，连同泡面一起递给他们。领到餐具后，孩子们前呼后拥地走出小店。他们隔着包装踩蹭泡面，随后撕开包装，把碎成渣的面饼倒入一次性杯子。店门口摆了一个不锈钢开水桶，孩子们挨个儿接上热水，泡一会儿，用叉子捣鼓几下，香喷喷地吃了起来。

我也付给店主200叙镑（当时约合人民币2.7元），领了泡面和餐具。小卖店提供的热水一点儿也不烫，好不容易把面泡软，我倒入黄色的调料粉，试着用叉子搅拌。面不知不觉膨胀开来，几乎撑满了整个杯子，叉子插不到底，只能在最上层胡搅一通。面汤被搅得浑浊不堪，像极了一杯不入流的咖喱汤。我尝了一口，面被泡得软塌塌的，没有一点嚼劲，像是糊作一团的面粉。调味料漂浮在上半层，难以拌匀，我只好咸一口、淡一口地吃完了。这顿"早饭"对我来说过于凑合，远不及新鲜出炉的馕，但孩子们不这么认为，每天早晨，小卖店的门口总是挤满了吃泡面的小学生。

除了这寒酸的泡面外，老城里的其他"网红店"都名副其实。每到饭点前后，几家美味的鸡肉卷店、巧克力面包店、小比萨店的门口总是人满为患，人们通常不排队，而是簇拥在店铺门口，把抓着钱的手高举过头顶，争先恐后地塞给店员。相比之下，五金店、菜店、鱼店、干果店、铜雕店就冷清多了，店铺时常空空荡荡，无人光顾，老板们悠闲地坐在门口打牌、下棋，打发时间。

直街的另一头有一个建于罗马时代的哈米迪亚集市。集市的黑色铁皮顶棚因岁月流逝，布满小孔，阳光穿过小孔，如同夜空中的点点繁星，香料店、服装店、糖果店、器皿店、皮革店等排列两旁。

集市的尽头是倭马亚清真寺。最初，这里是罗马帝国的朱庇特神殿，罗马帝国定基督教为国教后，这里被改为圣约翰教堂，倭马亚王朝时期，它被改建成了清真寺。

我披上从售票厅租来的长袍，走进清真寺。清真寺有一个长方形的庭院，铁灰色的科林斯式柱子、蜜色石砖垒起的柱子、雪白的大理石柱子从不同时代汇聚一堂，在庭院的四周构筑起绵长的拱形柱廊。蜜色的石砖被时间打磨得深浅不一，被称为"新娘塔"的白色方形宣礼塔与描绘房屋、花园的镶嵌画遥遥相望，大理石地面一尘不染，宛若一汪恬静的秋水，把连绵的柱廊倒映其中。

清真寺外有一排售卖纪念品的小店，小店的店门被统一刷上了叙利亚国旗。内战前，叙利亚是倍受西方游客青睐的旅游胜

　　　　　　　　　　　　　看不见的中东

地，然而今非昔比，如今的店铺门可罗雀，仅有的顾客都来自叙利亚的其他城市。

5

老城是一个安宁的小世界，走出老城，熟悉的景象又回来了。街上的车辆横冲直撞，汽车的鸣笛声不绝于耳，向司机贩卖餐巾纸的小孩穿梭在车流中，地摊小贩随处可见。我步行前往老城的多玛门[1]与拉斯碰面。拉斯是大马士革大学口腔医学院的学生，称可以带我去学校转转。

我刚到，拉斯就冲我招了招手，他高高胖胖，脸圆圆的，剃了个板寸头，胡子刮得相当干净。

"终于见面了！"拉斯腼腆地笑了笑，两个浅浅的酒窝刻在嘴唇两旁。半年多以前，正是他提供了实时见闻，提醒我暂时不要前往叙利亚。我夸他真准时，他说，阿拉伯人普遍没有时间观念，说话也不作数，他们口中的"一定"，通常意味着"可能"，他们口中的"可能"，通常意味着"不"。他很反感这些行为。

拉斯拦下一辆破旧的黄色出租车。出租车向老城外行驶了一会儿，城市的模样又回来了，车道变得宽阔起来，车辆有序地行驶其中，街道干净整洁。

大马士革大学是叙利亚最好的综合性大学，有5000多名在读学生，校园不大，半个多小时就能逛个遍。途经一栋建筑时，拉斯指了指说这是图书馆。图书馆大门敞开，粗壮的灰色柱子撑起

1　大马士革老城内现存七座城门，多玛门为其中一座，这七座城门中最早的可以追溯至罗马时期。

工业风的屋顶，长条形的日光灯挂在上空，地面铺了米灰色的地砖。学生们坐在简约的白色大书桌两侧，专注于自己的书本和打印材料，有的学生找不到座位，只能反复在书桌间踱步，东张西望。

我们很快步行到了口腔医学院的大楼门口。在叙利亚，牙医的社会地位和收入不容小觑，牙科自然是热门专业。大楼的外墙染了一层深深的黄色污垢，进入大楼，拉斯先把我带到位于地下室的寄存处，寄存处摆满了深褐色的老式木柜，每个柜门上都挂着一把铜锁，灰色的地面渍迹斑斑，垃圾零落。入学时，每位口腔医学院的学生都会分配到一个柜子，用来存放白大褂和个人物品。

换上白大褂，拉斯提议先去吃点东西。我跟着他在灯光昏暗的大楼里七拐八拐，来到了食堂。与其说这是"食堂"，倒不如说是个贩卖小食和饮料的休息大厅。大厅里摆满了红色、绿色的塑料桌椅，吊顶上两排苍白的日光灯，土黄色的地砖和灰色的吊顶把空间挤压得逼仄不堪。虽然不是饭点，但大厅里坐满了人，好几桌学生正拿着书本讨论问题。拉斯告诉我，课间或休息时间，学生们喜欢到这里买上一杯咖啡、一点小食，聚在一起聊天、自习。

好不容易找到一张空桌，拉斯让我先坐下。不一会儿，他从窗口买回了两杯咖啡和两桶泡面。大学生的泡面比老城里风靡小学生圈子的那一款体面多了，不仅有独立的泡面桶，热水也是滚烫的。

拉斯的朋友萨义德也到了。萨义德有一头卷发，脸形修长，浓眉大眼，蓄着精心修饰的络腮胡。他和拉斯本是同一级的同

　　　　　　　　　　　　看不见的中东

学，但他今年申请了休学，正在机构里学习德语。他告诉我，他的梦想是环游世界，而不是当牙医。我问他休学有没有负面影响，他笑着说，他巴不得一直休学。

叙利亚的适龄男青年必须服兵役，服役时间本是一年半，但内战爆发后，服役时间就没个准数，萨义德的一位朋友已经在军队待了整整八年。在大学里，如萨义德般不想加入战争绞肉机的男生比比皆是，他们采取的策略是一直维持上大学的状态 —— 读书、休学、再读研究生，以此拖延兵役。倘若出国前尚未服役，便再也无法回国。萨义德盼着战争结束后去服一年半兵役，再出国另谋出路。

我问他们不住校吗，拉斯说，学校宿舍的环境非常糟糕，每个房间有四张床，但由于宿舍紧缺，每个房间都塞进了十个人，本就不大的地面空间被六张地铺填得满满当当，挤得几乎无处下脚。虽然拉斯的家距离学校有一个小时车程，但他宁愿每天回家。

吃完泡面，拉斯和萨义德带我参观口腔医学院。口腔医学院的大楼结构复杂，光是楼梯就有好几处。我们经过教师办公区，经过学生正在上课的实验室，来到高年级学生给病人看病的会诊区。叙利亚人可以申请到口腔医学院免费接受治疗，代价是，他们可能需要额外承受一点痛苦，因为给他们看病的是技术不怎么熟练的学生。不过，对于穷人来说，可以免去高昂的诊疗费用，无疑是莫大的福利。

会诊区外挤满了病人，他们事先与学生约好时间，按时前来看病。会诊区铺了深褐色的小瓷砖，日光灯都关闭着，只靠窗外的自然光提供照明。二十来个小隔间的白色隔板沾了淡淡的污渍，柜门和抽屉的部分把手不见踪影，只留下一个个小孔，几台牙科旋转器械的连接处缠满了玻璃胶。身穿白大褂的学生们成群结队地站在隔间内外，让本就昏暗的空间又挤得局促不堪。我小心翼翼地对拉斯说，我感觉他们的医疗条件一般。他点点头表示赞同，补充道，伊拉克的医疗条件更差，许多伊拉克人会到叙利亚来看牙医。

一位戴着头巾的女人躺在座椅上，年轻的男学生正在替她处理蛀牙，几位学长学姐围成一圈，给他下达指示。不远处，老师正在示范如何拔除智齿，学生们站在病人身边，专心听讲，学习操作方法。拉斯戴上口罩，给一位病人复查。作为高年级学生，他已经能够独立行医。萨义德在一旁兀自发呆，对牙医技术完全不感兴趣。

晚上，拉斯和萨义德带我到大学附近的街区闲逛。不同于老城狭窄的小巷，这里道路宽阔，临街店铺窗明几净，有挂满绘画作品的咖啡店，有时髦的服装店，也有密室逃脱店。

萨义德从小店给我买了杯"沙赫拉布"（sahlab），说是叙利亚很流行的冬季热饮，由牛奶、奶油、糖和玉米淀粉制成，加热后，再撒上肉桂粉。"沙赫拉布"没有冒热气，看上去平平无奇。我抿了一口，雪白的液体冲破上层的奶皮，烫得我差点扔掉了杯子。黏稠的口感像是冲得厚厚的藕粉，泛着淡淡的甜味。奶皮仿佛质量上乘的保温层，把温度牢牢锁住，令人很难下嘴。我小心翼翼地端着杯子，慢悠悠地抿了一路。

萨义德和拉斯带我拐进一条灯火通明的商业街，街道很窄，两旁停满了车。人们买了比萨、零食和酒，靠在汽车旁或坐在街沿上，边吃边聊。我好奇他们为何不找家店坐下，萨义德说，大家就喜欢找个热闹的室外待着，人越多越好。

我们仨也在商业街边找了个位置站着，拉斯问我大马士革是否符合我的想象，我摇摇头告诉他，新闻向我展示的多是战火纷飞的叙利亚。拉斯突然收起笑容，严肃地说道："外人总以为叙利亚只有战争，这让我觉得'战争'好像变成了供人参观的景观，但我希望大家知道，我们也是有生活的。"

拉斯告诉我，有一阵子袭击频发，学校不得不关停一个月，那段时间，他闷在家里，无聊又沮丧。他很想去剧院听一场音乐会，但父母严禁他外出。

一天傍晚，他不顾父母的反对，冒险出门了。那天，剧院里一半的座位都空着，好在演出照常进行。当小提琴的琴弓划过琴弦，悠扬的乐声飘来，他感到自己近乎抑郁的情绪终于得到了抚慰。

"那是我人生中最难忘的一次音乐会。"拉斯喃喃自语。对他来说，剧院像是动荡生活中的锚，在剧院里，他可以暂时住进音乐的温室，忘记轰鸣的炮火和未卜的前途。

说到前途，拉斯说，叙利亚的年轻人根本"不配"拥有梦想。"阿拉伯之春"爆发前夕，叙利亚的失业率高达30%，刚刚步入劳动力市场的年轻人平均要花四年才能找到第一份工作。[39]对年轻人来说，找一份稳定的工作着实不易，至于从事自己热爱的事业、环游世界等更是天方夜谭。战争对经济的打击是毁灭性的，尤其是在大马士革之外的城市。如今，大部分叙利亚人一个月的工资不足100美元。拉斯计划毕业后先找个诊所工作，再申请去俄罗斯或意大利深造。

6

叙利亚的行贿受贿现象极其严重。出发前，我从朋友口中得知，想要在叙利亚顺利旅行，必须掌握一些行贿技巧。倘若想去某些名义上"不让去"却不怎么敏感的景点，管理员恰巧只有一人，一般来说，给他塞点钱就可以进去。路过某些检查站时，适时地给驻守士兵塞点钱，大概率能更快被放行。延期签证时，有的官员会故意刁难，借此索要100美元。

萨义德自称对大马士革了如指掌，跟着他在城里转悠，无论去哪里，我都能得到超乎寻常的待遇。景点管理员总是礼貌地一路跟随讲解，再由萨义德翻译。起初，我以为这是中国人民与叙利亚人民的国际友谊，三番五次后我才注意到，每次临别前，萨义德都会迅速从口袋里掏出一张折成豆腐干的500叙镑（约1美元）纸币，放到手心，随后，他与管理员亲切地握手道谢，当他们的手松开时，纸币已经转移到了管理员的手掌心。在这友好融洽的氛围中，行贿和受贿就这么不知不觉地完成了。拜会来事的萨义德所赐，我没有机会练习行贿技巧。

一天，我考虑起了前往大马士革城墙的可行性。虽然城墙是军事禁区，禁止游客攀登，但它是仅有的可以俯瞰老城和倭马亚清真寺的高处，对摄影师来说，这个视角尤其珍贵。朋友告诉我，天刚亮、守卫还没换班时，这里只有一个人值班，我只需搞定那个人，就有机会登上城墙。

那天，我战战兢兢起了个大早，步行来到城墙前。一位皮肤黝黑、精瘦精瘦的士兵摆摆手，示意我这里不能进入。我向他打了个招呼，从口袋里拿出5000叙镑（约10美元）塞给他，对他使了个眼色。他一看到钱，两眼放光，二话不说就回岗亭拿起步枪，示意我跟着他进去。虽然行贿顺利，但剧情没有按照我的预期发展。我本希望他放我独自进去，以便快速登上城墙按几下快门，可如今，他跟着我，还背着枪，让我感到功亏一篑。

步入城墙，士兵热情地帮我拍了三张不同角度的到此一游照，竖起大拇指。拍完后，我指着城墙上方，询问可否上去看一下，他猛地摇摇头。我摸出口袋里的钱，但他拼命摆手，做出为难的表情，我只好作罢离开。

7

晚上，我尤其喜欢约上三两叙利亚朋友，一起去精致的庭院咖啡馆喝茶、抽水烟。叙利亚人大多没有购买移动网络套餐的习惯，出门后，他们就断网了，我们也因此可以专注地谈天说地。咖啡店里，女人们披着长发，抽着烟，谈笑风生。

入夜后的老城格外热闹。老城的中心有一条窄巷，两旁满是店铺，黄色的LED灯如同散落的礼花，从窄巷上空垂下，为老城穿上了一层现代的新衣。时髦女郎身穿毛衣和短裙，脚踩高跟鞋，烫着一头招摇的卷发，穿梭在街头巷尾。

在一处无人的小巷，一男一女坐在台阶上，保持着一拳的距离，轻声聊天。在阿拉伯世界，这样的场景并不多见。据萨义德说，大马士革的年轻人可以自由恋爱，但这种所谓的"恋爱"一般不包括身体接触。

轰轰烈烈的蹦迪声从酒吧传来，衣着鲜亮的年轻男女随着节奏一起蹦跶。一排年轻人在酒吧门口席地而坐，把酒瓶放在脚边，聆听一位青年弹奏乌德琴。

　　此前，穷尽我的想象力都想不到，历经七年内战，大马士革的生活依旧有序、安稳、热闹。漫步在老城的大街小巷，我时常想起阿拉伯人中流传的那句谚语："人间若有天堂，大马士革必在其中；天堂若在天空，大马士革必与之齐名。"

　　　　　　　　　　　　　　　　看不见的中东

28... 舞蹈团

1

通过沙发客网站上的一位叙利亚女性，我结识了来自挪威的旅行者伯恩。有着金色头发和胡须的伯恩看上去落魄极了。冬日的大马士革，最低温度接近零度，但伯恩身上永远只有短袖T恤和单薄的运动外套，脚上是一双漏风的凉鞋，他甚至把唯一可以御寒的围巾也扔了，因为"占地方"。伯恩与家人住在挪威的一座岛屿上，他家不仅坐拥一栋大别墅，还有一艘游艇。过惯了衣食无忧的日子，伯恩决定换一种生活方式。两年前，他秉承"非必要不花钱"的原则，开启了流浪全球的旅程，他曾在南美洲的小村庄扎营数月，如今正在游历中东。虽然旅途漫长，但他的全部行李只有一个小破背包。

在老城闲逛时，伯恩告诉我，他的沙发主是舞蹈团的领舞，过两天，舞蹈团有一场演出，如果我感兴趣，他可以替我要一张票。

演出的那天傍晚，我和伯恩一起打车前往大马士革大剧院。叙利亚的出租车不打表，本地人对市区的打车价心知肚明，基本不与司机沟通价格。我和伯恩默不作声地上车，到达剧院后，我们驾轻就熟地把一张500叙镑的纸币塞给司机。在市区打车，一般最多就这个价钱。

我们绕过城市地标——高耸的大马士革剑，步行至大剧院的入口。保安检查完演出票和护照，就放我们进去了。大剧院是一幢五层楼的建筑。错落有致的蜜色矩形组合在一起，共同支撑起一个简约的立方体，立方体上没有窗户，仿佛从天而降的巨大魔方。大剧院于2004年7月对公众开放，有一个歌剧厅、一个戏剧厅和一个多功能厅。大厅的右手边是一排售票窗口，另一边站满了等待入场的叙利亚人，他们穿得非常正式，男士西装革履，女士裙装皮鞋，相比之下，我和伯恩像是两个闯入贵族晚宴的落魄流浪汉。

我们跟随人流过安检，进入演出大厅。大厅的座位呈扇形向上散开，除了一层的内场，还有二层看台。柔和的射灯照在保养得当的座椅上，音箱和灯光布置在合适的位置。进场的观众络绎不绝，场内座无虚席。时间一到，广播里传来一句阿拉伯语，全体观众起立，奏国歌。观众们坐下后，演出正式开始。

我和伯恩听不懂阿拉伯语，但连蒙带猜也能猜出个大概。这是一台叙事性的主旋律舞蹈剧，讲的是叙利亚人民面对外敌时，经历了一系列挫折和伤亡，最终走向胜利的故事。演出的舞蹈编排和灯光设计无可挑剔。红色的灯光打在身穿黑色巫袍的舞蹈演员们身上，仿佛挑战上帝的撒旦。幽蓝的灯光下，托钵僧原地旋

转 [1]，白色的裙摆高高扬起，像是一把把撑开的降落伞。身穿军装的青年们迈着激昂的步伐，奔赴沙场。战死的同伴被抬进棺木时，观众集体起立，向英雄致敬。

演出结束，所有观众起立鼓掌，大声叫好。伯恩卖力地拍着手，热泪盈眶，他贴近我的耳边，小声说道："你能想象吗？我们竟然在叙利亚平静地看完了一场演出，简直跟做梦一样。"

散场后，伯恩把我介绍给了领舞诺拉。诺拉有一头棕色的卷发，又高又瘦，体态端庄。她是舞蹈团里最资深的舞者，每周去黎巴嫩演出两至三天，其他时间则待在叙利亚。内战前，她时常前往世界各地演出，曾去过北京和上海。她看了我用相机抓拍的瞬间，两眼放光，说我是她见过的最会拍摄演出的人。她提议让我与舞蹈团同去霍姆斯，拍另一场演出，交通免费，住宿她尽量帮我解决。

霍姆斯是一个在罗马帝国之前就存在的古老城市，是仅次于阿勒颇和大马士革的叙利亚第三大城市。内战中，霍姆斯一度被反对派控制，交火激烈。我很想去霍姆斯看看，却苦于找不到沙发主。能够与舞蹈团同行，对我来说是莫大的安全保障，于是我一口答应了诺拉。

---

1 托钵僧旋转舞是伊斯兰教苏非派苦行修士的一种宗教仪式，该舞蹈的基本动作是不停地旋转。"旋转"传达了"万事万物生生不息、周而复始、循环轮回"的观念，通过旋转，修士进入忘我和冥想的精神状态，他们认为，在这种状态中，人可以更接近真主。

2

第二天中午，我与舞蹈团约在一处广场边会合。

团员们正忙着把行李、服装、道具塞进中巴，我一到，统筹演出的经理特意放下手里的活，用蹩脚的英语称赞我拍的照片，郑重地欢迎我的加入，其他团员也纷纷笑着与我打招呼。舞蹈团约有二十个人，有高中生，有成年人，有戴头巾的女孩，也有一头卷发、穿着紧身衣和牛仔裤的女人。诺拉告诉我，舞蹈团的大部分成员都是志愿者，大家热爱跳舞、享受演出，不太计较金钱。演出时，他们能获得些许报酬，平时排练则没有收入。

聊天间，汽车终于驶离了拥堵的大马士革城区。窗外是大片荒芜的沙漠和寸草不生的山丘，车里却是另一番景象。司机播放起欢快的阿拉伯音乐，团员们蠢蠢欲动，跟着音乐拍手、摇摆、吹口哨，诺拉和后排的两位长发女孩兴奋地站了起来，随着音乐节拍扭动身体。音乐节奏越来越快，团员们也越来越来劲，他们一边跟唱，一边摇头晃脑，仿佛正奔赴一场郊游，而非工作。

两个多小时后，我们抵达了霍姆斯的酒店。酒店员工以优惠价格为舞蹈团多开了一个房间，但见我和伯恩是外国人，他立马改口说，多开的房间只能按照原价收费。还没等我们反应过来，酒店经理过来补充道，我和伯恩必须各开一个房间，除非我们有结婚证。诺拉好说歹说，酒店经理就是不松口，他这么不留情面，确实有充足的底气。内战期间，霍姆斯遭到严重破坏，如今，这个城市只有两家酒店，一家是我们所在的招待所水准的酒店，另一家是极其昂贵的五星级酒店。我和伯恩没有别的选择，只能支付超过舞蹈团两倍的价格，各自开了一个房间。

　　　　　　　　　　　　　看不见的中东

第二天，我早早起床，趁着去剧场前的间隙到城里转转。天空一碧如洗，蓝得透彻，五层楼高的椰枣树树干笔直，顶天立地，白色、灰色的建筑外墙落了浅浅的污渍，临街店铺大多拉着卷帘门，尚未营业。

才过了三条街，完好的商铺和住房不见踪影，眼前是我从未亲眼见过的景象。

本该坚固的楼房被炸得东倒西歪、面目全非，像是被随意捏成团、弃置一旁的废纸，门窗不翼而飞，只剩下黑乎乎的洞，支撑起建筑的钢筋如同铁丝，被弯曲成各种形状，皱巴巴的卷帘门散落一地，废弃的路灯上满是弹孔。一座清真寺的宣礼塔被炸得遍体窟窿，清真寺边，一辆公交车骨架被铁锈爬满。有些房子的上层已被炸毁，窗户被掏空，水泥墙上弹孔累累，房屋的主人把一楼的商铺修葺一新，照常营业。在被炸得一团乱麻的废弃房屋边，水果摊老板把几块平整的废砖摞起来，摆上一台秤，坐在路边，仅有的几位过路人停下脚步，询问价格，挑选橘子。一位老人正在废墟里捡拾废铁、软管和杂物，装进驴车的后斗。

再往前走，城市仿佛被连皮带肉生吞活剥了。从道路中央望去，空壳般的楼房无边无际，水泥屋顶倾泻而下，定格在向下坍塌的瞬间，建筑外墙大片大片地剥落，露出坑坑洼洼的灰砖，楼梯被整个炸飞，侧躺在一边，出租车被炸得缩成了一团。街道上空无一人，废砖和碎石在路边堆成小山。毫无疑问，这里是霍姆斯战役的主要战场。

自2011年起，叙利亚受到席卷中东的"阿拉伯之春"运动影响，爆发了长达数年的内战。作为叙利亚第三大城市，霍姆斯是叙利亚首都大马士革、叙利亚工业贸易中心阿勒颇和黎巴嫩首都贝鲁特之间公路和铁路的交会点，也是石油和天然气工业的枢纽，有着极其重要的战略地位。内战爆发后，霍姆斯迅速成为政府军与反政府武装争夺的焦点。眼前的一切，正是拜惨烈的战争所赐。

我还没来得及四处看看，一辆警车就停在了身边，三名警察一起下车，其中一位用英语问我是不是记者。我配合警察，交上护照。年轻警察反复用英语告诉我，他们只是为了确保我的安全。讨论一番后，他们决定开车把我送回酒店。

我坐进警车，心里没什么波澜。

回程路上，警车经过了一小片空地，挖掘机正在清理建筑垃圾，推土机正在把清理完毕的空地推平。炮火在顷刻间毁灭一切，但事后的清理和重建看上去遥遥无期。

回到酒店，三名警察要求查看我的相机。显示屏上先是出现了旅馆附近的街道、商铺、楼房、清真寺，随后是橘子摊，至于废墟，只有寥寥数张，没有任何可疑之处。他们又把舞蹈团的经理和诺拉找来，了解我的情况。诺拉斩钉截铁地告诉他们，我是她邀请来随团拍摄的摄影师。

半小时后，警察礼貌地对我说："我们已经核查完毕，没有任何问题，这一切只是为了确保你的安全，请你谅解。欢迎你来到叙利亚。"

3

吃完舞蹈团叫的比萨外卖，我们集体步行前往附近的剧场。相比现代化的大马士革大剧院，这个剧场破旧多了，灰色的外观平平无奇。木纹色的剧场内安置了宝蓝色的座椅，舞台两旁分别挂着总统巴沙尔·阿萨德和他的父亲哈菲兹·阿萨德的照片。

放下道具，嘻嘻哈哈的团员们突然收起笑容，排着队在舞台上跑圈热身，十分钟后，他们站成三排，活动关节，拉伸韧带。正当我以为他们热身完毕，要开始排练时，他们却解散了。凯南是大马士革大学口腔医学院的学生，也是舞蹈团的核心成员之一，他脸形修长，戴着一副黑框眼镜，说起话来总是彬彬有礼。他告诉我，这个节目他们已经公演过数次，无须排练。

消失了一阵的诺拉找到我，问我能否帮忙测试话筒，我问要如何测试，她提议让我唱一首中文歌曲。说罢，团员们齐刷刷看向我。我拿起话筒走上舞台，清唱了起来。一曲毕，大家纷纷鼓掌，诺拉感叹道："中文歌听上去好优美、好浪漫啊！"

团员们四散在观众席和后台，各自聊天。凯南走上前来，问我可否为他拍摄几张做舞蹈动作的照片，我欣然答应。他在舞台上高高跳起，手脚向两边绷得笔直，做出"大鹏展翅"的动作。我按了一下快门，向他比了个"OK"的手势。见我没有如机枪扫射般连拍，他神情沮丧，欲言又止。他走到我的身边，无精打采地凑过来看相机显示屏。突然，他苦着的嘴角向上扬起，两眼闪闪发光。他一溜烟跑下台，兴奋地告诉其他几位团员，他从未见过抓拍得如此精准、清晰的照片，团员们个个瞪大了眼睛，前呼后拥地跑上舞台，要求我也给他们拍摄跳跃照片。一名叫穆罕默德的叙利亚国家体操队队员负责演出中的高难度动作，他站到舞台中央，原地做起前空翻、后空翻、单手倒立等高难度动作。见我抓拍到位，他和凯南拿出了"撒手锏"。凯南用双手和头倒立起来，两条腿叉开约150度，穆罕默德一阵助跑，面部向上、鱼跃翻过凯南用身体做出的"跳高杆"。其他团员不甘示弱，争相凑到镜头前高高跳起，展示柔韧的身体。

正拍得兴起，经理把我叫到一边，说他已经和剧场打过招呼，晚上演出时，我可以随意在场内走动拍照。经理的打断让我终于得以喘息，诺拉见我一脸疲惫，叮嘱团员们适可而止。几个还在读高中的女孩坐到我的身边，给我看以前的演出照片，这些用不怎么好的手机拍摄的照片几乎全是糊的。她们挨个害羞地对我说："演出时，可以多拍拍我吗？"我连连点头。

晚上的演出座无虚席。为了尽可能满足大家被拍的需求，我满场飞奔，一刻也不得闲。这些照片最终作为演出精选，在大马士革大剧院的荧幕上滚动播放。

4

演出结束后，凯南叫我和几个团友一起到房间小聚。

我洗完澡过去时，他们不知从哪里搬来了一个茶几，茶几上摆着瓜子、零食、几个茶杯，以及他们自带的气罐、炉头和烧水壶。几个透明的小茶杯高约7厘米，配有不锈钢吸管，凯南告诉我，这是用来喝马黛茶的。马黛茶产自南美洲，富含咖啡因，在叙利亚特别流行。说着，他往小杯子里倒了约三分之一的绿色碎末茶叶，淋上一层厚厚的白糖，随后，他拿起炉头上的水壶，把热水倒进杯子。他说，传统的喝法是所有人轮流喝一杯，但我们人数较多，就多准备了几个杯子。

我用吸管喝了一口马黛茶。糖的存在感极强，几乎盖过了茶叶的味道，简直是一杯饱满的糖水。冲泡几杯后，糖的甜味渐渐被稀释，茶叶的苦涩也被冲淡，只剩淡淡的清香萦绕在唇间。

喝茶间，另一位团员准备好了水烟。这是叙利亚人聚会的日常——一边喝马黛茶、嗑瓜子，一边轮流抽水烟。

演出结束，所有人如释重负。白天里总是忙着协调各种事宜的经理一反平日的惜字如金，侃侃而谈起来。他告诉我，内战最严重的时候，叙利亚境内禁止使用GPS定位，因为恐怖分子会用它来搞恐怖袭击。

"你看过新闻，应该知道'达伊沙'（Daesh）吧？"他问道。

我点点头，"达伊沙"是"伊斯兰国"的阿拉伯语缩写。

"达伊沙做了很多残暴的事，我有一个服兵役的亲戚就是被他们杀死的。"经理的视线突然从我身上移开，皱着眉头，眯起眼睛，仿佛想起了什么。沉默了一会儿后，他说道："我恨他们。"

叙利亚和伊拉克都是"一战"后被西方列强创造出的新兴国家，难以建立部落之上的国家认同，阿萨德、萨达姆这类铁腕人物应运而生，靠着强权维持"稳定"，然而，这样的"稳定"势必以血腥镇压反对派为代价。当社会矛盾积累到一定程度，教派和部落斗争便会再次撕裂社会。如今，人们高呼"和平万岁"，不过是两害相权取其轻。相比无尽的冲突，强权至少能维持表面上的稳定。

经理告诉我，他之所以张罗这出"爱国主义"舞蹈剧，目的在于为反恐尽一点绵薄之力，也算是告慰他那去世亲戚的在天之灵。

几天后，我回到大马士革，又去郊外的剧场看了一场舞蹈团的演出。临别时，凯南和诺拉握着我的手，郑重地说："希望以后有机会再见面，或许在中国，或许在别的国家。"

凯南送我去坐小巴，他向司机告知我的目的地后，就与我挥了挥手。离别总是发生得如此之快，还没等我反应过来，小巴已经开远了。

5

2019年年中，距离我离开叙利亚不到半年，凯南发来消息，他们要来北京演出了。我将信将疑，直到他把印着中文"亚洲文明巡游"的小册子拍照发来，我才相信，他们真的被邀请到北京参加活动了。内战爆发后，叙镑大幅贬值，叙利亚人几乎申请不到任何签证，出国算得上天方夜谭。正因如此，公派出国演出的机会尤为难得。

为了报答舞蹈团，我专程前往北京与他们见面。他们被安排在五环外的宾馆住宿，有演出时，大巴会把他们送到奥林匹克公园。

到北京后，我问凯南人在哪里，他说不清具体位置，只好把电话交给一位路人。路人告诉我，这些叙利亚人正在中央民族大学附近的舞蹈用品店里。

在民族大学西路的路口，团员们提着超大号的黑色塑料袋，满脸笑容地向我问好，塑料袋里装着他们的战利品——舞鞋、舞扇、道具伞。凯南向我感叹，北京真大，马路真宽，街道真干净。

寒暄了没多久，他们就把我领进了一家舞蹈用品商店。店里的阿姨看到我，如释重负："你是翻译吗？太好了！刚刚可把我累死了！他们这么多人，每个人都要和我说话，说啥我也听不懂，闹哄哄的。他们是哪儿的人？"

我答曰叙利亚，阿姨面色沉静，看来早已见多识广。她嘱咐我："我们都是学校边的店儿，不会乱开价的，他们买那么多，我都给最低价了，你跟他们说说，别再还价了。"

很快，我就被无穷无尽的对话包围了——"这个鞋子有什么尺码？""有没有女款？""这个要15双，有货吗？""有没有这种款式？""这种道具伞有没有其他颜色？""这个扇子可以再便宜点吗？"

阿姨满场飞奔着翻找库存，累得够呛，她一边擦汗，一边感叹："这些叙利亚人啊，都要把店买空了呢！"抱怨归抱怨，阿姨的脸上始终洋溢着喜悦。见货架空空，她叹了一口气，恨自己没有多备点货。不一会儿，她灵机一动，让我转告团员，他们明天还会进货，团员们可以后天再来。

附近的其他几家舞蹈用品店也像是刚被"打劫"过一样。我带着团员们推门而入，老板们立马露出惊恐的表情，一个劲地摆手道："他们要的东西卖完了！卖完了！别问了！"

直到买无可买，团员们才作罢，准备打道回府。他们站在路边，专注地在来往车辆里寻找出租车。我向凯南确认是否真的打算打车，要知道，在偌大的北京城打车可不是开玩笑的。

上车后，凯南解释道，他们不会说中文，路上的大部分中国人不说英语，主办方也没教他们如何进城，无奈之下，他们只好打车往返。车费单程约200元，相当于叙利亚普通人三分之一的月工资。凯南说，中国政府给他们每人发了200美元的补助，但团长克扣了一半，他们每个人实际上只拿到了100美元。补助本就不高，还都用来打车，实在是划不来。为了替他们省钱，一天，我提议带大家坐地铁进城。

二十多个人跟着我走进天通苑北地铁站。叙利亚没有地铁，他们对流程一无所知，光是买票就花了好一会儿。非上班高峰时间，大家都抢到了座位，兴奋地到处张望。但换乘后，拥挤的车厢很快就把兴致消磨殆尽，他们不停地问我还有多少站，一脸疲惫。返程时，他们还是选择了打车。

只有凯南对这新奇的体验赞叹不已，在极其有限的休息时间里，他跟着我坐快速公交、双层公交，学着独自买地铁票，辨认车站。临别那天，我要回上海，无法送他回五环外的酒店。在他的强烈要求下，我给他写下了倒三趟车回去的详细步骤。他战战兢兢地拿着纸条，在我的鼓励下独自走上了公交车。

两个小时后，他连上了酒店的网络，发来消息："我回来了！这是我第一次一个人在国外坐公共交通！太刺激了！"他详细向我描述了沿途的中国人如何通过我留下的纸条给他指路，中国司机如何提前通知他下车。

"原来只要勇敢尝试，就能遇到那么多愿意帮助我的人！"

29... 小城生活

1

大马士革"长途汽车站"只是路边一处临时搭建的岗亭。几根黑色的铁杆支撑起潦草的框架，用铁皮封顶，挂上透明的软门帘，在门帘上挖几个洞，就成了"售票窗口"。大巴排着队停在路边，检票大叔把几张表格放在一张破旧的木质高脚凳上，登记乘客的身份信息。时间一到，标有"中国宇通"的大巴准时发车。大巴打扫得非常干净，一排三个座位，皮质座椅轻微地破了相，露出黄色的泡沫内衬，地上铺了绿色的地毯，地毯上打了两个补丁，白色的行李架染了一层擦不干净的灰色污渍。

出发时，车上一大半座位都空着。大巴一路向北，驶向地中海沿岸。铅灰色的乌云渐渐被拨开，天空像是刚被雨水洗刷过，又高又远，雪白的云朵从地平线冉冉升起，优哉游哉地跟随大巴一路飘移，墨绿的树丛迎着微风轻轻摆动，蜜色的平房沐浴在阳光和树荫之下，时隐时现。

将近四个小时后，大巴停在了拉塔基亚检查站边，两名士兵走上车，逐一检查证件。见我是外国人，他们要求我带着护照下车。

早在腓尼基人时代，拉塔基亚就是商船的集散地，如今，这里是叙利亚最大的海港城市，港口有俄罗斯军事基地。为了避免招致怀疑，我不打算在这里使用长焦镜头拍摄海岸，但没想到戒备从进城前就开始了。

检查站搭了个简易的军绿色帐篷，摆了一张褐色的办公桌，桌上有一部电话和几沓登记表。两名士兵面色凝重，拿着我的护照反复拨打电话，时不时抬头瞥我一眼。打了五六个电话后，他们把我叫到跟前，问我去过哪些地方，在每个城市待了几天，来拉塔基亚的目的是什么，住在哪里，并把我的回答一一记录下来，最后，他们抄下了我的沙发主蕾姆的电话号码。

大巴驶进空空荡荡的拉塔基亚汽车站，蕾姆走到车边，从下车的乘客里找到了我。她有一头浓密的深褐色卷发，脸圆圆的，戴着圆形的眼镜，笑起来爽朗可爱。握手问好后，我一个劲儿地就电话号码的事向蕾姆道歉，她愿意接待我本就是莫大的善意，我不想给她添任何麻烦。蕾姆笑了笑说，士兵只是例行公事，不必放在心上。此后的三天，蕾姆每天都会接到政府打来的电话，要求我们汇报行程。

蕾姆一家原本住在大马士革郊外的哈拉斯塔，内战爆发后，他们举家搬到了拉塔基亚，在这里租房居住。不久，哈拉斯塔成了反政府武装的重要据点，2018年年初，哈拉斯塔、杜马镇等所在的东古塔地区爆发了政府与反政府武装的交战，如今，那里已沦为一片废墟。政府承诺会给居民赔偿并重新安置他们，但兑现之日遥遥无期。

蕾姆向我感叹了一会儿战争的冗长和多变，就没有想要继续聊下去的意思了。我遇到的大部分叙利亚人都是这样，他们不怎么愿意谈论战争，即便提起，也是轻描淡写。相比沉重的话题，他们更愿意聊开心的事。

晚上，蕾姆邀请我一起参加同事的订婚晚宴。据说，大部分叙利亚家庭禁止孩子自由恋爱，倘若男女双方互有好感，应先征得父母同意，举办订婚仪式，仪式后，两人开始交往，正式结婚后，新婚夫妻才能搬进新家，开启同居生活。

出发前，蕾姆在房间里一边化妆，一边与我闲聊。她对妆容不太上心，才花了半小时，她就匆匆化完了妆，并用直板器把头发拉得笔直。她提醒我趁有电赶紧把电脑、手机和充电宝充满，以免停电时无事可做。她告诉我，内战前，政府每天切断两小时的电，用来给约旦和黎巴嫩供电，内战爆发后，拉塔基亚的供电系统遭到严重破坏，四年前，一天的停电时间往往超过十二个小时。

说着，蕾姆突然想起了什么，神神道道地把门锁上，凑到我的跟前，小声问道："我听说中国人手臂和腿上都没有毛，是真的吗？"

我摇摇头，撩起袖管和裤腿给她确认。她艳羡地称赞我的毛发竟如此细软，简直等同于没有。她说，阿拉伯女人的毛发又粗又硬，只好经常剃毛。倘若用剃刀刮毛，只能维持两到三天，倘若拔除毛发，能维持两个星期。现在有了激光去毛技术，虽然价格昂贵，但只需六个月就能把全身的毛发彻底清理干净。

准备就绪后，蕾姆的朋友开车过来接我们去婚宴厅。婚宴厅大门的两侧挂着两幅手持权杖的古埃及人物壁画，墙上挂着漫画般的古埃及象形文字。步入婚宴厅，古埃及元素消失不见，圆形的宴会厅中央装了巨大的紫色水晶灯，约20张长桌排列两侧，每桌大约可坐20个人。男宾客大多西装革履，头发用发蜡打理得一丝不苟，女宾客大多烫了精致的发型，穿着修身连体短裙和高跟鞋。宾客尚未到齐，餐桌上的食物已经到位，蔬菜沙拉、水果、鹰嘴豆泥、酒水五颜六色，每个人的餐盘上还摆了一份用透明塑料袋包装的馕饼。

蕾姆所在的这桌宾客是新郎的同事，他们是拉塔基亚一所大学的工作人员，男女参半。他们告诉我，新郎新娘非常欢迎我参加订婚晚宴。两位男同事问我有没有喝过亚力酒（arak），我摇摇头。他们把透明的酒倒进半杯水里，两种透明的液体相遇，交融成牛奶般的乳白色。在中东，亚力酒俗称"狮子奶"，是一种烈酒。我们一边就着沙拉喝"狮子奶"，一边聊得兴起。宴会大厅渐渐坐满，聊天声越来越大。

不一会儿，大家仿佛接到了某种信号，突然安静下来。12位身穿衬衫和西装的男士排成两排，如门童般站在大门两侧。打头阵的男士拉开深褐色的木质大门，身穿西装的新郎腼腆地含着胸，在众人的掌声中入场。大厅的灯光暗了下来，只有紫色水晶灯下的圆形空地被一束聚光照亮。欢快的音乐响起，两排男士列队跟在新郎身后，随着音乐节拍鼓掌，把新郎送到聚光灯下。新郎被围在中间，高举双手，跟随音乐节奏缓缓转圈。

一曲终，两排女士在宴会厅门口各就各位，以同样的方式迎接新娘。在众人的注视下，新郎新娘在宴会厅中央相聚，跟随音乐起舞。数百人目光下的双人舞难免令人紧张，他俩的四肢僵硬

　　　　　　　　　　　　　　看不见的中东

得如同机器人，眼神飘忽不定，不知该望向彼此还是巡视观众。

一曲终了，跃跃欲试的亲戚们纷纷加入，他们一看就是久经沙场的老手，舞步坚定而自信，仿佛自己才是订婚宴的主人。过了一会儿，坐在两旁的朋友和同事也加入进来，顿时，偌大的中央舞池站满了人，宾客们跟着DJ播放的快节奏乐曲高举双手，扭动肩膀和腰肢。男人和女人互相交换舞伴，小男孩和小女孩兴奋地在一旁不停地转圈。

见气氛如此热烈，现场乐队也走下舞台，加入人群。一位鼓手把两个小玻璃酒杯倒扣在地上，双脚站到酒杯上，如同悬浮在空中，人们围绕在他的身边拍手起哄，铿锵有力的鼓点响彻全场。

一位壮汉把新郎托举到肩上，新郎高举双手，在宴会厅绕场巡游，仿佛刚刚登基的帝王。坐在一旁的人们喝着酒、抽着水烟，饶有兴致地看着舞池中疯疯癫癫的男女。

整整三小时后，音乐才舒缓下来，人们陆续离开舞池，把现金红包递给新郎新娘，道别离开。

2

第二天是周末，我们睡到快中午才起床。起床后，蕾姆提议与几位同事一起去餐厅享用叙利亚特色早餐。

她们选的餐厅位于地中海边，从透明的玻璃窗望去，天空清透湛蓝，棉花糖般的云朵在低空飘浮，一把把蓝白相间的条纹大伞沿着海岸排开，伞下坐满顾客。蕾姆打开菜单，问我想吃什么，我随口嘱咐她替我点个最有特色的。她抬起头，眼睛闪闪发亮:"你确定?"我怔怔地点点头,不知道自己将面临何种考验。

不一会儿,服务员端来了切片的西红柿、黄瓜、白萝卜、橄榄、辣椒、柠檬,随后,他把一碗乳黄色的糊糊端到我的面前。这碗叫"法塔"(fatteh)的糊糊由鹰嘴豆、橄榄油、酸奶、大蒜汁混合制作而成,最上层铺着一些浅褐色的脆饼。

我舀了一勺放进嘴里,不出所料,"法塔"的口感非常厚重,仿佛淋满橄榄油的纯奶油。我赶紧往嘴里塞两片脆饼,中和油腻的口感。然而,零星的脆饼很快被消灭殆尽,余下的大半碗"法塔"如同一服苦药,令人望而却步。

蕾姆和她的同事们狼吞虎咽,很快就把"法塔"一扫而空,露出满足的笑容。还好桌上的蔬菜留有剩余,每吃一勺"法塔",我就搭配几口生萝卜,囫囵吞枣一起下咽。几口之后,肠胃像是被塞进了铁块,沉如千斤,我只好细嚼慢咽,不停地用隐秘的深呼吸挽救自己。最终,在生萝卜的鼎力协助下,我有惊无险地吃完了一整碗"法塔"。

12月的拉塔基亚阳光明媚,温度在12—18℃之间,比大马士革暖和得多。外出时,我只需穿一件加绒的连帽套头衫。吃完早饭,我提议沿着地中海散步消食,蕾姆和同事们却如临大敌。虽然她们穿着厚厚的毛衣和呢绒大衣,脖子上缠着围巾,但一出餐厅,她们就被和煦的海风吹得直哆嗦。蕾姆说,20℃以下的气温对她们来说简直是噩梦。果不其然,没出两天,蕾姆和一位相熟的同事就相继感冒了。

蕾姆的哥哥提议晚上一起去看一场足球比赛。人员密集场所是恐怖袭击钟爱的对象,但哥哥拍着胸脯向我们保证没事。

傍晚,成群的男人蜂拥进入体育场,他们有的穿着球衣,挥舞着球队的旗帜，有的互相吹口哨，大声捍卫自己支持的球队。我们没有走观众通道，而是从一楼的小门直接进入球员更衣室。更衣室不大，摆着一排储物柜和几张长板凳。球员、教练、电视解说员正忙进忙出，为比赛做最后的准备。一见到我，所有人都停下了手上的事，纷纷上前与我打招呼、合影留念。

我们穿过更衣室，进入球场，巴沙尔·阿萨德总统和他父亲的照片高高悬挂在对面看台的上方。我问蕾姆她的哥哥到底是何方神圣，竟能走球员通道，蕾姆哈哈大笑着告诉我，哥哥只是一位铁杆球迷，铁杆到跟球员都混熟了。

我们在看台中央的位置入座。我一坐下，左右两边的球迷热情地与我握手问好，相隔两个座位的中年男士起身与我的邻座交换位置，自我介绍说他是媒体记者，希望对我做一个简短的采访，聊一聊叙利亚的旅行体验。说着，他打开手机的录音功能，提了十来个问题。

采访快结束时，看台左侧的阿勒颇伊蒂哈德俱乐部球迷摇晃着红白相间的队旗，打着节拍，齐声高唱。对面看台上，拉塔基亚特斯云俱乐部的球迷不甘示弱，他们身穿红黄相间的队服，齐声拍手，跟着喇叭的节奏喊出响亮的口号，一台无人机飞到他们面前，拍下实时画面。穿着便服的观众则如同背景板，淹没在球迷的海洋之中。有的人没有座位，只好兴奋地站在过道上。在两队球迷高涨的情绪中，球员入场，比赛正式开始。

上半场的比赛像是一碗温暾水，除了偶尔几个激动人心的进攻之外，球迷连欢呼的机会都捞不到。

中场休息时，左边的看台突然传来一声巨响，吓得我不自觉地哆嗦了一下。蕾姆察觉到了我的不安，小声告诉我，那只是响炮。对面的主场球迷有备而来，他们多点开花，点燃了一种冒着红色烟雾的手持烟花，一瞬间，看台仿佛陷入了一片"火海"。随后，"爆炸声"此起彼伏，一束束烟花在空中绽放。高涨的情绪如潮水般迅速蔓延，球迷们手拉着手，吹着喇叭，高喊口号，做起一波又一波人浪。

下半场的比赛比上半场更为平淡，我和蕾姆哈欠连天，就连蕾姆那铁杆球迷哥哥也精神涣散，两眼无光。最终，比赛以 0∶0 告终。谁能想得到，这场比赛的最高潮竟是中场休息。

比赛临近结束时，哥哥示意我们跟着他提前离场。球场外，三三两两的球迷慢悠悠地在路边晃荡，大声叫唤，像是喝高了。哥哥眉头紧皱，目不斜视，拉着我们快步离开。

一鼓作气冲到熙熙攘攘的主干道后，哥哥终于松了一口气，他告诉我，叙利亚的足球票非常便宜，几乎等同于免费，因此，现场观众的素质参差不齐。球赛结束后，球迷们情绪激动，容易在球场外寻衅滋事。我和蕾姆是现场为数不多的女性观众，他很担心我们的安全。

与蕾姆在一家咖啡店坐下后，我们大舒了一口气。我反复感谢蕾姆为我安排的丰富行程，她笑了笑，一双圆圆的大眼睛闪过一丝落寞。她告诉我，真实的生活并非每天参加订婚宴、看足球比赛。

"你看，一没别的安排，我就带你到咖啡店、水烟店来，因为这是我们生活中仅有的娱乐。"蕾姆一反平日的开朗，叹了口气。叙利亚的咖啡店提供的食物高度雷同，他们甚至不会"开发"一些"招牌"来吸引顾客。这样的生活过上几天倒是新鲜，但时间一久，只剩索然无味。

　　　　　　　　　　　　　看不见的中东

小城的生活仿佛是静止的，即使时间过去了几年、十几年，也仿佛什么都没有发生过，每一天都和前一天没什么区别。蕾姆只能在平淡如水的生活中打捞一点点变化和希望。

我问蕾姆有什么梦想，她说她喜欢骑自行车，只有骑车时，她才感到自己是自由的。她希望有朝一日可以骑着自行车，去别的城市旅行一趟。

3

内战把叙利亚变成了封闭之地，七年间，这里几乎没有外国人到访，大马士革之外的城市更是如此。

亚兹得来自地中海沿岸城市塔尔图斯。我在网络上确认了去他家的时间后，他直接拨通了电话，当时是北京时间凌晨2点，我接起电话，那头的声音饱含激情："你好！我实在太兴奋了！欢迎你来叙利亚！你还在中国吗？你来塔尔图斯想去哪里？天啊！我很久没有见过外国人了！"

到塔尔图斯的那个晚上，亚兹得开车来汽车站接我。他20岁出头，身形消瘦，一双大眼睛嵌在一张长脸上。他不停地说着欢迎，热烈的火苗仿佛要从双眸喷涌而出。

还没说上几句话，亚兹得就把车停在了一栋公寓楼下。一上楼，他的母亲、妹妹和弟弟挨个儿与我握手问好，看上去已经等待多时。亚兹得的母亲是英语老师，除了还没回家的父亲之外，这家人全都能说一口流利的英语。家里是标准的三室一厅公寓，收拾得干净整洁，亚兹得和弟弟共享一个房间，妹妹有自己独立的卧室。客厅不大，摆了一圈浅褐色的布艺沙发，一个透明展示柜里摆满了别致的玻璃餐具。

亚兹得把我带到厨房的餐桌前坐下，扑闪着大眼睛催道："快！快说说你的故事吧！"

我分享了一些有趣的旅途故事，他目不转睛地听着，啧啧称叹，时不时要求我补充细节。在一旁准备饭菜的母亲笑着摇了摇头，特意过来提醒他："你听听就好，旅行太危险了，你可别真的动了念头。"亚兹得噘着嘴看看母亲，又看看我，低下头，一脸委屈。

晚饭后，亚兹得和我拉了会儿家常。他的眼珠不停地转悠，像是有什么心事。手机铃声突然响起，他接起电话，低着头小声应付，不时地抬头看我一眼。

放下电话，他抿了抿嘴唇，小心翼翼地试探道："我有五十多个堂亲和表亲，我把你要来的消息告诉了他们，他们都想来见你，你介意吗？"我笑笑说当然不介意。

他的眼角和嘴角迅速上扬，双手握拳，高呼道："太好了！等会儿有个15岁的堂弟要来！他的手在学校里摔骨折了，但他还是想来见你！"

不一会儿，门铃响了，右手打着石膏的小胖墩走进来，腼腆地向我问了声好。

与堂弟在客厅说笑了一会儿后，亚兹得转头问我："在中文里，'shut up'是怎么说的？"

"闭嘴。"

他认真跟我念了几遍，转头对小胖墩说："闭嘴！"

小胖墩一边和他斗嘴，一边乐呵呵地扫荡茶几上的零食。

过了一会儿，亚兹得又转头问我："中文里有没有比较凶的让一个人离开的词语？"

"滚。"

他特别喜欢这个简洁、好记又有气势的发音。之后几天，每当小胖墩过来串门，亚兹得就不停地对他说："闭嘴！滚！"

亚兹得年纪轻轻，已经开了一家药品销售公司，每天，他都要与员工一起处理订单，给合作的药店发货。第二天上午，亚兹得执意要求我一起去公司。

"同事们知道你来了，都想见你！"亚兹得把我载往公司，自称从没为上班这么兴奋过。

他的公司约有100平方米，位于一栋公寓楼的地下室。除了一间小办公室和一个简单的茶水间，公司的大部分区域都摆满了货架，货架上分门别类放着药品和日用品。办公室里有两张深褐色的办公桌，角落里有一棵挂满星星和铃铛的圣诞树。亚兹得把公司各个角落的办公皮椅、塑料椅都拖进办公室，又不知从哪里搬来了一个小茶几。

不一会儿，三位女员工和几位亚兹得的男性朋友都到了，他们泡上茶，坐成一圈，一边嗑瓜子，一边七嘴八舌地向我提问。我偷偷问亚兹得大家为何不用上班，他笑了笑说："班天天要上，你又不是天天会来！"

库存的瓜子很快就被洗劫一空，一位女员工自告奋勇外出补货。传真机不合时宜地传来了几份订单，亚兹得看了看，不情愿地在电脑上一通操作，打发一位员工去配货。

两位员工重新归位后，亚兹得的几位朋友已经泡好了马黛茶。大家就着马黛茶嗑瓜子，一直聊到了午饭时间。没有人有工作的心思，亚兹得匆匆把今天的事务处理完，就关上灯，带着我出门转悠了。

塔尔图斯很小，开车十几分钟就能转完。穿过满是蜜色多层建筑的小巷，亚兹得把车停到地中海边。他买了两张船票，带我坐快艇前往阿瓦德岛。阿瓦德岛距离塔尔图斯只有3公里，是叙利亚唯一一座有人居住的海岛，也是本地人为数不多的去处之一。公元前2世纪初，腓尼基人在此定居，随后，希腊人、十字军等先后征服了这里。

登上阿瓦德岛城堡，蜜色石砖砌起的老房子与雪白的新房子错落有致，不远处，塔尔图斯的蜜色建筑连绵成片，沐浴在夕阳之下，像是镀了一层金子。近年来，阿瓦德岛几乎没有受到内战侵扰，错综复杂的小巷和房屋保存完好，居民们大体生活安稳。

几个小男孩正在一小块空地上踢足球。亚兹得看着他们奔跑、欢呼的样子，沉默了良久。离开城堡前，他告诉我，塔尔图斯的生活无聊透顶，除了与朋友相约去咖啡店聊天之外，几乎无事可做。小时候，他幻想着未来努力经营事业，用存下的钱环游世界，然而，还没等到他成年，内战就爆发了，梦想成了天方夜谭。

"叙利亚年轻人是不能拥有梦想的，因为我们什么都做不了。"亚兹得直愣愣地望着地中海，喃喃自语。

4

亚兹得的父亲有一张圆脸，头发所剩无几，五官如军人般坚毅、威严。他忙于工作，总是早出晚归，从不到客厅加入闲谈。我本以为父亲囿于不会说英语，怕自己无法参与对话，但亚兹得偷偷告诉我，父亲担心我是恐怖分子，曾一度反对在家里接待我。

离开塔尔图斯的前一夜，父亲破天荒坐到了客厅里，他的腰板挺得笔直，嘴唇紧紧地抿着。他率先打破沉默，开口向我问了些中国政治和风俗的问题，由家人代为翻译。对于"一带一路"、中国人的健康观念等，他都略有耳闻。我耐心地解答他的疑问，他用左手撑着脑袋，饶有兴致地听着，时不时点头表示心领神会。不一会儿，他的神情彻底放松下来，脸上甚至洋溢起了难得的笑容。

他问起中国人是否都是无神论者，我告诉他，大部分中国人是无神论者，但也有基督徒、佛教徒和穆斯林。

"不信仰宗教，你们是怎么活着的？没有神教导你什么可以做、什么不可以做，那生活要遵循什么原则呢？没有神创造世界，世界从何而来？"父亲坐直身子，真诚地问道。

在中东旅行期间，我频繁被问及这几个问题，起初，我对此难以理解，久而久之，我终于弄明白了他们产生这些疑问的原因。自出生起，大部分中东人民就开始接受宗教教育，他们世世代代都是信徒，生活环境充满了清真寺和神职人员，哪怕外出旅行，只要不是走得太远，接触到的也是类似的文化。对他们来说，无神论者是他们从未接触过的人类，是一种闻所未闻的生活方式。

面对有悖于原生环境灌输的理念时，人们很容易产生畏惧心理，进而排斥倾听、拒绝交流，这无疑增加了沟通的难度，也加大了误解的可能。

我耐心地向父亲解释，虽然没有"神"教导我什么该做、什么不该做，但我是人，人是有理性的，通过理性思考，通过唤起良知，我能够判断善恶是非，得出合乎道德的结论。亚兹得翻译完，父亲点了点头。

我继续告诉他，虽然没有神和宗教的约束，但法律同样能够起到约束行为、维持治安的作用，模棱两可的信仰未必比不断完善的法律更行之有效。我对比了伊拉克北部的酒后驾车现状和上海对酒后驾车的严格管理后总结道，即使没有信仰，个人也可以靠理性好好活着，社会也可以靠法律好好运转。

至于"没有神创造世界，那世界从何而来"这个问题包含了三个终极的哲学问题——我从哪里来？要到哪里去？我是谁？我告诉父亲，我也很好奇这三个问题的答案，并希望未来的科学能够给出解释。说完，我再次表达了对信仰的尊重。

亚兹得和他的弟弟轮流把我的话翻译给父亲。之前一直忙于准备考试而疏于与我交流的弟弟双手握拳，兴奋难耐道："终于有人把我隐隐觉得不对却又说不清楚的东西给说明白了！"

父亲饶有兴致地听着，时不时眉毛高挑，做出恍然大悟的表情，露出满意的微笑。信仰的问题告一段落，父亲又聊起了旅行。

"你一个人出国不觉得危险吗？我们家是不允许孩子独自出远门的，太危险了。"

亚兹得兄弟俩齐刷刷看向我，仿佛我的回答关系到他们未来的命运。

我想了想，说道："来叙利亚之前，亲朋好友都很担心我的安危，在他们的想象中，叙利亚人一直生活在枪林弹雨和饥荒逃难之中，您是不是觉得这很可笑？"

父亲听完，脖子往后一缩，瞪大了眼睛。他指了指窗明几净的客厅，苦笑着摇了摇头。

我告诉他，我们眼中危机四伏的地方在他人看来很可能再平常不过，哪怕是叙利亚这般持续内战的国家，也存在安宁的地区、安宁的生活。有时候，我们对外界的恐惧只是源于对未知的恐惧罢了。"间隔年"（gap year）、"独自旅行"在欧美是再平常不过的概念，亲临异国他乡后，许多误解和偏见也就不攻自破了。

父亲笑着点了点头，继续询问我对不同中东国家和国际关系的看法，不知不觉，我们聊到了凌晨1点半。父亲和母亲听得精神抖擞，全然没有睡意，亚兹得兄弟俩更是亢奋得两眼冒光。但我明天清晨要起床赶车，实在不能太晚睡觉，于是母亲提议拍个合影，再各自回房休息。临睡前，父亲对我竖起大拇指，让亚兹得转达："今天和你聊得非常开心，欢迎你以后有机会再来塔尔图斯。"

直到拍完照、各自洗漱完，弟弟还意犹未尽，他懊恼地央求哥哥："让她再住一天好不好！我不希望她离开！"

30... 诺瓦的父亲

1

从今年1月开始，我就没有工作了。

只因是叙利亚人，我就找不到工作；只因是叙利亚人，我就去不了任何地方；只因是叙利亚人，我就什么都做不了；只因是叙利亚人，我就得不到尊重。

看看这个世界，哪里有什么自由？自由只是一个谎言。

全世界都想慢慢杀死我们。我很绝望，但谁会在乎呢？

我上个月想过自杀。我只想逃离这种病态的人生。

——诺瓦，2017.7.1

2

我在叙利亚旅行期间，诺瓦正在准备考试，无法离开黎巴嫩，她嘱咐父母在阿勒颇接待我。

阿勒颇是人类最古老的定居点之一，是叙利亚人口最多的工商业中心城市，四千多年前，这里已是商业中心。阿勒颇事关通往土耳其的口岸，控制住阿勒颇，就能获得更多武器和物资援助。2012年7月，反对派武装进攻阿勒颇城区，长达四年半的阿勒颇战役就此打响。战争彻底改变了这个富庶的城市，也改变了居民的人生轨迹。

　　大巴抵达阿勒颇汽车站时，密密麻麻的出租车司机已经恭候多时，他们一拥而上，七嘴八舌地问我要去哪里。一只大手拍了拍我，示意我跟着他走。他有一张国字脸，满头白发，身材微胖，两道深深的皱纹刻出两个大眼袋。我一眼认出他就是诺瓦的父亲伊萨姆，相比两年前的照片，他又苍老了一些。

　　伊萨姆是一位工程师，曾在阿联酋、沙特阿拉伯等国家工作过，也在高校里任过教职。论收入和社会地位，他在阿勒颇算得上中产以上阶层，除了自住房之外，他还拥有好几处房产。然而，一帆风顺的生活随着内战的爆发而彻底改变了。阿勒颇战役打响后，伊萨姆很快失去了工作，只能赋闲在家。诺瓦告诉我，有很长一段时间，父亲总是沉默不语，头发也很快变白了。

　　伊萨姆掌握的英语词汇不多，但不影响表达。一上车，他就主动聊起了战争。他指指自己手上的香烟告诉我，内战期间，经济萧条，通货膨胀，以前5叙镑一包的烟，现在卖到了150叙镑，涨了30倍，但工资只涨了2—3倍。已然到了退休年龄、本可以安度晚年的伊萨姆如今不得不绞尽脑汁继续挣钱。为了贴补家用，他把几处房产都出租了，还把自住房的地下室和后院打造成了学生宿舍，出租给阿勒颇大学的学生。为了不给这个家庭造成负担，我和伊萨姆商定，我按照月租比例支付房费。对我来说，这比住酒店更便宜、更安全，对伊萨姆来说，能补贴家用，两全其美。

谈话间，我们到了伊萨姆那位于阿勒颇西北部的家。这里靠近阿勒颇大学，附近的街区都是两三层的公寓，街道很干净，到处都是树木和小片的草坪。打开铁门，三只小猫在院子里东躲西藏，伊萨姆笑笑告诉我，它们是附近的野猫，经常来这里串门蹭饭。

12月的阿勒颇潮湿寒冷，步入客厅，一股暖意扑面而来。伊萨姆打开褐色的柴油取暖器，检查是否需要添加柴油，他告诉我，内战爆发后，柴油价格上涨了近40倍，穷人家根本用不起取暖设备。客厅铺了一块蓝白相间的方形地毯，摆了一组褐色花纹的旧转角沙发，沙发上方挂一幅阿勒颇老城图案的挂毯。沙发的对角有一个三层的电视柜，摆着收音机、VCD机和一组老式音响，一台不大的电视机正静音播放着新闻。

见我的登山包很大，伊萨姆先把我带到住处——后院一个用于租赁的小房子，这里住着一位会说英语的库尔德姑娘苏茜，除了她之外，后院的地下室还住着10位阿勒颇大学的姑娘。

放下包，伊萨姆带着我经由厨房的后门回到客厅。厨房的透明玻璃柜里摆满了锅碗瓢盆，光是茶壶就有不下五个，料理台上整齐地摆着几十个装满水的塑料大瓶。内战爆发至今，供水一直是个难题，如今，局势大体安稳，但一星期只有一天的自来水是干净的。那一天，伊萨姆和妻子会屯很多水，用来做饭、泡茶。

厨房边的一间空房被当作储藏室，一大罐一大罐的腌菜叠在一起，腌菜旁的两个麻袋里装满了萝卜和土豆。伊萨姆说，战争爆发后，物资一度非常紧缺，什么都要去店里抢购。有时候天不

　　　　　　　　　　　　看不见的中东

亮就去排队，也未必能买到什么。虽然现在物资供应跟上了，但他们还是会囤一些腌菜和主食，以备不时之需。

不一会儿，伊萨姆的妻子端来了晚餐——一碗煮野菜、一份茄子泥和一盆米饭。诺瓦曾告诉我，每当她从贝鲁特回家，母亲都会准备丰盛的晚餐，告诉她一切都好，无须担心，但她从妹妹那里得知，平日里，父母非常节省，肉几乎从不上桌。

内战前，这个家里住着伊萨姆、妻子和他们的四个女儿。

"有五个女人的家有多热闹，你可以想象吗？"伊萨姆的眼睛闪过一道光，但很快便黯淡了下来。战争爆发后，三个女儿陆续逃往国外，如今，伊萨姆身边只剩下妻子和一个女儿。诺瓦离家近，偶尔会回家探亲，另外两个女儿一去不回，亲朋好友也相继逃难或去世了。

圣诞节临近，过去，伊萨姆会买各种装饰品和LED灯，把家里布置一番。对于信仰意识淡薄的他来说，圣诞节只是个节日，没有宗教含义。

"但今年，我连圣诞树都没买。没有人了。"伊萨姆放下勺子，两眼空洞地望着阳台。客厅的灯突然一暗，又停电了。伊萨姆起身找出应急灯，摆到茶几上。

虽然不能相聚，但知道女儿们在国外平安健康，伊萨姆也知足了。

"不过，"他叹了口气，"一家人待在一起的热闹时光，可能再也回不来了吧。"

晚饭后，伊萨姆安静地坐在沙发上，边抽烟边看电视。他对电视节目没什么兴趣，但电视机发出的声音，多少能化解一点生活的冷清。

3

伊萨姆没有儿子，亲朋好友曾力劝他和妻子再试试生个男孩，他对此不以为然。

"这都是什么老掉牙的观念啊！男人女人都是'人'，没什么区别的。"伊萨姆撇了撇嘴说。

虽然叙利亚是阿拉伯世界里相对世俗化的国家，但大部分叙利亚家庭仍然认为女孩在女子学校接受基础教育便已足够，她们更重要的任务是学会如何成为尽职的妻子和母亲，早早结婚生子。有的女性接受过高等教育，但找不到满意的工作，只能赋闲在家。伊萨姆对那样的生活深恶痛绝。

"那些不工作、很少出门、没什么见识的女人聚在一起，总是闹哄哄的，聊来聊去都是邻居的闲言碎语、八卦、吃喝玩乐、如何化妆、如何搭配衣服等，这些谈话毫无意义！"他做出一个头要爆炸的手势，耸耸肩道："你能想象那种场景吗？我太讨厌那样了。"

为了避免女儿们重蹈覆辙，伊萨姆费尽了心思。自她们幼年起，他便教导女儿们要多读书、多思考、关注社会问题、发展兴趣爱好，找到自己喜欢的、有意义的事业。长大后，他鼓励女儿们外出工作，自己养活自己。

然而，伊萨姆的行为招来了亲朋好友铺天盖地的反对甚至恶意，他们警告伊萨姆不该放任女儿接受高等教育，不该允许她们抛头露面出去工作，不该让她们与除了亲戚以外的男性有任何接触。伊萨姆不顾闲言碎语，总是坚持己见。

　　　　　　　　　　　　看不见的中东

年轻时，为了给女儿们提供最好的物质条件、支持她们做喜欢的事，伊萨姆卖命地工作挣钱，但他做梦也没有想到，稳步向上的生活竟会被一场始料未及的战争彻底打乱。

"战争爆发后，那些缺乏生存技能的家庭主妇只能眼睁睁待在阿勒颇，祈祷导弹不要飞到家门口，或者作为家属跟着丈夫出国逃难，但在国外，她们赚不到钱，甚至连英语都不会说，衣食住行全都仰仗男人。"

说到这里，伊萨姆一扫脸上的阴霾，露出骄傲的笑容。

"但你看，我的女儿们可以独自办理各种文件，辗转几个国家离开叙利亚。在国外，她们有能力获得学位、找到工作、经济独立、重启人生。我知道她们在这个过程中遇到过许多困难，痛苦过，绝望过，但她们都挺过来了。如果她们不是独立的人，人生的选择会少很多很多，甚至可能连命都保不住。"在伊萨姆看来，人生充满不确定性，为人父母，最重要的是教给孩子过硬的生存能力和独自面对人生的勇气。

每天上午，伊萨姆都会开车出门，为附近几处房产做检修维护工作。即便可以收租，但由于货币大幅贬值，他很难再给女儿们提供经济上的援助，好在每个女儿都能自食其力。留在阿勒颇的小女儿学的是经济学，她每天打两份工，晚上10点多才到家，和诺瓦一样勤勉能干。大女儿辗转大马士革、贝鲁特、马来西亚后抵达德国，正在修法律硕士学位，很快就要毕业了。二女儿是一名服装设计师和英语教师，如今在迪拜工作。

经历了短暂的低谷后，诺瓦重拾起对生活的热情和信心。2020年，她以优异的成绩从大学的广播电视专业毕业。她的毕业作品是一部关于"埋葬"的纪录短片，讲述了死于内战的阿勒颇平民难以安葬在正式的墓地、只能被随机掩埋的悲剧。如今，她正在筹备另一部纪录短片，讲述第一位打破阿拉伯世界传统和习俗的叙利亚女性的故事。

诺瓦告诉我，父亲时常这么对她说："我早晚都会去世的，你的妈妈、你的姐妹们也都有自己的生活，没有人一定可以帮助你，你真正能靠得上的只有自己。你要仔细考量你的人生，做出负责任的选择。我尊重和支持你的所有决定。"

31... 战后阿勒颇

1

与我同屋的库尔德人苏茜有一头深棕色的披肩长发，鼻梁挺拔，脸上带着几分英气，说起英语熟练利落，是个不可多得的好室友。苏茜来自叙利亚东北部城市哈塞克。内战爆发后，石油资源丰富的叙利亚东北部成为多方争夺的目标，苏茜的家人不堪忍受动荡的局势，举家搬往伊拉克库尔德自治区，只留下她独自在阿勒颇大学学医。虽然阿萨德政府已经宣布收复了阿勒颇，但残余势力尚未全部剿清。对于隐隐存在的安全隐患，苏茜一笑置之，这些年来，她早已对战争习以为常，对她来说，眼下最重要的是完成学业，成为一名合格的医生。

我俩住的小房子被联合国难民署分发的防雨塑料布包裹着，房间不足10平方米，有一个破旧的衣橱、一个深褐色的沙发、一个小茶几和两张小床，过道窄得只够一人通行。苏茜的床头堆满了书，衣橱上贴了十张彩色便签，记录着她要做的事。

房间外有一个不足3平方米的简易厨房，左边是用水泥随意砌起的操作台，右边是一台洗衣机，水池胡乱搭在两者之间，水管外露，泛黄的集成灶旋钮积了一层厚厚的油垢。厨房再往里走是一个简易卫生间，陈旧的折叠门时常卡顿，得反复推拉几次才能关紧。

我们的房间没有窗户，冷得像个冰箱。屋里有一个取暖器，但电力不怎么稳定，一到雨夜或用电高峰的夜晚，总是整夜整夜地断电。晚上，我和苏茜各自蜷缩在床上瑟瑟发抖，不停地祈求快快来电，但希望总是落空。房间里没有书桌，没课的时候，苏茜或盘腿坐在床上看书，或趴着写笔记，或蜷缩在沙发上复习。如果哪天电力稳定，她就会把取暖器摆到跟前，烤上一个下午。

洗澡的热水只在周五对租住的姑娘们开放，但伊萨姆说，如果我想洗澡，随时知会他就好。听说我随时都能洗澡，苏茜两眼放光，问我可否趁她在家时洗澡，以便她用剩余的热水冲一冲，我一口答应。在频繁停电的夜晚，只有热水澡可以暂时驱赶寒意。那些天里，每当我去洗澡，苏茜就会准备好洗浴用品，我一洗完，马上换她进去。为了留足够的热水给她，我总是洗得飞快。

在租住的姑娘里，苏茜最受伊萨姆和他的妻子青睐，他们有时会邀请她共进晚餐。别的姑娘都来自农村，在伊萨姆看来，她们太过传统，很难交流。

听说我来了，姑娘们纷纷戴着头巾前来拜访。不同于苏茜，她们不会说英语，只能咯咯地笑。我们的小屋实在太小，仅能容纳三四个人，于是，姑娘们提议周五晚上到她们租住的地下室聚会。

周五傍晚回家前，我去小卖店买了零食和饮料。到家后，苏茜带着我从庭院里的入口下到地下室，敲了敲门。门里的姑娘小心翼翼地打开门缝，确认只有我们两个女人后，才飞快地开门让我们进去。

进门处是一个小客厅，摆了一组陈旧的棕色沙发。穿过客厅是一道走廊，走廊两旁有五个房间，每间住两个人，尽头是公用的厨房和卫生间。听到动静的姑娘们纷纷开门出来观望，她们穿着睡衣，披头散发，与平日里戴着头巾的模样判若两人。

一位高个子姑娘拉着我去她的房间参观。房间里只有两张床和两个陈旧的柜子，两位姑娘把床上用品全都换成了粉色，柜子上贴满粉色的贴纸。高个子姑娘指指床上穿着公主裙的玩具熊，扑闪着眼睛，期待我的赞美，我顺着她的心意夸赞了她精心的布置。

另一位矮个子姑娘吐了吐舌头，把我拉到她的房间。打开门一看，这里与我和苏茜的房间差不多寒碜，床单被套都是白色，棕色的衣柜已经开始掉漆，姜黄色的地毯上散落着书、笔和笔记本。矮个子姑娘指指高个子姑娘的房间，又指指自己的房间，害羞地摇摇头，对自己这朴实的房间很是抱歉。我夸了句"打扫得很干净"，她的脸唰一下红了，嘴角微微扬起，宠溺地看了看自己的房间。

回到客厅，姑娘们已经把零食倒进了盘子，又从厨房端来了刚刚煮好的红茶。沙发坐不下那么多人，几位姑娘斜靠着墙壁，端着盘子往嘴里塞薯片。她们你一言我一语地聊天，由苏茜翻译。几位姑娘狠狠赞美了一番我黑长直的头发，其中一位爱搞怪的姑娘抓起自己的卷发，作势要全部剪光，噘起嘴，表达她对卷发的嫌弃。

欢声笑语后，我问道："你们来阿勒颇读书，父母放心吗？"

她们七嘴八舌说了一会儿，苏茜告诉我，这些女孩全都来自农村，她们家境贫寒，战争爆发后，生活更是雪上加霜。许多家庭条件有限、思想保守，只支持男孩接受高等教育。通常来说，女孩接受完义务教育，就只能在家闲居，等着嫁人。倘若不冒险来阿勒颇大学读书，她们也没有更好的出路。况且，战争持续了太长时间，长到大家都麻木了。比起担心被炸弹炸死，她们更在意未来能否找到一份好工作，自力更生。

我很想继续聊下去，但姑娘们不太想聊严肃的话题。吃完薯片后，她们播放起手机里的阿拉伯歌曲，在狭小的客厅翩翩起舞。阿勒颇的学习生活非常枯燥，刚从战争中得以喘息的城市几乎没有娱乐活动可言。这天的电力很稳定，取暖器始终都在工作，在温暖的地下室里，女孩们跳了足足两小时舞。

2

在霍姆斯的废墟被警察逮个正着后，我就对叙利亚的管控之严格心有余悸。出发前往阿勒颇老城前，我向伊萨姆确认能否使用相机拍摄照片，是否会招致警察怀疑，他淡定地告诉我没事。我不太放心，好在沙发客网站上有一位阿勒颇大学的学生耐尔提出可以带我逛逛老城。

伊萨姆的家距离市中心有一段距离，我以为只能打车前往，但伊萨姆建议我坐公交车。到阿勒颇的第二天早上，我根据伊萨姆的指示来到一条主干道。主干道一片死寂，没有车站，没有过路车。我不确定该在哪里等车，也找不到人询问，只好在路边干站着。二十分钟里，只有两辆轿车驶过。正当我担心是不是找错了地方时，一辆老旧的公交车慢悠悠地出现了。我挥挥手，司机把车停到路边，他打开门，耸了耸肩，右手举在耳畔，困惑地看着我。我用阿拉伯语道出目的地，他点点头，指了指座位让我坐好，就继续开车了。

公交车像是从中国购买的二手车，蓝色的座椅擦拭得非常干净，但边缘还是不可避免地发黑了，鲜黄色的扶手被磨得露出了铁锈色的内里，有一个座位的靠背被拦腰斩断，只剩半截。几位乘客冷漠地瞥了我一眼，就各自继续发呆了。窗外多是蜂蜜色的石砖多层建筑，一大早，街边店铺尚未开门，到处都冷冷清清，柏油马路路况良好，道路中央和建筑上随处可见总统巴沙尔·阿萨德的照片。

到达终点站后，司机给我指了指老城的方向，就下车找附近的熟人聊天去了。下车的地点正巧是阿勒颇博物馆。博物馆的外观完好无损，院子里七零八落散落着古老的柱头，由于战争原因，这里早已关闭，我向保安打听何时重新开放，他摇摇头表示不知道。

我沿着通往阿勒颇城堡的主干道步行。浓重的乌云笼罩着大地，蜜色石砖建筑的外墙像是被泼了脏水，黑乎乎的，街上的黄色出租车蒙了厚厚的灰。走了没多久，街边店铺的上方开始出现钢筋水泥搭建的空壳，像是尚未完工，又像是被废弃良久。

再往前走，道路两旁只剩下炸得稀烂的楼房。几栋房屋被熏得漆黑，外墙上弹痕累累。有的钢筋水泥藕断丝连，向一边歪斜，仿佛随时都会扑向行人，有的砖块彻底塌陷，只剩孤零零的钢筋刺破乌云。相比之下，平坦的柏油马路、毫发无损的路灯和悬挂在路灯上的总统照片，崭新得仿佛来自另一个世界。

一栋多层建筑的落地窗全都消失不见，从棋盘般的窗框向里张望，大部分房间的吊顶已经坍塌，灯泡被震碎，电线耷拉在半空。一家位于中间楼层的童装店重新装上落地窗，在面向街道的窗边放了六个人台展示儿童服装，若无其事地照常经营。

耐尔在阿勒颇城堡的入口处与我会合，他个子不高，微胖，一张圆脸看上去憨厚老实。我向他谈起沿途看到的废墟，他苦笑着告诉我，那些被炸烂的房子虽然看着瘆人，但尸体好歹已被清理干净，没有腐臭味了。说着，他打开手机相册，找出战前的照片。照片上的阿勒颇老城烟火气十足，蜜色小巷里人来人往，手工艺铺、铁匠铺、裁缝铺鳞次栉比，方形的宣礼塔优雅地屹立在小巷尽头，孩子们四处奔跑、嬉笑打闹。

提起内战，耐尔轻描淡写地告诉我，一天，他去学校参加考试，快到教学楼时，一颗榴弹突然飞了过来，在不远处爆炸，他和同学们匆匆忙忙飞奔进教室，还没来得及平复心情，考试就开始了。见我露出惊恐的神色，耐尔笑了笑说，他和大部分同学都住在老城外，安全状况比这里好得多。多年内战后，人们早就练出了一身与战争共存的"本领"，他们前脚才目睹爆炸，后脚马上就能投入日常生活。

步行了一会儿，耐尔指了指左手边搭满脚手架的阿勒颇大清真寺。这座始建于8世纪的清真寺在2013年的战火中被毁，宣礼塔轰然倒塌，碎石滚落一地。如今，修复团队试图寻找形状类似的石头进行原样修复，清真寺的庭院里堆满了被标记编号的石头。

我问起耐尔有没有离开的打算，他告诉我，他的家人已经移居德国，不久之后，他也将飞往德国与他们团聚。说着，他带我拐进一条小巷。巷子两旁堆满碎石，只留出一条勉强够人行走的小道。建筑被炮弹轰炸得千疮百孔，锈迹斑斑的钢筋暴露在外，水泥屋顶如同报纸，被折叠成各种形状。一家家店铺沦为一个个黑洞，满是弹孔的卷帘门歪歪扭扭，像是随风飘荡的窗帘。路灯歪斜在一边，灯泡不见踪影。一所精神病院遗址只有建筑结构尚存，石头和垃圾散落一地，一摞摞写有中文"二甲苯麝香"的铁罐蒙了厚厚的灰。有的人家在逃难前用石头把家门堵上，以免房子被征用为军事堡垒。看得出来，这里是阿勒颇战役的主要战场。

手机地图在老城常常失灵，有的小巷被石头彻底堵住，难以穿越。一番寻找，耐尔带我走进一座废弃的教堂。庭院里杂草丛生，砍落的枯枝堆积一旁。步入教堂，贴在墙上的介绍牌被毁了一半，布满灰尘，展示台上的建筑模型被爆炸震得粉碎，像是一桌切碎的豆腐，屋顶的射灯东倒西歪，小碎石四散在地面。

我跟着耐尔沿着楼梯下到地下室。这里被分割成了一个个小房间，每个都配有锈迹斑斑的铁门。耐尔告诉我，内战期间，这座教堂曾是叙利亚自由军[1]的基地，地下室被他们改造成了监狱。监狱的墙上满是人们写下的文字和涂鸦。耐尔指着一个规整的表格说，这是人们在一天一天地计数。根据耐尔的翻译，人们写下的大多不是什么激烈的言辞，而是祈求真主保佑，早日重见天日，还有人用幼稚的笔触画了一只和平鸽。

耐尔告诉我，内战期间，阿勒颇派系林立，不仅有政府和反

---

1 叙利亚自由军，一个在 2011 年叙利亚反政府示威中产生的武装力量，由政府军变节而成。叙利亚自由军一度是反政府武装的主力。

政府武装，还有暗访记者、便衣警察、各国情报人员，等等。战争遥遥无期，战况扑朔迷离，普通人不敢轻易站队，也不敢公开表达政治立场，生怕被人出卖或举报。时间长了，许多人出现了创伤后应激障碍的症状，他们难以信任亲密家人之外的任何人，总是疑神疑鬼。

不过，在担惊受怕之余，人们也找到了聊以慰藉的生活方式。耐尔解释道，内战期间，哪怕隔壁街道正在巷战，人们也可以若无其事地与朋友喝咖啡、抽水烟、玩游戏，假装什么都没有发生。战争似乎赋予了人们"随时关闭感官"的能力，耐尔说他不喜欢这样，不喜欢人们对同胞的生死无动于衷，对国家的兴亡漠不关心，但不可否认，选择"视而不见"是最轻松的方法。如今，局势大体稳定，为了避免回想起绝望的日子，人们本能地选择对战争避而不谈或轻描淡写，以免陷入消极和痛苦。

说话间，我们步行到了一条没有战争痕迹的小巷。精致的八角形宣礼塔耸立在蜂蜜色石板路的尽头，石砖房屋完好无损，锈迹斑斑的窗棂随处可见。

"这里很像你给我看的照片。"我对耐尔感慨道。

他看得出神，眼珠上下左右转动，仿佛要把一切刻入脑海。

"如果这里重建好了，你会从德国回来吗？"我问道。

"也许吧，以后的事，谁说得准呢。"

傍晚，耐尔有事先回去了，我独自在雨中的小巷漫步。巷子空无一人，路灯照常亮起，湿漉漉的石板路反射着微弱的灯光。我小心翼翼地避免走进被炸毁的区域，给自己构筑起一个小小的乌托邦，在这里，我可以暂时忘却满目疮痍，短暂地徜徉在阿勒颇迷人的过往里。

3

独自叫车出城难以保障安全，一旦司机与反政府武装或恐怖分子残党有联系，我便有可能沦为人质。一天中午，我请伊萨姆帮忙找一位靠谱的出租车司机，载我去阿勒颇30公里外的贾布勒湖，拍摄贝都因人聚居的传统蜂巢房。伊萨姆不确定能否前往贾布勒湖，我告诉他，我有一位中国朋友去过不止一次。他不太放心，但还是给我找了一位开出租车的朋友，并宣称联系了一位掌管那个辖区的将军为我保驾护航。

贾布勒湖距离阿勒颇只有一个小时车程。司机把车开到城外，一名身穿白色长袍、头戴红白相间头巾的中年男子在半道上车，他会说一点儿英语，上车后，他不断告诉我"放心""欢迎""中国很好"。我不确定他是不是将军，一个劲儿与他寒暄。几分钟后，他在路边下车，并祝我一路顺风。我还没弄明白到底是怎么回事，出租车就停在了郊外的一栋建筑旁，不会说英语的司机示意我带上背包，跟着他进去。

建筑有两层楼高，深灰色的外形看上去正气凛然。司机把我带到二楼的一间办公室。办公室是规整的正方形，两边各摆了一组黑色的皮质旧沙发和茶几，中间是一个宽大的办公桌，桌上堆着一摞文件，摆着一部电话座机。一名体形比我大三倍的胖军官挺着大肚腩坐在办公桌前，三名年轻小兵簇拥在两旁。

我交上护照，胖军官不会说英语，只好耸耸肩，意思是问我来这里干什么。我找出事先保存在手机里的照片，学了几声羊叫，说着"贝都因"，表明我想看贝都因人的蜂巢房和牧羊的生活方式。我曾专程前往土耳其南部的哈兰拍摄过蜂巢房，此次前来，是希望更深入地了解贝都因人的游牧生活。

胖军官的小眼睛被脸上的横肉挤成了两道缝，但目光锐利。他看看照片，看看签证，又看看我，若有所思。他让我坐在沙发上稍等，叫小兵倒了杯水。随后，他拿着我的护照开始拨打电话，他把声音压得很低，目光时不时越过护照瞥我一眼。我对检查和等待早就习以为常，但这天，我心急如焚。根据计划，我会在太阳下山前一小时赶到湖边，拍摄贝都因人在落日中牧归的场景。如果耽误的时间超过半小时，我的如意算盘便会付诸流水。

一名士兵突然推门进来，走到我的跟前，他搜肠刮肚，艰难地回忆起几个英语单词——"没问题""等待"。胖军官拿着我的护照走出办公室，我问士兵他要去哪里，他们双手平放在胸前，示意我少安毋躁。一名士兵灵机一动，叫我跟他下楼。他打开后门边的羊圈，示意我——"这里也有羊，你可以先看一会儿"。我耸耸肩，再次给他看蜂巢房的图片，表明我想去那里。

回到办公室时，胖军官终于回来了，他笑着把护照递给我，两颊的肉堆积到一起，像是两只红彤彤的苹果。他握住我的右手，不停地重复："没问题！欢迎！朋友！"我看了眼时间，松了口气，只要沿途不再出什么岔子，我应该能准时赶到贾布勒湖边。

在出租车上坐定，司机突然掉了个头，径直返回阿勒颇。我指指身后，问他怎么回事，他耸耸肩道："贾布勒，不。"我拨通伊萨姆的电话，他向司机大致了解了情况后告诉我，贾布勒湖去不了了，先回来吧。

回到阿勒颇，我愤愤地向伊萨姆描述起胖军官临别前的态度："如果去不了，他为什么不告诉我？为什么还要对我说'欢迎'？我可以接受去不了，可以接受盘查，但他为什么要骗我呢？"

伊萨姆坐在沙发上，语气平静地告诉我，司机也不太清楚到底发生了什么，或许军官认为我不是非去不可，也就不愿意冒险承担责任，又或许沿途有军事设施，他不能轻易放行。见我闷闷不乐的样子，伊萨姆拍拍我的肩膀，宽慰道："开心点吧！这就是叙利亚，事情并不总是能够如我们所愿。"我又嘟囔了几句"他不该骗我的"，但事已至此，我也无力回天，只好早早回房睡觉。

第二天，我的气消了。刚出门不久，伊萨姆打来电话说，下午2点，他会到老城的钟楼接我，说罢，他挂了电话，没有透露更多信息。

伊萨姆按时接上我后，直奔阿勒颇市中心一家商务宾馆，说是有政府官员要见我。宾馆大堂里，一个身穿白衬衫、头发抹了发蜡的中年男士坐到我的对面，他从公文包里拿出两张A4纸和一支圆珠笔，开始问我问题，由伊萨姆翻译。他在A4纸上记录下我的职业、来叙利亚的目的、详细的行程、住过的酒店以及沙发主的联系方式。问话持续了近一小时，临走前，他再次强调："这是为了确保你的安全，政府掌握了你的行踪，才能提供保护。"

4

由蜜色石砖砌起的阿勒颇城堡高高地耸立在老城中央的小山

丘上，夕阳西下，外墙被照得金光熠熠。城堡周围有一条宽约30米的壕沟，零星的杂草破土而出，沐浴在金光之下。内战期间，城堡曾是叙利亚政府军的军事基地。

傍晚，装饰一新的咖啡店和水烟店人气渐旺，卖棉花糖、爆米花和玉米杯的小摊贩散布在城堡外的广场上，人们拖家带口，到广场散步、踢球、玩滑板，生活正在渐渐回归正轨。

登上阿勒颇城堡，被炮火轰炸得惨不忍睹的老城赫然眼前。楼房仿佛被一双大手反复揉捏，屋顶被掰下，横梁被拗断，钢筋缠绕在一起，铁皮像破布一样从房顶垂下。有的建筑被从上到下击穿，有的穹顶被炮火挖去了一半。挖掘机隐蔽在茫茫废墟之中，慢悠悠地把碎石铲到一旁，像是一只妄图改造森林的蚂蚁。

当距离战场足够遥远，或许还有余力挥斥方遒，但身处战场，目之所及只有爆炸、死亡和毁灭时，才能真正明白，任何对战争的滔滔宏论都远比想象中更孱弱无力、更不堪一击。废墟之下，是一个个具体的家庭支离破碎，一个个具体的人被改写命运。

在阿勒颇老城，我的情绪仿佛被抽成了真空，所有的一切都超越了经验，我来不及反应，也很难接受。

离开阿勒颇后的很长一段时间，我始终拒绝想起或谈起这段记忆，直到一年后，我在社交媒体上看到苏茜分享的照片，照片上，她摘去了头巾，一头褐色的长发迎风飘扬。

我问起原因，苏茜说，她一直深受头巾问题的困扰。传统社会对头巾的观念根深蒂固，在她所接受的教育中，"戴不戴头巾"被认为是评判女人道德水准的依据，但成长过程中，她渐渐发现，不戴头巾的未必都是坏女人，戴头巾的未必都是好女人。长

　　　　　　　　　　　　　看不见的中东

大后，她意识到世界上有太多比头巾更重要的事，比如做一个诚实、善良、可靠、乐于助人的好人。经过长时间的思想斗争，她决定摘下头巾。令人欣慰的是，苏茜的朋友们大多思想开明，没有因为她摘下头巾而诋毁她、冷落她，相反，他们觉得她更漂亮、更自信了。

看到苏茜向着独立、自由、自信又迈进了一步，我在手机这头心潮澎湃。即便战争毁灭了城市，无数生命沦为炮灰，但总有一些人，即使生于逆境，也能破土而出，让人相信春天依旧会到来。

32...　圣诞节

从满是废墟的阿勒颇回到大马士革时，我仿佛从黑白电视走进了彩色电视。街道已经穿上了节日盛装，圣诞老人、圣诞树、圣诞花各就各位。

叙利亚约有10%的人口是基督徒，[40] 他们中的大部分都生活在大马士革。内战爆发后的七年间，人员密集场所爆炸频发，外出聚众庆祝节日成了天方夜谭。2018年，随着政府收复首都以南的雅尔穆克地区，重新控制大马士革周边地区，情况终于有了好转。如今，大马士革电力供应日趋稳定，街道大体安全。为了迎接这来之不易的时刻，大马士革的基督徒和非基督徒们一起出动，倾尽全力营造节日氛围。

老城的拐角处，胖乎乎的充气圣诞老人笑脸相迎，戴着头巾的穆斯林女性争相与圣诞老人合影，圣诞老人的对面，站着一个头戴圣诞帽的骷髅。小巷的上空，一串串LED灯在晚风中摇摆，像是一群胡蹦乱跳的乒乓球。教堂外装点着长筒袜和圣诞铃，还用绿色的啤酒瓶堆出了一棵圣诞树。有的人在自家的阳台上布置了铃铛和圣诞树形状的LED灯。商店纷纷推出圣诞特别商品——圣诞树贴纸、圣诞帽、小圣诞树，人们频频驻足，挑选节日装饰。

平安夜这天，平日里大门紧闭的教堂人头攒动，连穆斯林小朋友都按捺不住激动的心情，在大门口探头探脑。大马士革已经准备就绪，只待夜幕降临，就将开启一场阔别七年的狂欢。

随着天色渐暗，老城一下子复活了。多玛门附近，生意火爆的鸡肉卷店排起长队，教堂里人山人海，扮演亚当和夏娃的志愿者邀请人们合影留念。老城外车流不息，人们戴着圣诞帽从四面八方赶来，涌入人声鼎沸的小巷。

我跟随人群走进一座教堂。乐队的年轻男女头戴圣诞帽，手拿小号、长号或鼓，正列队准备出发。里三层外三层的人群簇拥着乐队，把教堂挤了个水泄不通。伴随着指挥的手势，打头阵的鼓手整齐划一地敲打鼓点，行军般铿锵有力的节奏响彻教堂，后排的小号手们跟随节拍，踏着整齐的步伐慢慢走出教堂。围观的人群一拥而上，轰轰烈烈跟出了教堂。

老城的大部分店铺都已关门歇业，但闻声而来的人潮络绎不绝。乐队整齐地排成三列，在窄巷中徐徐前进，围观的人们前胸贴着后背，挤在人行道两侧。所有人都伸长了脖子，把手机高举过头顶，生怕错过什么。

快到多玛门时，小号手们举起小号，整齐划一地演奏起圣诞乐曲"Jingle Bells"。人群跟着乐队和音乐浩浩荡荡地前进，像是一支压向前线的大军。有的年轻人摇头晃脑，目眩神迷，仿佛只要空间足够，就能原地起舞。一些头发花白的老年人也不顾一切地加入人潮，享受挨挨挤挤的热闹和快乐。高举的手机如同助阵的荧光棒，围绕着乐队星星点点。

圣诞节这天，我的手机响个不停，叙利亚朋友不停地发来文字、语音和视频，与我分享各个城市的圣诞活动。由于是工作日，又没有大型活动，这天晚上的老城比圣诞夜清静了不少。多玛门附近，一位记者正在摄像机前报道这个和平的节日，戴头巾的穆斯林奶奶牵着戴圣诞帽的小女孩赶往老城，萍水相逢的路人与我互道圣诞快乐。节日氛围从圣诞夜持续到了圣诞节，或许也将持续到新年，持续到和平、安宁、充满希望的未来。

圣诞节后的那天是我的生日，那一天，我正好30岁。一大早，我收拾好背包离开宾馆，打车前往叙利亚和黎巴嫩的边境。出境叙利亚和入境黎巴嫩非常顺利，我在黎巴嫩海关外等了一个多小时，终于等到了前往贝鲁特的共乘出租车。

◁利雅得郊外的临时游乐场——撒哈拉城，
一位女性正在玩着足球射门游戏。

33... 神秘国度

1

极其有限的影像资料把沙特阿拉伯描绘成了一个神秘的国度。在中东旅行期间，我遇到过几位常驻沙特的阿拉伯男性，当我谈及纪录片勾勒的沙特形象，他们总是摇着头、斩钉截铁地告诉我，真实的沙特与我的想象截然不同。我追问不同在哪里，他们却含糊其词，欲言又止，这更加深了我对沙特的好奇。不过，好奇归好奇，我从未将沙特列入过旅行清单。自1932年建国以来，沙特从未对外界签发过旅游签证。作为女性，即使持商务签证入境，我也必须在男性亲属的陪同下才能在境内活动。

然而，历史性的转折发生了。为了摆脱对石油的依赖，发展多元经济，2019年9月底，沙特阿拉伯正式对包括中国在内的49个国家开放旅游签证。我做梦都想不到，有一天，我竟能独自踏上沙特的土地，并在那里自由地旅行。

2

2020年1月初，趁着天气还算凉爽，我从巴林首都麦纳麦出发，坐大巴前往沙特石油工业的中心城市——达曼。大巴没有用栏杆作为分隔，人们自觉地按照性别入座——女性和儿童坐在前半部分，男性坐在后半部分。几乎所有女人都是标准的沙特装扮——身穿黑袍、用黑纱蒙面、只露出眼睛。我穿了一件灰色长款衬衫，戴了彩色的头巾，乍看有点惹眼，好在同车有一位没戴头巾的叙利亚姑娘，她告诉我，最近已经不强制穿黑袍、戴头巾了。邻座女人的古铜色手背布满细纹，她从包里取出一包青豆，拆开包装，倒一把在手上，待大巴的速度趋于平稳，她飞快地把手伸进面纱，把青豆塞进嘴里。

半小时后，大巴驶上跨海公路大桥——法赫德国王大桥，四车道的大桥两旁，海和天像是一块巨大的宝蓝色幕布，大桥尽头，一排楼房影影绰绰。

海关大厅里，工作人员看了看我的护照和电子签证，问我是不是第一次来沙特，我回答是。他面无表情地录入我的十指指纹，拍了张照，就在护照上盖了章，用中文说了句"你好"。就这样，我顺利入境沙特阿拉伯。

大巴沿着滨海公路一路向北。万里无云的正午，波斯湾蓝得幽深纯净，仿佛涤尽了所有尘埃，海水像是凝固了，几乎纹丝不动。木质长椅和儿童游乐设施在烈日下接受炙烤，滨海步道空无一人。我仿佛身处一张封存已久的照片，捕捉不到一丝动态。

一小时后，大巴进入达曼市区。宽阔的六车道柏油路车水马龙，道路两旁高楼寥寥，大部分建筑颜色单调，人行道上不见人影。

达曼几乎没有旅游资源，但对于沙特阿拉伯来说，这是一座改变历史的城市。1938年3月，位于达曼南部的"七号井"钻探到1440米时，被誉为"黑色黄金"的石油喷涌而出，那一刻，旧时代终结，新时代到来，沙特阿拉伯这个没有河流、多是沙漠的国家一夜暴富，成为名副其实的石油大国。如今，沙特的石油储备位居世界第二，拥有已探明储量最大的陆上油田——加瓦尔油田。沙特的原油集中分布在地表层附近，开采成本极低，质量上乘。

在酒店安顿完后，我打算出门兑换货币。虽说达曼是沙特第二大海港城市，但酒店前台对货币兑换点一无所知。询问了好几位同事后，她才在纸片上写下附近一家银行的名字。

阿拉伯半岛的生产资料极度匮乏，只有艳阳无限量供应。人行道上，几棵树可怜巴巴地立在毒辣的太阳下，树叶像是脱水蔬菜般了无生气。几乎所有人都躲进了汽车或建筑里，只有寥寥几个肤色黝黑的南亚劳工骑着自行车挣扎在烈日之下。

步行了半小时，我走进路边一家银行。银行的办事大厅开阔明亮，右边的开放式柜台里，几名身穿白色长袍的男性工作人员正在为顾客办理业务，左边的柜台用玻璃隔断，几名身穿黑袍、头戴面纱的女性工作人员正坐在电脑前处理事务。得知我要兑换货币，女性工作人员摇了摇头，告诉我这里不提供兑换业务，我问她哪里可以兑换，她与身边的女同事交流了一下，一双大眼睛眯成了一条缝。她在纸片上写下一个名字，从窗口递给我。我拿出手机，在地图上核对地址。她拿起手边的星巴克咖啡，把吸管塞进面纱，喝了一口。

货币兑换点距离这里有段距离，我只好用Uber（优步）打车前往。

沙特的城市几乎没有公共交通，除了部分来自南亚、非洲等地的劳工之外，几乎所有人都开车出行。对于没车的游客来说，在沙特旅行，最头痛的莫过于出行。倘若目的地较近，我一般选择步行前往。然而，沙特的道路设计全然没有考虑行人，有时，我不得不绕行很远，才能找到过马路的路口，有时，我不得不穿梭于茫茫车流之中，只为去环岛的其他出口。一旦目的地超过步行距离，就只有打车这一个选项，然而，沙特的几座主要城市面积庞大，单程车费上百十分寻常。

Uber车到了，司机礼貌地告诉我，他来自巴基斯坦，如今正独自在此打工，说罢，他便陷入了沉默。我把视线从数字飙升的计价器移开，专心打量眼前这座城市。六车道或八车道的主干道秩序井然，道路中央的绿化带上，椰枣树一字排开，路旁的建筑大多只有三四层高，一眼望去，地广人稀。

发现石油后的20年间，达曼从一个海边小渔村迅速发展成了一座现代化城市，并与附近的宰赫兰和胡拜尔组成了以石油工业为核心的城市群。沙特东部和中部酷热、缺水，本连最基本的生存需求都难以满足，但如今，这里却掌握了整个国家的经济命脉，影响着全球的石油价格。

世界上最大的石油生产公司——沙特阿美石油公司的总部位于达曼南面约15公里的宰赫兰市。不同于沙特大部分地区，阿美石油公司注重学历、效率、生产力、经验、专业，尊重有才华、有知识的人。在这里，男人、女人一起共事，逊尼派穆斯林、什叶派穆斯林共处一堂。在沙特人中，流传着一句众所周知的老话——"如果你想把事情办成，那就交给阿美石油公司"。

傍晚，我步行到酒店附近的一家麦当劳，麦当劳的入口有两扇玻璃小门，一扇写着"单身区域"，一扇写着"家庭区域"。"单身区域"里摆了不到十张桌子，三名身穿白袍的男性正在独自用餐。肤色黝黑的服务员转过头来，一双橄榄形的眼睛突然撑大，他摇着头告诉我，我应该去隔壁的家庭区域。

"但我是一个人。"

"您是女性，还是去家庭区域吧，这里只接待男性。"他含着胸，抱歉地说道。

我只好离开，推门进入隔壁的家庭区域。家庭区域小得站不下几个人，两个服务员正在收银台边忙进忙出。配齐食物后，他们示意我前往二楼。二楼被彩色的隔板分成了一个个隔间，有的只能容纳四人，有的能容纳十来个人，每个隔间的门口都挂着藏青色的帘子，以便女性摘下面纱用餐。大部分隔间都门帘紧闭，两旁不留一丝缝隙。

我找了个小隔间坐下，隔间里摆着一张白色的桌子和面对面两排沙发。我刚入座，一名正在拖地的女性工作人员就一把替我拉上了帘子，并嘱咐我挂好两边的搭扣。我独自坐在密闭空间里吃汉堡，仔细聆听周围的动静。女人们的交谈声细小如蚊蝇，哪怕耳朵贴着隔板，也几乎听不到一词半句。十几分钟后，一名男性服务人员敲了敲隔板，用阿拉伯语嘟囔了一句，我用英语问他有什么事，他转而用英语告诉我，如果需要帮忙，请随时喊他。

3

汽车站的一排售票窗口边有个单独的女性购票窗口,两位蒙面女士正凑在窗口前买票。等待出票的间隙,她俩转过头来,试图与我交流。面纱像是一张粗糙的滤网,把她俩那不怎么标准的英语发音过滤得模糊不清,我看不到口型,难以辨认她们想说什么,只好作罢。

女性专用候车室里摆了几排灰色的连排座椅,所有女人都蒙着脸。我一入座,一双双眼睛从四面八方汇聚过来,在我的全身来回游走。身旁的女人有一双平滑的双手,指甲上涂了浅褐色的指甲油;对面的女人眼神凌厉,龟裂的手背仿佛粗糙的蛇皮;斜对面的女人眼角满是皱纹,指关节发黑,两只手掌黑得发青。有的女人干脆戴了黑色的手套,断绝一切被观察的可能。相比之下,连头巾都没戴的我简直如同裸奔。临上车前,八位同样没戴头巾的女性走了进来,她们来自菲律宾,打算一起去首都利雅得找工作。

离开城市后,大巴一头栽进了无边无际的荒漠之中。近处的沙漠一马平川,远处的沙丘起起伏伏,灰色的电线杆有节奏地掠过窗外,仿佛催眠师的摆锤,看得人昏昏欲睡。

我把视线从窗外收回,落到侧前排的女人身上。她正在刷手机,手机的屏保是她自己穿黑袍、戴面纱的照片,桌面是一个面容俊朗的男人。她饶有兴致地打开各种社交媒体软件,手指划过一张张西方女性披头散发的照片。随后,她打开手机相册,欣赏起了小孩和食物的照片。她把最近的照片都翻了一遍,却没有一张她个人的照片。

看不见的中东

大巴驶进利雅得时，天已经黑了，道路越来越宽，亮如白昼的商场和超市出现在两旁，整排整排的落地玻璃窗内摆着数不胜数的货架，仿佛全世界的物资都汇集到了这里。

不同于其他城市，利雅得汽车站有几辆开往不同方向的公交车，但沙发主萝拉对公共交通一无所知，我只好打车去她家。萝拉的家位于利雅得东北部一个体面的街区，街区两旁满是带院子的三层独栋别墅。我按响门铃，不一会儿，褐色的铁门开了一道缝隙，一双乌黑的大眼睛凑近门缝，上下左右转悠。确认是我后，门缝开到了一人的宽度，一个声音催我赶紧进去，随后，一双手重重地关上了铁门。

眼前的女人穿了长袖T恤和运动裤，黑色面纱松松垮垮地系在脑后。她锁上铁门，解下面纱，自我介绍说她是萝拉。萝拉个子很矮，腰围是我的两倍，有一头黑色的直发和一张白皙的圆脸。她打开铁门左边的一道门，说这是为我安排的住处。沙特人注重保护家庭隐私，一般来说，朋友只能在院子里的这间会客厅相聚。会客厅面积很大，容纳二三十人绰绰有余。四面墙被漆成了中国红，地面铺了红色的地毯，一个黑色的陈列柜上空空如也，陈列柜的下方是一个火炉，用来煮聚会时必不可少的阿拉伯咖啡。一排红色花纹的坐垫和靠垫贴墙摆放，被褥整齐地叠在一旁。从会客厅出门左转，有一个供客人使用的卫生间。

放下包，萝拉带我走进别墅。别墅的一层是厨房、餐厅、客厅，二层是居住区，每位家庭成员都有一个带独立卫浴的房间，三层是露台，用来举办烧烤派对。客厅贴墙摆了三组布艺沙发，地面铺了一块巨大的灰色手工地毯，吊顶中央的水晶灯雍容华贵，置物架上摆着萝拉从世界各地淘回来的旅游纪念品。

萝拉有一位来自苏丹的女佣和一位来自巴基斯坦的司机，无须费心打理家务。这些来自非洲、南亚的劳工承担了沙特大部分的廉价劳动。据说，沙特男人宁愿无所事事，也不愿从事在他们看来低人一等的体力劳动工作。

沙特曾是世界上唯一一个禁止女性开车的国家，萝拉告诉我，实际上并没有法律明确禁止女性开车，但女性无法考取驾照，开车上路属于无证驾驶。过去，女性外出必须由男性接送，有些家庭的男性成员供不应求，只好雇用司机为女性开车。2018年6月，沙特解除了这项禁令，如今，萝拉正在学习开车，准备考取驾照。

第二天中午，萝拉吩咐司机去超市购买中国酱油，宣称要给我做中国炒面。她打开网上的视频，把步骤牢记于心，随后从橱柜里找出一把挂面。我提醒她挂面不适合做炒面，她犹豫了一会儿，决定迎难而上。

正方形的厨房中央摆着一张四人餐桌，四周是灰色的料理台和白色的地柜。萝拉把挂面过水后捞出沥干，随后，她在平底锅里倒入油，把挂面和切丁的胡萝卜、包菜、洋葱、青椒一起翻炒。挂面软塌塌的，没炒几下就支离破碎，与蔬菜糊成了一团。萝拉倒入中国酱油，小心翼翼地用两把锅铲轻轻翻动。

好不容易把酱油拌匀，萝拉的丈夫从楼梯上走了下来，他穿着丝绸般平滑的白色长袍，手持金色细杖，宛若尊贵的部落酋长。萝拉与丈夫是表亲，在沙特，与家族内的表亲或堂亲结婚的现象比比皆是。

萝拉的丈夫一边给自己盛了点卖相不怎么样的"中国炒面"，一边问我为何来沙特旅游，我谈起纪录片勾勒的沙特形象，他放下手中的叉子，眉头越皱越紧。等我说完，他哈哈大笑："你觉得我们的生活有那么糟糕吗？"

从物质来说，萝拉一家的生活不仅不糟糕，还称得上非常富足。一家人的一日三餐或由司机去餐厅购买，或由女佣准备。从家驱车十几分钟就有一家大型超市，在那里，可以买到包括三文鱼、龙虾、水果、熟食、半成品，甚至中国调料、辛拉面在内的各种商品，我们熟知的国际连锁品牌在利雅得也一应俱全。

1902年，当未来的沙特国父伊本·沙特夺回利雅得时，这个城市的面积不足1平方公里，没有水资源，没有足以支撑贸易发展的交通要道。1932年，伊本·沙特宣布建国，当时，利雅得的人口不足四万，政府的主要收入来源是税收以及伊斯兰教两大圣地——麦加和麦地那的朝觐收入。"二战"后，随着石油产量大幅增长，沙特发生了翻天覆地的变化。仅1946年这一年，阿美石油公司向沙特王室支付的费用就超过了历次朝觐收入的总和，[41]得益于此，沙特飞速开启了城市化的进程。1947年，沙特仍缺少基本的现代化设施，短短四年后，主要城市已经通电，交通运输网络相继建起，卫生设施、医院、酒店、咖啡馆在利雅得等主要城市遍地开花。如今，利雅得的面积已经扩大到了1300平方公里，人口增长至600万。[42]

在萝拉的丈夫看来，近代沙特犹如腾云驾雾，从贫困的游牧生活一跃进入了现代生活。如今，他们有房、有车，物资丰沛，衣食不愁，每年都有悠长的假期出国旅行。至于纪录片拍到的公开处刑，现在已不多见，在他看来，世界上许多国家保留死刑，沙特也不该例外，他认为公开处刑有震慑作用，可以警示他人，减少犯罪。

"我们感恩现在的生活。"他总结道。

4

傍晚，萝拉提议一起去健身房。肥胖令她的膝盖不堪重负，为了缓解腿脚疼痛，她报名了健身房的游泳私教课。

一份2015年的研究报告显示，沙特女性的运动量在38个伊斯兰国家中排名第37位，73.1%的女性不参加任何体育运动。[43]2017年，沙特教育部宣布将逐步开设针对女性的体育课程，女性健身房陆续开业。

司机把我们载到一幢三层楼高的建筑门口。白色的卷帘把整栋大楼的玻璃外立面遮得严严实实，只有亮着白色灯光的"Ladies Fitness"（女性健身房）招牌显示它正在营业。推门而入，绕过屏风，眼前是一个宽敞的大厅，大厅左侧有一组供顾客休息的沙发和一个儿童乐园，右侧是前台，两位长发飘飘、身穿健身房制服的女性工作人员让萝拉登记我的访客信息，微笑着欢迎我体验这里的设备和课程。

穿过一道磨砂门，右手边是更衣室、沐浴区和游泳池，我把外套锁进储物柜，跟随指示牌走上二楼。二楼的左手边摆着跑步机、椭圆机和各种力量训练器械，右手边是一个透明的大教室，教室门口贴着每天晚上的课程表——瑜伽、有氧训练、力量训练、跳操，等等。

见我在门口探头探脑，菲律宾教练招了招手，欢迎我加入力量训练课。教室两边的置物架上整齐地摆放着瑜伽垫、杠铃、健身球等辅助器材，八位女性面对镜子排成两排，跟着教练的口令

看不见的中东

锻炼腿部力量。前方的年轻女孩与我身形相仿，其他七位则足足比我胖了两圈，她们穿着紧身T恤或吊带衫，臀部画出的曲线几乎与背部垂直，像是用橡皮泥粘上去的。才跳了没几下，她们就喘成一片，豆大的汗珠渗出皮肤，仿佛刚刚蒸了一场桑拿。菲律宾教练见状，挨个提醒她们量力而行，不要勉强。

萝拉在楼下的游泳池上私教课，游泳池长25米，深1.4米。成长过程中，萝拉从未接受过体育训练，四肢极度不协调，即便已经上了十来次课，她也没有学会自由泳的换气方法。

5

周末，萝拉兴奋地提议开车带我去看骆驼，运气好的话，据说可以看到刚出生的小骆驼。

吃过早饭，萝拉的丈夫带着我们驱车前往利雅得郊外。不一会儿，大型的现代建筑消失不见，道路两旁只剩下一座座大门紧闭的宅院，每座宅院都修了城墙般的围墙，气派非凡的大门仿佛要通向皇宫，有的宅院里种满高大的椰枣树，有的竖立着传统风塔。萝拉告诉我，这是有钱人家用来欢度周末的地方。

在干旱缺水的阿拉伯半岛，人们尤其迷恋绿色的植物。宅院前的树木被修剪成了方形或圆形，像是精心打扮的门童。每经过一棵树，萝拉的丈夫便放慢车速，摇下车窗，痴痴地看个不停，萝拉也摘下墨镜，对树的颜色和形态啧啧称叹。

一堵堵围墙把宅院的生机死死锁在了墙内，围墙之外，是外来劳工代为放牧和照料骆驼的荒地，沙特人通常会雇用苏丹人做这种劳累的工作。萝拉的丈夫把车停到荒地边，示意我们下车。

半个足球场大小的荒地上到处都是垃圾，脏得无处下脚。锈迹斑斑的铁栏杆围出两个圈养区，年纪尚幼的黑色骆驼在其中来回踱步，东张西望，高大的成年骆驼在圈养区外慢悠悠地散步，与小骆驼隔栏相望。

萝拉沮丧地告诉我，眼前这些小骆驼已经进入青春期，并非她想找的幼年骆驼。说着，她坐上驾驶座，招呼我上车。她在附近兜兜转转，四下张望。泥土包裹着建筑垃圾，在路边堆成小山，花色的塑料袋和塑料布遍地都是。一顶贝都因黑色毛毡帐篷孤零零地屹立在一片红色沙地上，帐篷边停着一辆皱巴巴的皮卡车。萝拉说，沙特人喜欢周末举家前往郊外的帐篷烧烤、聚会。

在附近转了四圈后，萝拉还不死心，她把车速放到最慢，对着窗外探头探脑。突然间，她猛地踩下刹车，催着我一起去马路对面。在半人高的垃圾堆间，四只刚出生没几天的黑色小骆驼探出脑袋，它们的四肢细如木棍，勉强才能支撑起精瘦的身体。它们的父亲被圈养在一旁，正在暴躁地原地转圈。

冬季是骆驼交配的季节。代为放牧的苏丹人告诉我，小骆驼在身边时，母骆驼才会产奶，倘若母骆驼离开孩子，独自跟随人类远行，那么人类只能竭尽全力抚慰它、讨好它，以求它大发慈悲，产奶供人饮用。苏丹人宠溺地看着母骆驼，说道："它们就是这么有灵性、有个性的动物，人类无法强迫它们。"

看到了树和小骆驼，萝拉心满意足，她告诉我，这是她的周末固定娱乐活动。

近年来，随着王储大刀阔斧的改革，沙特人的文娱生活逐渐丰富了起来。

改革前，萝拉一家只能驱车五小时从利雅得前往邻国巴林观看电影。2018年4月18日，沙特首家商业电影院在利雅得正式开业。

萝拉家附近的商场顶层有一家崭新的电影院。电影院外，几位蒙面女士正在自动售票机上购买电影票，一家售卖面包、蛋糕、咖啡的店面与售卖爆米花、可乐的店面比邻而居。影厅里，蓝色的皮质沙发柔软舒适，深灰色的地毯一尘不染。观众大多是夫妻，他们一边吃着爆米花，一边安静地观看《1917》或《小丑》。

一天下午，萝拉带我前往冬季临时户外游乐场——"撒哈拉城"。"撒哈拉城"建在利雅得郊外的一处荒漠边。在入口处买完票后，我们坐上短驳大巴，前往不远处的游乐场。虽然是工作日，但游乐场人气很旺，人们或拖家带口，或与朋友一起来此休闲玩乐。沙漠摩托车边，青年们排队入场，跃跃欲试；遥控赛车边，孩子们神采飞扬，控制着赛车在沙地里横冲直撞；足球射门游戏前，几位蒙面女性轮番上阵，发起临门一脚。

夜幕降临后，游乐场的中央舞台前座无虚席，舞台边的广场上停着十来辆餐饮车，售卖汉堡、薯条、咖啡、意面等餐食，舞台上，演员们穿着华丽的演出服，在音乐的伴奏下表演杂技和舞蹈。萝拉告诉我，过去，音乐被严格禁止，户外总是如沙漠般寂静无声。如今，一束束灯光把舞台照得缤纷多彩，欢快的音乐仿佛要掀开天顶。萝拉一边跟随节拍打着响指，一边凑近我的耳边感叹道："现在的生活真是比以前丰富多了。"

6

萝拉热心地推荐我参加一个免费旅游体验项目，据说，这个项目包含两个景点、一顿晚餐和免费接送。我对这种打着"白吃白喝还包接送"的旅游项目将信将疑，但转念一想，沙特政府发展旅游业的决心确实不容小觑。

由于石油是不可再生资源，2016年4月，沙特王储穆罕默德·本·萨勒曼发布了概述沙特未来发展规划的《2030愿景》，旨在摆脱过度依赖石油的经济模式，发展多元经济，其中，开放旅游、发展旅游业是落实其目标的重要一步。

已经过了约定时间，前来接我的司机却不见踪影。萝拉在院子里来回踱步，担心我被放鸽子。她懒得穿上黑袍、蒙上脸，只好小心翼翼地拉开一道门缝，偷偷观望。

过了一会儿，司机终于姗姗来迟。出发前，萝拉叮嘱我一定要坐在后排，一定不要和司机握手，也不要聊天，据她所知，有的司机会借着握手的机会抚摸女人的手掌和手背，有的会借着聊天的机会与女人调情。我遵照萝拉的嘱咐，一言不发地上了车。来自埃及的中年司机面容消瘦，胡子拉碴。出发前，他转过身来，试图与我握手，我面无表情地望着窗外，做出爱搭不理的样子。见我如此冷漠，他只好转过身去。

司机没有再去接别的游客，驶出别墅林立的居民区后，他就径直开往市中心。八车道的道路中央整齐地种着一排椰枣树，道路两旁，人工草坪时隐时现，玻璃外立面的摩天大楼拔地而起，精心设计的写字楼屹立两旁，一派现代城市的模样。

集合处是马斯马克堡垒所在的萨法特广场，据纪录片介绍，这里是公开执行鞭刑和砍头的场所。广场四周种了几排椰枣树，形状各异的蜜色石块拼成平坦的路面，男女老少悠闲地在附近交谈、散步、喝饮料。

我到的时候，一位身穿白袍的沙特男人正在用单反相机给同来参加免费项目的欧洲游客、美国游客拍照，几位女性游客没戴头巾，但都穿了黑色或灰色长袍。人员到齐后，一位身穿浅褐色长袍、头戴红白相间头巾的导游向我们走来，两名助理跟在身后，一位负责拍摄活动照片，一位负责后勤工作。他们三位都能说一口纯正的英语，行为举止彬彬有礼。

"马斯马克"意为高大、坚固、厚重的墙壁。沙漠色的四堵围墙围出了大致呈正方形的堡垒，四个拐角处建有四座高约18米的圆形望塔。堡垒建于1865年，最初，它被用来安置驻军。1902年，伊本·沙特带领一行随从突袭住在这里的地方长官，控制了利雅得，迈出了沙特家族建国大业的第一步。此后，这里先后被用作弹药库和监狱，如今，它被改造成了博物馆，介绍沙特王国的起源、历史和风俗。

1916年，麦加的谢里夫 [1] 侯赛因在T. E. 劳伦斯的帮助下发起阿拉伯大起义，结束了奥斯曼帝国对汉志地区 [2] 的统治。第一次世界大战结束后，阿拉伯半岛上的内斗逐步升温，1924年，伊本·沙特宣布对汉志发动战争，侯赛因被迫退位，随后，沙特家族先后取得了对麦地那、吉达、麦加等汉志城市的控制。1932年

---

1 谢里夫在阿拉伯语中意为"贵族"，用来称呼穆罕默德的外孙哈桑·本·阿里的后裔，他们的职责是管理圣城及其周围地区，确保朝觐者的安全。

2 沙特分为内志地区和汉志地区。内志位于阿拉伯半岛中部地区，多为沙漠，如今，这里是重要的石油产地。汉志在西部沿海一带，包括伊斯兰教两大圣城麦加、麦地那和沙特第一大海港城市吉达。

9月23日，伊本·沙特宣布正式成立沙特阿拉伯王国。

马斯马克堡垒里展示的利雅得老照片与如今天差地别。照片里没有女性的身影，男性的服饰与今日大抵相同——身穿白袍或黑袍，头戴白色或红白相间的头巾。他们的身后没有摩天大楼，没有体面的别墅庭院，没有宽阔的柏油马路，只有当空的烈日和土色的平房。人们骑着毛驴穿梭在未经修整的砂石路面上，平房建得歪歪扭扭，打满补丁。集市外的土坯墙边，"理发师"和"牙医"席地而坐，为过路人提供简单的服务。

参观完马斯马克堡垒，正值祷告时间，三名工作人员抱歉地让我们在广场稍事休息，等待他们去邻近的清真寺参加祷告。祷告完毕，他们带着我们步行前往扎尔集市。这倒是很符合常见的旅游套路——先以"免费"或"低价"的噱头吸引游客，再把大家带到购物市场，从中赚取回扣。

我正琢磨着，导游把我们带进了路边一家头巾店，称旅游项目给每位参团游客准备了一份礼品，男士是一件阿拉伯白色长袍和一条红白相间的头巾，女士是一款自选头巾。他解释道，这些赠品的供应商都是出于自愿，因为《古兰经》规定穆斯林要拿出每年收入的2.5%进行捐赠。店员们拿出卷尺，为男士量身材、选择合适的长袍，替他们穿戴整齐。女士们聚拢到柜台前，自行挑选头巾，选完后，店员把头巾当成围巾，搭在了我们的脖子上。这无疑传达了明确的信号——外国女性游客在沙特无须遮蔽头发。

不远处的扎尔集市里满是售卖手工艺品、香料、长袍、凉鞋等的小店，市场外的空地摆满了茶水摊和地摊。傍晚，顾客寥寥，闲着没事的店主们一一与导游握手、打招呼，谁也没有上前推销商品。

从市场出来时，天已经黑了，我们回到萨法特广场，驱车前往一家叫"内志乡村"的著名餐厅。

走进餐厅，仿佛走进了乡村老屋。一条长长的走廊通往不同的包间，紧密排列的圆形细木条组成屋顶，两旁的墙壁做成了土坯的模样，装饰着背篓、布袋子、大木勺，几盏昏暗的壁灯挂在两侧，地上铺了做旧的红色地毯。

导游带我们穿过走廊，来到一个足以容纳20人同时就餐的包间。包间的地面铺了红色花纹的地毯，红色的坐垫沿着四周的土坯墙排开，四名服务员正在地毯上铺设餐垫，摆放餐具。不一会儿，厨房的伙计端来了鸡肉饭、沙拉、各种小菜和饮料。刚从火炉里取出的烤鸡外酥里嫩，沙拉和配菜新鲜可口。导游时不时敲门进屋，询问我们是否需要加菜。

吃饱喝足，导游带着两个助理再次走进包间，说道："再次感谢大家参加我们的免费体验项目，希望大家玩得开心。我们为各位准备了一份小礼品，希望它可以承载你们对沙特阿拉伯、对我们团队的美好回忆。"说罢，两个助理把几个大号塑料袋拖进包间。男士的礼物是一个传统手工艺方盒，女士则是一个手工编制的斜挎包，包里有手掌大小的传统阿拉伯咖啡壶、咖啡研磨瓶和阿拉伯女性眼线笔，作为纪念品，这真是再合适不过。

游客们在餐厅门口一一与导游握手道别，坐上各自的返程车。回去的路上，我心想，这趟旅程不仅没有被骗去一分钱，还白拿了两次礼物。在此之前，我从未想过世间竟有如此诚不我欺的免费旅游项目。

7

在利雅得的最后一天，我打车前往沙特家族的发源地——德拉伊耶。

1744—1745年间，阿卜杜·瓦哈卜秘密来到德拉伊耶。当时，德拉伊耶的部落酋长是穆罕默德·伊本·沙特。拥有军事力量的沙特家族与提供理念支撑的瓦哈卜结为同盟，共同改写了阿拉伯半岛的历史。

德拉伊耶遗址正在修缮改造，尚未对外开放。从围墙向内望去，土色的泥房一间挨着一间，大部分屋顶已然坍塌，只剩起伏错落的外墙。

曾经的"沙漠小镇"德拉伊耶和如今的利雅得几乎没有相似之处，发现石油后，物资和科技如潮水般涌来，如今，沙特从非洲进口便宜可口的蔬果，海水淡化产能位居世界第一。唯一不变的，或许是他们一如既往地把窗户设计成豆腐干大小，一如既往地厌恶炙热的太阳和冗长的白昼。

34... 沙漠之旅

1

我刚坐上开往塔布克的大巴，哈桑就发来了一张照片，照片上，睡袋、帐篷、各种工具和物资把皮卡车的后斗塞得满满当当。哈桑自称"露营达人"，他告诉我，一切已经准备就绪，就等我了。

炙热的太阳仿佛融化了所有浮尘，把天空烘烤得碧蓝透亮，一马平川的黄色沙漠掠过窗外，如同一幅缓缓展开却一成不变的长卷画。没有泥土，没有水汽，没有草木，没有动物，没有人迹，大地像是一具千年干尸，瞪着干枯的双眼仰望炎炎烈日。T. E. 劳伦斯曾如此描述阿拉伯半岛的艰辛："几年来，我们与其他人住在寸草不生的沙漠中，待在无情的苍穹下。白天，烈日蒸灼我们，强风把我们鞭笞得头晕目眩，夜晚，露珠沾渍我们，沉默的满天繁星让我们瑟缩得无比渺小。"[44]

傍晚，一阵狂风咆哮而来，卷起漫天细沙，像大雨一样砸向车窗，前后左右一片混沌。终于穿出沙幕时，大巴像是鏖战了三天三夜的战士，灰头土脸。

空旷的汽车站里停着一辆皮卡车，哈桑正在后斗边规整物资。他个子不高，有一头卷曲的短发，穿着宽松的运动外套。他是英国公司驻沙特分部的高级工程师，常常去伦敦出差，能说一口流利的英语。

夜幕降临，塔布克灯光寥寥。皮卡车的大光灯扫过漆黑的道路，一个个摊贩蹲坐在路边，守着一捆捆柴火。哈桑买了两捆柴火，就径直离开市区，开往65公里外的沙漠营地。举家露营是沙特人为数不多的周末活动之一，每逢冬季，政府按时开放露营，人们纷纷前往城市周边的沙漠挑选位置，扎起黑色毛毡帐篷。

谈起露营，哈桑的兴奋劲一点儿也不比我这个游客少。在他看来，英国乡村和阿尔卑斯山脉中的营地空间局促，压迫感太强，远不如沙漠营地。一到周末，他就前往营地与朋友、家人相聚，有时，他会开着皮卡车独自进沙漠露营几天，煮茶、烤馕、看星空。沙漠里没有信号，无须担心被电话和工作打扰。

哈桑的营地位于高速公路边，营地内有三个帐篷，分别用于朋友聚会、家庭聚会和公司聚会。哈桑停下车，打开引擎盖，接上电瓶和电线，开启发动机，用来取电照明。他雇用了两位名叫穆罕默德的苏丹人照看营地，为了区分他们，哈桑采取不同的叫法，一位叫穆罕默——德，一位叫穆——罕默德。两位穆罕默德住在营地边的小帐篷里，帐篷中央的火炉用来准备餐食和茶水，两床脏兮兮的被褥铺在一边，破旧的生活用品堆在角落。穆——罕默德皮肤黝黑，身形消瘦，他不过二十出头，脸上却爬满了皱纹。我主动与他握手，他愣了一下，用衣角狠狠搓了几

　　　　　　　　　　　看不见的中东

下右手，试图抹去频繁劳作留下的污垢。他从帐篷里拿来一件贝都因厚长袍给我披上，随后，他与哈桑一起把皮卡车里的物资搬进帐篷。

用于朋友聚会的帐篷足足可以容纳二三十人，帐篷中央有一个正方形的火炉，火炉边摆着烧水壶、茶壶、咖啡壶，三块织有黄色花纹的红色地毯铺在沙子上，几个坐垫围成一圈，每相隔两个座位还摆着一个红色的扶手。

哈桑一边把物资搬进帐篷，一边向我逐一展示。他找出一个带铁杆的塑料水龙头接到水管上，插进沙子，就成了随时可以取用的"自来水"，他甚至从车斗里搬出了一个带扶手和靠背的单人沙发，称这是为我准备的"酋长宝座"。他有一应俱全的炊具包、调味料包、工具包、急救包，还有一个装着各种咖啡粉、咖啡豆、研磨工具的大包。

我刚入座，哈桑就拿来一个冒着白烟的熏香炉（mabkhara）。这是贝都因男性亘古不变的见面礼仪——帐篷的主人奉上燃烧着乌木（oud）的香炉，身穿阿拉伯长袍的客人用头巾裹住香炉，让香味顺着头巾蔓延至全身。我没有头巾，只好凑近香炉，用手轻轻扇动烟雾，以示谢意。

放下熏香炉，哈桑给自己倒了一杯阿拉伯咖啡，他说，为客人送上咖啡前，贝都因人会先喝上一杯，证明没有下毒。说罢，他一饮而尽，开玩笑道："你看，我已经喝了，没毒哦。"

阿拉伯咖啡口味清淡，香气四溢，与我们熟知的咖啡有着天壤之别。作为世界上最早种植和饮用咖啡的地区之一，沙特人至今仍饮用最老式的生豆烘焙研磨烹煮的咖啡，并用豆蔻、肉桂、茴香、丁香等调味，保留咖啡渣。阿拉伯咖啡的饮用方法很像喝茶。咖啡杯的大小如同白酒杯，通常来说，主人或用人会不停地为客人添加咖啡，倘若你不再需要，可以摇一摇咖啡杯，或将其倒扣在一旁。

与阿拉伯咖啡同时被端上来的是各式各样的椰枣。椰枣是贝都因人赖以生存的食物，它甜度惊人，易于保存和携带。哈桑打开一个长方形的铁罐，罐子里分格摆放着不同产地、不同口感的椰枣，有的干涩如果脯，有的黏稠如糖浆。甜腻的椰枣搭配略显苦涩的阿拉伯咖啡，既能提神，又能快速补充能量。

"你来沙特的时间刚刚好，现在是冬天，气候好，沙漠里也安全。你知道吗？夏天的沙漠有毒蛇、蝎蜴等，如果你被咬了，那我们只能下辈子再相见了。"哈桑边吃椰枣边说。喝了几杯咖啡后，哈桑拿出一个装着面饼的塑料袋，准备烤馕。

"哇，我竟然要吃上阿拉伯男人做的饭了吗？"我打趣道。

"是的，你有福了，一个中国女人在沙漠里竟能吃上阿拉伯男人做的饭。"哈桑笑了笑。

贝都因人烤馕的方法是把揉好的面饼埋到柴火灰烬中煨熟，但哈桑用的是现代的方法。他把饼铛烧热，往上面浇了点水，待水蒸发殆尽，他用手把面饼铺到饼铛上，倒扣着放在火炉上烘烤，烤得差不多后，他用铲子把馕翻了个面。

清香四溢的面粉如同寒夜里的一簇篝火，虽原始朴素，却令人倍感心安。我捧着馕慢慢咀嚼，仿佛捧着沙漠中延续生命的微光。

对贝都因人来说，轻便的面粉和易于保存的馕是最重要的食物，T. E. 劳伦斯带领阿拉伯起义军从沃季长途跋涉前往亚喀巴时，分配的军粮也是用来烤馕的面粉。

晚饭后，哈桑取出为我准备的小帐篷，搭在大帐篷的角落。结实的毛毡帐篷挡去了寒风，面粉的余香缭绕其中，一旁的高速公路归于安静，我与沙漠一起相拥入眠。

2

第二天一早，小帐篷外传来了脚步声和咖啡的香味，哈桑戴着毛线帽、穿着羽绒服，正在准备做炒鸡蛋。毛毡帐篷外，初升的旭日把沙漠染得一片通红，连绵的铁红色崖壁在道路两旁此起彼伏，恍惚间，我仿佛回到了约旦的月亮峡谷。哈桑说，这里距离约旦不远，地貌上相差无几。

吃完早饭，哈桑打开他那存储了上百条越野线路的导航，宣布我们的沙漠之旅正式开始。他把皮卡车驶上公路，在绵延起伏的崖壁间蜿蜒前进。不一会儿，他向右打方向盘，一个俯冲拐入沙漠。一丛丛枯黄的野草钻出地面，在朝阳下金光熠熠，皮卡车在磨砂纸般的沙地上长驱直入，铁红色的崖壁在天边影影绰绰。哈桑开启四驱，一路爬坡，把我带到一处制高点。悠长的云朵随着太阳缓缓升起，像是给湛蓝的天空戴上了一串珍珠项链，柔和的晨光洒满大地，旗帜般的绝壁傲然挺立。银色皮卡车面朝沙海，仿佛即将开启一场伟大征程。我不停地按动快门，感慨晨光曼妙。

"下雨天的沙漠最好看了！"哈桑突然从手机里找出几张阴雨天的照片，翻来覆去向我显摆。照片上，天空一片惨白，沙漠被雨水淋成了红棕色，崖壁的无数沟槽像是被泼了脏水，湿漉漉的。沙漠里雨水稀罕，每逢下雨，哈桑就不顾一切地放下手头的事，驱车冲进沙漠。

随后的旅程顺理成章进入了"沙特模式"，哈桑开着皮卡车，把偌大一片沙海中的每棵树都带我参观了一遍。这些树像是投错了胎，委屈巴巴地在沙漠里站岗放哨，叶片稀稀拉拉地挂在枝头，面黄肌瘦，看上去严重营养不良。哈桑并不在意这些细节，每路过一棵树，他就放慢车速，摇下车窗，从上到下打量一番，啧啧称叹。好在沙漠里的树屈指可数，我们的"赏树之旅"很快画上了休止符。

临近中午，哈桑开始减速，东张西望。他把车停到一片有零星灌木丛的区域，说要捡一些用来烤馕的枝条。我帮着他一起四处收集，他一再叮嘱我只能捡枯枝，不能破坏正在生长的植物。他告诉我，沙漠人民有两个共识——不杀雌性动物，不砍绿色植物。

我们把捡来的枯枝放进皮卡车的后斗，驱车前往哈桑的"秘密基地"。"秘密基地"的入口有一棵张牙舞爪的大树，绿黄相间的叶片凌乱地挂在白色的树枝上。绕过大树，两旁的红色岩壁左右夹击，只留出一车宽的通道，通道尽头是一片被岩壁包围的空地，空地中央有一口生锈的铁锅。四下查探后，哈桑高兴地说，这里还有上一拨人留下的炭灰。说罢，他把捡来的枯枝放到炭灰上，从纸箱上撕下一片纸板，对着炭灰轻轻扇动，不一会儿，一簇火苗乍然重生，从炭灰里蹿了出来。

哈桑在火堆边铺上地布，搬出给我的"酋长宝座"，把茶壶和咖啡壶架在三角形的简易"灶台"上烧水，随后，他拿出和好的面粉，准备烤馕。

"秘密基地"如同无边无际的沙漠里一双温暖的臂弯，把我们搂在怀中，为我们避风遮阳。柴火嗞嗞嗞地燃烧着，热茶咕噜咕噜地冒着气泡，除此之外，就再没有别的声音了。捡来的枯枝有股神秘的清香，仿佛能舒缓神经。我和哈桑分着香喷喷的馕，喝着咖啡，坐享沙漠中片刻的安宁。

3

休息了一会儿，我们收拾东西，开车回到营地。哈桑的十来位朋友已经在帐篷中围坐一圈，他们大多身穿深灰色长袍，头戴红白相间的头巾。我一入座，一个小男孩立刻给我倒了杯阿拉伯咖啡，拿来了一盒椰枣。

一束阳光穿过顶部的小窗照进帐篷，大家借着这光亮围坐一堂，谈天说地。对沙漠里的阿拉伯男性来说，火炉像是一所大学，他们在火炉边生活，与族人闲聊，听部落的新鲜事、历史、爱情故事，也在这里学着侃侃而谈。

这天恰逢中国的除夕，我坐在正对帐门的位置，看着门内炉火不熄，烟雾升腾，门外烈日当空，仿佛要将生命抽空，万物熔尽。黑色的帐篷把阳光隔绝在外，似乎也把游牧生活的动荡和艰辛一并拒之门外。

两位穆罕默德拉开帐门，端来两大盆沙特特色料理——"曼迪"（mandi）。沾着油的长粒米饭堆积成山，山尖上摆着撕成块的鸡肉。大家围着"曼迪"坐下，用手把米饭拨到跟前，捏成一团，塞进嘴里。哈桑见我一脸困惑，嘱咐穆——罕默德拿一个勺子。米饭粒粒分明，香糯可口，鸡肉入口即化，透着淡淡的咸香。吃了几顿馕后，扎实的鸡肉和细腻的米饭给味蕾奏响了一曲激昂的交响乐。不出五分钟，"曼迪"就被疯抢一空，大家心满意足地舔着手指，不浪费一丝油水和余味。

沙漠人民鲜少说出"饿"这个词。在物资极度匮乏的年代，游牧民族总是吃了上顿没有下顿。经过世世代代的历练，他们早就练成了一身忍受饥饿的本领，一旦他们念叨着"饿"，通常意味着已经濒临昏厥。如今，许多沙特人吃饭依旧没个定点，他们有时一天只吃一顿，有时却从早到晚吃个不停。

饭后，一位肤色黝黑的苏丹人牵着几只单峰骆驼路过帐篷，哈桑赶紧招呼我一起去看。骆驼站起来比人高出了一个脑袋，它们昂着头，四处张望，眼神温柔如月光，它们的嘴角高高扬起，似笑非笑，像是在嘲讽，又像是笑而不语。谈起骆驼，沙特人一脸宠爱。被称为"沙漠之舟"的骆驼是找水专家，任凭沙海茫茫，单峰骆驼从不迷失方向，在沙漠里，它们比GPS更为可靠。骆驼的一身都是宝——驼奶可以解渴，驼肉可以充饥，驼皮可以做衣服，驼毛可以做帐篷，驼粪可以做燃料，连驼尿都会被当作生发油。

日落时分，我催着哈桑和他的朋友一起开车去拍摄日落。夕阳下的沙漠如同一片火海，一直燃烧到了地平线的尽头，近处的崖壁像是即将启航的宇宙飞船，远处的崖壁连绵成片，只剩远山淡影。

哈桑把车停到一处沙漠中央，我兴奋地下车，向前一路小跑，哈桑在身后大声喝止，叮嘱我站在原地，不要破坏沙漠的纹路。红色的细沙勾勒出无数条近乎平行的曲线，仿佛一条条小溪奔流向前。顺着细沙汇聚的方向望去，"雄狮"般的一尊岩壁屹立在沙海之上，君临天下，睥睨一切。

4

回到塔布克，哈桑安排我住进一套三室一厅的公寓，这是他与几位男性朋友一起合租的，作用在于"逃离家庭"，至于为何要"逃离家庭"、具体在这里做什么，他们含糊其词。

沙特男人尤其喜欢在女人面前夸夸其谈，以显示自己无所不能。当我在网上询问哈桑该如何前往佩特拉的姐妹城玛甸沙勒时，他轻描淡写地说，他可以带我去。

出发前一天，哈桑和他的两位朋友抱歉地告诉我，来回玛甸沙勒耗时近10小时，门票不菲，且那里已经被开发成了景区，私家车进不去。没等我开口，哈桑就提出了备选方案："我们带你去一个像伊甸园一样美丽的地方吧，你一定会喜欢的！"

位于塔布克西南180公里处的阿迪萨干谷（Wadi Al Disah）算不上远，但哈桑和两位朋友还是把它渲染成了一场隆重的长途旅行，他们在不同的超市、面包店、茶馆买齐了零食、甜点、饮料，才在午后慢悠悠地出发了。

出城后，起伏的道路不见其他车影，道路两旁的山包上满是黑色的岩石，如同乱岗坟堆。哈桑撇了撇嘴，嫌弃道："这些沙漠太丢脸了，但你别担心，我们等会儿去的地方非常漂亮。"他打开音响，大声播放欢快的阿拉伯音乐，两位朋友跟随节拍打着响指。越野车在盘山公路上缓缓爬坡，几只皮包骨头的骆驼穿梭在陡峭的岩壁之间，寻觅残枝枯草。到山顶后，哈桑把车停在一边，从这里望去，密密麻麻的岩柱插满山谷，哈桑告诉我，"伊甸园"就在那千沟万壑之间。

哈桑放慢车速，东张西望。看到路边一大一小两个圆柱形的水泥建筑后，他把车停到一边，说要在这里净身、祷告。大的水泥建筑底部探出一根铁管，铁管的另一头连接着一根软管，软管里的水供人们饮用和净身。不远处，有一个长方形的水池，水池里的水供骆驼、羊等牲畜饮用。

过去，每个部落都有自己的生活区域，它们被称为"迪拉"（dirah），意为"范围"，只有本部落的人可以使用本"迪拉"的水。贝都因人的饮水习惯是在水井边喝到快吐出来，随后，他们会一路忍耐干渴，直至抵达下一口水井。如今，沙特政府在沙漠和荒原中铺设了约5400公里长的输水管道，修建供水点，为工农业提供源源不断的用水，其中，一半的供水来自海水淡化技术，40%来自地下水，10%来自西南山区的地表水。哈桑笑称，是石油让沙漠人民过上了随时都能喝水和洗手的好日子。

祷告完，哈桑驱车下山。下到谷底后，他向左打方向盘，拐进沙漠。越野车沿着沙地上几道浅浅的车辙辘印前进，铁红色的岩壁伫立两旁。过了一会儿，路旁出现了十来棵倒三角形的绿树，几只雪白的骆驼正抬着头啃食树叶。哈桑的一位朋友走下车，对着骆驼打了几个响指，发出奇怪的叫声。骆驼仿佛听懂了他的语言，呆呆地站在原地，等待他靠近。不一会儿，骆驼低下头，任由这位朋友抚摸、自拍，像是两个久未见面的老朋友。哈桑说，这位朋友的家里养了几百只骆驼，他从小和骆驼一起长大，很懂骆驼的语言。

越野车继续向前，高大的棕榈树冒出沙漠，张开叶片。再向前行驶，一棵棵棕榈树肩挨着肩，在崖壁下蓬勃生长，有的鹤立鸡群，直指苍天，有的矮矮胖胖，枝叶肥大。哈桑告诉我，阿

　　　　　　　　　　　　　　看不见的中东

拉伯语的"阿迪萨"意为棕榈树之谷，以茂盛的棕榈树丛闻名于世。

几十只黑身白头羊浩浩荡荡地涌到棕榈树丛下的供水点，牧羊人从水管里接了点水，坐在一边啜饮。直到羊群喝饱，他才慢悠悠地赶着它们继续向前，消失在棕榈树丛之中。

再向前行驶，道路中央的洼地积了一层薄薄的水，茂密的芦苇簇拥两旁，如羽毛般轻轻摇曳。涓涓细流如同流淌的血液，把生命注入整个山谷，山峦有了呼吸，绿树生机盎然，连空气都泛着久违的湿气。

干谷（wadi）指的是雨后可以积水的干涸河床。从阿拉伯半岛中部沙漠到约旦没有河流网，却有干谷网。对沙漠人民来说，干谷网可以聚集水源，也可以给商队和朝觐人士指明道路。

我们迎着落日、顺着水流缓缓前进。道路越来越窄，水流越来越宽，越野车蹚过水流，溅起水花，浩浩荡荡的芦苇丛在微风中轻舞，若即若离地拂过车窗。尽管来过多次，哈桑和他的两位朋友仍旧一脸兴奋，他们在一处宽大的水流边停下车，带着我一起蹲到水边。哈桑把耳朵贴近水面，倾听潺潺水声，他的鼻孔撑得溜圆，全力享用温润的空气。我伸出手，任由清凉的水流漫过手掌。

由于夏季凉爽，冬季温暖，这片山谷非常适合种植蔬菜水果。哈桑指着青树绿草间的白色房屋告诉我，那是本地农民的居所。如今，阿迪萨被王储列入了自然保护区开发项目，未来，在这片如诗如画的山谷里，游客可以徒步、攀岩、扎营、野炊，体验当地生活。

夕阳西下，哈桑把车停到一片宽大的水滩前。沙特人口中

"特别推荐"的地方通常是一片沙漠、几棵树、几只骆驼。然而，眼前的山谷已被绿色攻陷，芦苇浩荡，棕榈壮阔，水滩也像是浩渺的湖泊，倒映着鲜嫩的大地，红色的崖壁被斜阳勾勒出轮廓，挺立在棕榈树丛的尽头。几个本地农民正坐在一边的地毯上喝阿拉伯咖啡，他们面前，摆着一个放满香蕉、苹果、李子、葡萄的果盘。我们也被邀请入席，一边享用食物，一边欣赏落日中的"伊甸园"。

看不见的中东

35... 通往圣城之门

1

阿布把一头长长的黑色卷发扎成高高的马尾，像极了摇滚巨星，他有一张圆脸，蓄着络腮胡，身体壮实。来他家前，一位沙特男性朋友斩钉截铁地说，经过多方确认，他可以确定阿布有两位妻子，一位是家里安排的沙特女人，一位是来自马来西亚的女人。

四方形的客厅铺了暗沉的方格地毯，四周摆了一圈浅褐色的坐垫。入座没多久，马来西亚妻子就端来了牛肉烧豆子、炒鸡蛋、馕、面包和一盘切好的黄瓜、西红柿、生萝卜拼盘，她肤色暗黄，眼睛细长，穿着淡橘色的小碎花长袍，戴着头巾。摆好餐盘后，她起身离开客厅。阿布盘腿坐在地毯上，用馕包住菜，送入口中。他对妻子的手艺赞不绝口，不一会儿，他就消灭了一大半配菜。填饱肚子后，阿布直起身子，问道："你对麦地那有什么想问的吗？"

麦地那是伊斯兰教第二大圣城。622年，先知穆罕默德带领信徒从麦加迁徙到麦地那，在距离当时的麦地那3公里处的库巴亲手主持建立了世界上第一座清真寺——库巴清真寺，当时的库巴清真寺只是围了一圈篱笆外墙，极为简陋。不久，穆罕默德召集众人在麦地那建起更为正式的清真寺，即如今的先知寺，这是仅次于麦加禁寺的伊斯兰教第二大圣寺，也是穆罕默德的安葬之地。先知寺所在的麦地那主城区被称为"哈拉姆"（Haram），禁止非穆斯林游客进入，好在阿布的家位于麦地那郊区。

　　阿布和家人经常去先知寺参加集体礼拜，他找出手机里的照片，照片上，先知寺外的广场贴了干净的浅色地砖，祷告区铺了花纹繁复的长条形红色地毯。白天，广场上的250把白色巨伞悉数撑开，每把巨伞下有两个电风扇，为前来朝觐的信徒遮阳避暑，直饮水和卫生间随处可见。经过多次扩建，如今，先知寺可以容纳100万人同时做礼拜。

　　见我的目光落在了一张万人同时跪拜的照片上，阿布挺直腰板，清了清嗓子，用浑厚的声音向我科普起了伊斯兰教的历史、基本教义和信徒生活。我对此谙熟于心，几次试图插嘴转移话题，阿布拉下脸，用凌厉的眼神提醒我不要打断他的演说。他滔滔不绝，口若悬河，像是背诵解说词的导游，又像是一腔热血的传教士。直到妻子撤走所有餐盘，客厅恢复如初，他才心满意足地结束了演讲。

　　阿布自称喜欢户外运动，喝上妻子端来的茶后，他兴致勃勃地谈起了登山与信仰的关系："信仰可以让人富有意志力，攀登珠穆朗玛峰的人如果有信仰，就会在遇到困难时坚定信念，继续前进，而不是半途而废。信仰是一种力量。"

"我不同意。"我直截了当道。

阿布脸一沉，把茶杯放到一边，直勾勾地看着我。

"你去过高海拔地区徒步或登山吗？去过的最高海拔是多少？"我问道。

阿布的眼珠飘忽了起来，语气吞吞吐吐，他说，他没去过高原，但喜欢爬山。

我告诉他，高原气候瞬息万变，倘若天气骤变，坚持上山很可能让人命丧黄泉。历史上，登山者判断失误又一意孤行，最终葬身雪山的例子数不胜数。另外，不同于平原，高原上一个不起眼的小病就可能置人于死地。如果感冒了还坚持上山，可能会因肺水肿而很快去世。在高原，意志力固然重要，但掌握专业知识、听从专业人员的建议、量力而行更为重要。一味强调"信仰""坚持"，很可能让人丧失理智，最终丧命。在生死攸关的时刻，学会放弃往往比选择坚持更难能可贵。

阿布面无表情地抿了一口茶，思索着反驳的语句。

"说得好像你去过高原似的。我觉得无论平原还是高原，只要有意志力，就能克服一切困难。"

"我有许多在5000米以上的高原徒步的经历，登顶过超过6000米的雪山，我在高原亲眼见过死于肺水肿或猝死的人，也遇到过无数因高原反应而头痛欲裂、不停呕吐的游客。建议你多看几部山难纪录片，了解一下。"我说道。

阿布的脸僵硬得如同凝固的水泥。在沙特，男人几乎不可能受到来自女人的挑战，徒步、登山这种所谓的"男性领域"尤其如此。好在阿布不是第一次被女人抨击，他定了定神后告诉我，来自欧洲的女性沙发客说起话来更加直截了当、咄咄逼人，相比之下，东亚女性还算温婉随和。

"外国女人真不好弄。"他摇摇头。

阿布家有三个房间，客房是我的住处，他与马来西亚妻子住在主卧。主卧约15平方米，有独立卫生间，没有窗户。房间里铺了米色的瓷砖，中央摆了一张双人床垫，墙边立着一个破旧的褐色衣柜，衣柜边有一台小冰箱。一旦离开房间，马来西亚妻子就要戴上头巾甚至蒙上脸，房间里的冰箱多少缓解了她生活的不便。

傍晚，阿布提议带妻子、妹妹和我一起去爬山。他把车停在山下的一片荒地边，附近四下无人，鲜有车辆经过。我问阿布能否脱下黑袍，他摇摇头告诉我，在这里容易引起注意。

山坡上布满碎石，没有明显的道路。阿布穿着T恤、运动外套、速干裤和登山鞋，脚步轻盈地在碎石间腾挪。我的黑袍长及脚踝，弯腰上山时，黑袍仿佛拖地长裙，时不时绊我一脚。为了不让自己摔个大跟头，我只好稍稍提起黑袍，小心翼翼地注意脚下的路。平日里一个起跳就能跨越的沟坎，如今不得不迈着小碎步先下后上。妹妹和妻子被我们远远甩在了身后。

夕阳西下，天色渐渐暗了下来。我们转过弯，绕到山的另一侧。阿布示意我可以脱下黑袍了，我赶紧把它叠好，塞进背包。恢复运动装扮后，我连跑带跳，一溜烟超过阿布，冲刺到了山顶。

天空由橙而蓝，几缕薄云飘浮，一条宽阔的主干道穿过麦地那城区，浅色的房屋密密麻麻，不远处，先知寺的宣礼塔亮起黄色的灯光，耸立在城市中央。不一会儿，空灵而悠扬的宣礼声回荡在圣城上空。

看不见的中东

阿布一手牵着妻子，一手牵着妹妹，终于抵达山顶。他爬上一块高高的石头，让我为他拍摄一张眺望城市的照片。天已经黑透了，阿布黑乎乎的剪影模糊进了夜空，连轮廓都看不真切。他想了想，要求妻子和妹妹用手机的手电筒给他补光。两位女性高举手机，硬生生在黑夜中勾勒出了阿布的身形。看到自己是画面中心唯一被照亮的人，阿布露出了满意的笑容。

2

开车到达徒步地点——瓦巴火山口（Al Wahbah crater）时，已是凌晨1点，营地里早已支起十几顶帐篷。阿布把车停妥，找了个边缘的位置搭起帐篷。已经安营扎寨的人们毫无睡意，他们三五成群凑在一起，借着手电筒的光亮谈天说地。领队安排我与一位在吉达打工的菲律宾女性同住一个帐篷。

日出前半小时，帐篷外响起了脚步声，七位沙特男人铺上地毯，站成一排，一位男子站在前方，带领他们祷告。

待我洗漱完毕，太阳刚刚从地平线探出头。从观景台向下望去，宽约2000米、深约250米的椭圆形凹口像是一口巨大的米色平底锅，乳白色的磷酸钠晶体从中央向四周蔓延，仿佛融化了的冰激凌。对于这个火山口的成因没有定论，有的认为它是陨石撞击的结果，更普遍被接受的说法则认为，这是岩浆喷发导致地下水与岩浆混合形成的地貌。

我们的徒步线路非常简单——沿着碎石路下到底部，再原路返回。

吃过自带的干粮，领队便带着三十多个人浩浩荡荡地出发了。阿布的妻子在黑袍外套了件运动外套，戴着棉质冬帽和口罩，只露出一双眼睛。除她和我之外，其他三位女性分别来自坦桑尼亚、菲律宾和日本。

大家一边向前步行，一边互相打招呼、自我介绍。大部分男性都是从其他城市到吉达打工的工程师或销售，也有常驻吉达的埃及人、印度人，他们穿着运动服，笑容满面，称很高兴可以趁着周末到户外呼吸新鲜空气、活动筋骨、结识新朋友。看得出来，大部分人没有户外徒步经验，他们迈着小碎步慢慢向下挪动，生怕在碎石路上栽了跟头。在一处需要手脚并用向下爬行的绝壁边，十来个人排成一列，在领队的指导和接应下逐一前行。

我很早就下到了底部。乳白色的磷酸钠晶体像是一大片耀眼的盐，在阳光下闪闪发亮，一脚下去，像是踩在了酥脆的苏打饼干上。

几位先到的沙特队友提议去岩壁间的棕榈树丛看一看。几丛荒草簇拥在岩壁之下，向上望去，绿色的灌木丛在岩壁间胡乱生长，棕榈树丛隐匿在沟壑之间。队友们不甘心远观，决定继续深入。我们跨过杂草丛，穿过乱石堆，步行了好一会儿才来到棕榈树下。十几棵棕榈树肩并肩站着，形成一片凉爽的树荫。队友们在树下来回踱步，赞叹这真是一个好地方。

从棕榈树丛回来后，其他人也陆续下到了底部，他们围成一个半圆，跟着来自坦桑尼亚的大姐学习非洲舞步，一双双脚掌有节奏地踩在乳白色的磷酸钠晶体上，发出清脆的响声。其他人席地而坐，分享干粮和水果。阿布和妻子远远坐在一边，远离欢声笑语，一言不发。

吃饱喝足，领队把大家召集到一起，嘱咐我们不要把他人的肖像照片和视频外传，不要分享到社交网站。我问起原因，他说，有的人单纯不喜欢自己的照片被广泛传播，有的人担心自己的周末活动被家人看到，招致麻烦。为了让活动一直举办下去，这是最稳妥、最容易被所有人接受的方案。

徒步结束后，我搭几位队友的车前往吉达。直到道别，阿布也没有提起另一位妻子。

3

吉达是全世界穆斯林前往伊斯兰教第一大圣城麦加朝觐的主要入口，是沙特第一大港口城市，也是沙特最开放的城市。在其他城市旅行时，即便不戴头巾，我也身穿灰色或黑色的长款上衣，以免过于招摇。到吉达后，哪怕换上橘色短款运动服，也不会招致关注，这让我有种提前离开了沙特的感觉。

经沙特朋友介绍，我认识了来自麦加的穆希。穆希牛高马大，肤色如巧克力，光头，圆脸，笑起来一脸福相。他的曾祖辈从印度移民至麦加，在此落地生根。在达曼读完大学后，穆希来到吉达从事零售业。

一天晚上，穆希开车带我去一家意大利餐厅。王储改革前，这家餐厅所在的商场每周有一天是家庭日，穆希委屈地告诉我，这种日子对单身汉非常不友好。

"有一次我忘了家庭日这回事，兴冲冲开车过来想吃这家意大利餐厅的比萨，却被门卫拦在了门口。那天晚上我没睡好，做梦都是比萨。"穆希自称"吃货"，梦想是吃遍全球美食，在他看来，这家餐厅的比萨和意面水准不亚于意大利。

餐厅的层高足足有6米，视野开阔，一盆盆绿植从屋顶垂下，让人宛若置身大自然。餐厅没有分设单身区域和家庭区域，身穿长袍的女人们坦然地露出脸蛋，围坐一桌，有的女性披头散发，说说笑笑，旁若无人。

点完单后，穆希谈起了他在中国的旅行。

"我一直想找个中国人问问，我在广州吃了一家米其林餐厅，那家的包子不好吃，而且贼贵，我和朋友两个人花了六百多元！我是不是被坑了？"我点点头。

谈起麦加，穆希笑着告诉我，外人对麦加存在诸多误解。建国后的87年间，沙特从未对外开放旅游，但圣城麦加始终开放给全世界穆斯林朝觐，在沙特人中，麦加人最有机会接触到世界各地的人民和不同的文化习俗。

吃完比萨，穆希心满意足地拍了拍肚腩，转头望了望四周。他突然凑近餐桌，低声嘱咐我看看身后那一桌。我转过头去，一个身穿白色长袍、头戴红白相间头巾的阿拉伯男人正在独自喝咖啡，他的长袍顺滑如丝绸，几乎没有褶皱，胡子修得一丝不苟。穆希告诉我，这种打扮过于得体还在桌上显赫位置摆着豪车钥匙的独行男子，通常都是来这里找女人的，他们会与上门搭讪的女人谈好价钱，一起离开。

"我下次应该去哪里吃包子？"穆希问。我告诉他，寻觅中华美食未必要去米其林餐厅，事实上，本地人偏爱的平价小店和"苍蝇馆子"才最值得品尝。穆希很喜欢"苍蝇馆子"这个词，临别前，他郑重地说道："有机会你得带我去吃'苍蝇'啊！"

看不见的中东

4

建于7世纪的巴拉德老城曾是吉达的中心，是汉志地区唯一保留下来的民居样本。不同于大部分死气沉沉的城区，巴拉德老城散发着蓬勃的艺术气息。建筑的外墙大多是白色，凸出的木结构窗棂被刷成鲜亮的蓝色、绿色、黄色、咖啡色，雕有精美的图案，仿佛用厚纸板裁切而成的舞台剧布景。小巷两旁，各种小店一字排开，电线飞檐走壁，贴着外墙探进各家阳台。石油带来财富后，人们渐渐搬离了老城。如今，有的楼房颤颤巍巍，摇摇欲坠，有的被脚手架包围，正在修缮。

夕阳时分，老城的露天市场格外热闹，小贩们推着小车，从四面八方赶来，到此售卖蔬菜、水果、香料、椰枣，等等。最有趣的商品要数一种被称为"米斯瓦克"（miswak）的铅笔状木棒，木棒的一头被削了几刀，露出细细的纤维。小贩指导我把泛着淡淡清香的木棒塞进嘴里，用不同的牙齿咀嚼，达到"刷牙"和"清新口气"的效果。这种"天然牙刷"取材于刺茉莉树，主要分布在南亚和非洲，据说，当地部落已经用它"刷"了几个世纪的牙。

离开沙特的那天万里无云，飞机沿着红海的海岸线缓缓起飞。海岸线的一边，道路割开荒漠，房屋星罗棋布，海岸线的另一边，布满珊瑚礁的红海在艳阳下呈现出耀眼的蓝绿色。不一会儿，道路、房屋、车辆无影无踪，沙漠端坐脚下，漫无边际，仿佛要断了人类所有的生路，难怪生长于此的人们把巴勒斯坦视为流着奶与蜜的乐园，把大马士革等同于人间天堂。

◁ 德黑兰一处可以俯瞰整个城市的山顶，随着夜幕降临，
年轻的男性与女性慢慢拉近距离，谨慎地依偎在一起。

36... 尾声

1

在纳西里耶的一天傍晚，伊拉克朋友穆罕默德邀请我去家里做客。

穆罕默德的家是一套平房，进门就是客厅，地上铺了褐色的地毯，四周摆了一圈米色的沙发。我刚进门，穆罕默德的父亲和弟弟就迎了上来，与我握手问好。一位姑娘端着茶水从里屋走出来，她的一头黑色卷发束在脑后，眼睛像两颗水晶葡萄，又大又圆。穆罕默德介绍说，这是他的妹妹朵阿，她大学学的是英国文学，毕业后，她找不到对口的工作，只能赋闲在家。朵阿低着头，腼腆地笑笑，圆圆的脸上泛起了红晕。

我与穆罕默德的父亲和弟弟寒暄时，朵阿已经在地毯上铺好了餐垫，端来了刚刚出锅的春卷、馅饼和沙拉。把餐食安置妥当后，她坐到餐垫的角落位置，拿起一块馅饼慢慢咀嚼。

穆罕默德正聊得兴起，但他的英语词汇量跟不上他的思维，每当卡壳，他就转头询问朵阿，朵阿用左手遮住嘴唇，在哥哥耳边轻声低语，告诉他应该用哪个词。当哥哥自信地说出朵阿传授的词汇时，朵阿总是睁大眼睛，嘴角上扬，一脸期待地看着我，像是等待被肯定和表扬的孩子。

"你是学英语的吗？那我们应该可以聊天吧？"我看着朵阿的眼睛问道。她轻轻点头，脸已经涨得通红。她用哀求的眼神看着穆罕默德，穆罕默德领会了妹妹的意思，转头告诉我，朵阿从没见过家人、朋友之外的陌生人，不善言辞，但她听得懂我们的谈话。朵阿用力地点点头，给我加了点茶水。

吃饱喝足后，一家人把我送到门口。我穿完鞋正准备出门，朵阿突然踮起脚，凑到穆罕默德身边，与哥哥耳语了几句。穆罕默德告诉我，妹妹觉得我的谈吐特别自信、自如，她很羡慕我。哥哥说完，朵阿吐了吐舌头，像是在为自己的腼腆道歉。

我尴尬地挤出一个笑容，心里却很难受。要知道，自信、自如这些品质并非与生俱来，而是在与陌生人的交往中、在独当一面的旅行和生活中慢慢学会的。但有些女孩生而缺失这样的权利，她们不被允许独自面对世界，没有机会接受挑战、锻炼自己。她们缺乏的不是能力，而是一双把她们推向更大世界的手，和背后无条件的爱、认可、鼓励和支持。

想到这里，我觉得无论如何都应该说点什么。我转过头，郑重地对朵阿说："我不是生来就自信的，你也不是生来就胆怯的。作为女人，我们完全可以独自旅行和工作，也完全可以和陌生人谈笑风生，独立应对各种问题。你要相信你自己。"

朵阿的眼眶一下子湿了，泪水把她的大眼睛衬托得更加水灵。直到告别，朵阿也没有对我说出一句英语。

每当聊起中东女性的生存现状，我总是会想起穆罕默德破碎的英语和自信的表达，以及朵阿那双胆怯的眼睛和牢不可破的沉默。倘若朵阿这样的女性在成长过程中能够不被性别偏见所限制，获得公平的机会和同等的鼓励，而非剥夺和打压，她们的人生一定会很不一样。

2

近代中东是一面放大镜，在这里，冲突、战争、苦难频频上演。保守势力和世俗势力不断交锋，历史、传说、考古都成了斗争工具，左右着人们的思想和行动。当一而再、再而三地重复某种叙事时，它便成了唯一的故事。在数不尽的真相与谎言中，人们彼此误会、彼此仇恨、自相残杀。

然而，这并不只是发生在中东的故事。纵观人类历史，矛盾、冲突、战争比比皆是，人们永远都在分化为不同的团体，用各种借口争夺资源、财富和权力。有的人因明面的冲突和炮火流离失所，有的人被暗处的歧视和偏见折磨一生。分歧之内还有分歧，仇恨之外还有仇恨。

打败几个敌人、赢得几场战争，似乎无济于事，因为造成这些悲剧的，是人性中深不见底的幽暗。如马克·吐温所说，历史不会重演，但总是惊人的相似。只要资源有限，只要人性中的邪恶、自私、贪婪尚存，悲剧就有可能在任何时代、任何土地重演。

每当想起战争中的个体，我的脑中总会浮现《南瓜花》中士兵的故事。对于掌权者来说，战争是政治的延续，是争夺资源和利益的手段。对于普通士兵来说，那或许只是生命中一段莫名其妙的插曲。你不知缘起，身不由己就到了某个地方，进入某种境遇。你不得不扛起枪，为不知道什么而战。战争结束时，你发现什么都没有改变，你也并不憎恨敌人。一切匆匆收场，唯一的区别是，你老了。命运把你推入一个不可控的剧场，直到曲终人散，你都没有真正明白到底发生了什么。对于一个国家、一个民族或全人类来说，十几年、几十年的动荡不过是历史长河中的短短一瞬，但对于个体来说，疾风骤雨中白白溜走的日子永远都无法弥补。这就是我在中东与人们聊起战争时的感受。

在抽象的宏大叙事背后，一个个具体的人被牺牲、被抛弃。渺小的个体左右不了时代的方向，也逃不出时代的洪流。他们自身未必会走上战场，却亲历着真实的死亡。他们顺从着，也孱弱地抗争着，他们压抑着，也零星地呐喊着。他们共同构筑起新闻之外一个有血有肉的中东。

3

在令人倍感无力的历史洪流中，艺术或许是最大的慰藉。中东旅行的间隙，我抽空去了卢浮宫和大英博物馆，观赏来自中东的珍宝。

虽然人类时常互相憎恶、自相残杀，但在艺术之下，人类有机会超越语言、民族、人种，作为一个共同体去理解彼此。在博物馆里对着同一件展品啧啧称奇的人，在同一个遗迹前赞叹不已的人，常常是背景全然不同的陌生人。透过艺术作品，我们与相隔千年的时代、相隔万里的人类发生对话，感知到在某些事情上，我们依然有惊人的共情。通过这彼此相通的共情能力，人类创造出了全然不同却异曲同工的伟大作品。

为了表现超越此世、超越人类的力量，古埃及神庙用遮挡视线的巨大圆柱营造压迫感，拜占庭建筑用开阔无遮挡的大穹顶塑造崇高感，波斯人用复杂精美的穹顶完成对天国的想象，巴比伦人用通天塔连接人类与神灵。

在权力更迭的轮回之中，艺术开辟了一片新的天地，在那里，我们关注历史洪流中个体的悲喜，关注人类共同的命运，感受爱，感受崇高，汲取源源不断的生命力量。这股力量，可以帮助我们存下"善"的火种，抵抗"恶"的侵蚀。

4

走马观花的旅行容易让人陷入猎奇和傲慢。看到迥异的食物、文化和信仰，人们时常倾向于惊叹或排斥，而非尝试理解背后的成因；遇到观点迥异的陌生人，人们时常倾向于用刻板印象定义他人，而非理性、平等地交流。世界是复杂的，人是有限的。当人们自觉无力理解复杂的世界时，便容易转向简单的标语和口号，转向简化的思维方式。然而，简单的爱与恨、简单的群体认同，很可能导向群体的非理性，酿成大祸。

旅行提供了一个认识复杂世界的窗口。在旅途中，我重新审视以色列的建国，也亲眼目睹了巴勒斯坦的苦难，我尝试理解穆斯林，也试图向他们解释我们的价值观，我看到了世俗改革的成果，也见证了弱势群体付出的代价。我相信，每多敲开一块历史的墙砖，多聆听一点不同的声音，就会离真相更近一点。

千里之外的故事并非与我们毫不相干。在全球化时代，能源价格牵一发而动全身，地区矛盾也容易被放大，成为殃及全球的人道主义灾难。没有人可以真正置身事外。

关注他人，即是关注自己，认识世界，也是认识自己。

5

飞往德黑兰时，我并不知道中东之旅可以完成到什么程度。四年间，我因频繁的海关盘问、检查站核查而焦躁不安，也因伊拉克、叙利亚的难以抵达而忧心忡忡。历经百转千回，我终于有惊无险地完成了这场旅行。

遗憾的是，再深度的旅行和写作都不过是惊鸿一瞥。中东的建筑、古迹、艺术、人文令人眼花缭乱，绝非一本书所能囊括。为了聚焦于新闻之外的日常生活，本书中，我略去了伊朗中部老城、土耳其地中海沿岸地区、约旦佩特拉、以色列北部城市、叙利亚萨拉丁城堡、死海等精彩旅程。我喜欢在保证安全的情况下尽可能把自己交给不确定性，因为大部分难忘的回忆都发生在计划之外。

旅途中要兼顾摄影、采访、写作，着实不易，迎合沙发主们的生活作息尤其令我疲惫。与昼伏夜出的阿拉伯人同住时，白天，我必须冒着酷暑外出拍照、游览景点，深夜，我还得与他们一起暴饮暴食、谈天说地。不过，超高的旅行强度放大了我对时间的感知，一个月的旅行，总是漫长如同一年。

国境线、语言、传统、文化、信仰树立起一道天然的屏障，把天南海北的人们隔绝在两端，只言片语的信息又加深了彼此的

看不见的中东

误会和隔阂。不过，在好奇心的驱使下，萍水相逢的陌生人有机会打破人为划定的界限，互相交流，修正偏见，获得看问题的新视角。这是我在中东所经历的最美妙的事。

2022. 4. 18 于上海

2024. 7. 30 修订于上海

致谢

从萌生前往中东旅行的念头到修订完整部书稿，历时八年。在这曲折而漫长的过程中，我有幸得到了诸位朋友和编辑的帮助。

我要郑重感谢小乌龟，若不是他的鼎力协助，我不会顺利完成伊拉克、叙利亚和沙特阿拉伯的旅行。

我要感谢杨轶，他的鼓励与支持让我得以开启漫长的写作过程。特别感谢罗梦茜提供的关键性修改建议，她对非虚构写作的独到见解给了我很大的启发。感谢戴学林的引荐，感谢我的编辑王家胜提出的宝贵意见以及所做的细致、烦琐的工作。同样要感谢民主与建设出版社和编辑顾客强为本书付出的辛劳。

另外，我也要感谢卓佳、汝璐、励蔚轩、蔡笑，与她们的交流让我获益匪浅。

感谢我的父母，他们这些年默默的支持让我得以心无旁骛地专注于旅行和写作。

最后，我要感谢所有沙发主，正是他们热情的接待和无私的帮助，让我顺利完成了中东之旅。尤其感谢那些与命运抗争的女性沙发主，她们的故事，总能给我提供源源不断的力量。与她们朝夕相处的日子，是我那四年间最难忘的回忆。

注释与参考资料

[1] 数据来源：《新月与蔷薇》第450页，〔伊朗〕霍马·卡图赞著，王东辉译，译林出版社，2022年。

[2] 出处：https://www.who.int/tobacco/publications/prod_regulation/factsheetwaterppe/zh/.

[3] 数据来源：https://data.worldbank.org.cn/indicator/SL.TLF.CACT.FE.ZS?locations=IR.

[4] 参见《歌德论哈菲兹》，载《波斯散文选》第560页。

[5] 参见《哈菲兹抒情诗全集》第16页，〔波斯〕哈菲兹著，邢秉顺译，商务印书馆，2017年。

[6] 数据来源：《中东库尔德问题研究》第18页，敏敬著，中央编译出版社，2015年。

[7] 参见《伊斯坦布尔——一座城市的记忆》第5页，〔土耳其〕奥尔罕·帕慕克著，何佩桦译，上海人民出版社，2007年。

[8] 参见《伊斯坦布尔——一座城市的记忆》第206页。

[9] 参见《伊斯坦布尔——一座城市的记忆》第56页。

[10] 数据来源：《真实的黎巴嫩真主党》第13页，〔叙利亚〕肖克著，世界知识出版社，2015年。

[11] 数据来源：The New York Times (2012). "After 2 Decades, Scars of Lebanon's

看不见的中东